古典文獻研究輯刊

七 編

潘美月・杜潔祥 主編

第 3 冊

惠棟《古文尚書考》研究

趙 銘 豐 著

國家圖書館出版品預行編目資料

惠棟《古文尚書考》研究／趙銘豐 著 — 初版 — 台北縣永和市：
花木蘭文化出版社，2008〔民97〕

序 6+ 目 2+226 面；19×26 公分
（古典文獻研究輯刊 七編：第 3 冊）

ISBN：978-986-6657-54-2（精裝）
1.（清）惠棟　2. 書經　3. 學術思想　4. 研究考訂
621.117　　　　　　　　　　　　　　　　　　97012588

ISBN - 978-986-6657-54-2

9 789866 657542

古典文獻研究輯刊
七 編 第三 冊　　　　　　　ISBN：978-986-6657-54-2

惠棟《古文尚書考》研究

作　　者　趙銘豐
主　　編　潘美月　杜潔祥
總 編 輯　杜潔祥
企劃出版　北京大學文化資源研究中心
出　　版　花木蘭文化出版社
發 行 所　花木蘭文化出版社
發 行 人　高小娟
聯絡地址　台北縣永和市中正路五九五號七樓之三
　　　　　電話：02-2923-1455／傳眞：02-2923-1452
電子信箱　sut81518@ms59.hinet.net
初　　版　2008 年 9 月
定　　價　七編 20 冊（精裝）新台幣 31,000 元　　　版權所有‧請勿翻印

惠棟《古文尚書考》研究

趙銘豐　著

作者簡介

趙銘豐，1976 年生，台灣臺南人，台北華梵大學東方人文思想研究所儒學組碩士。

提　　要

　　本論文的研究進路包含「緒論」與「結論」共為五章。

　　第一章：「緒論」共分三節。第一節將就惠棟《古文尚書考》的研究動機與研究目的發聲。第二節則交代筆者對於惠棟《古文尚書考》的文本結構，與主要參考文獻的交叉分析。第三節則展現個人所持研究方法，對於惠棟《古文尚書考》所進行的三大考辨策略。

　　第二章：「惠棟《古文尚書考》文獻徵引的學術價值」共分兩節。第一節將就惠棟《古文尚書考》所徵引的十二則「梅鷟曰」的文獻價值進行平議。第二節則就惠棟《古文尚書考》的「閻君之論」，論述閻若璩《疏證》抄本的傳布情況，希望藉此還原惠棟當時所目睹《疏證》的抄本。

　　第三章：「惠棟《古文尚書考·卷上》考證方法」共分兩節。第一節將就考辨方法的「邏輯基點」發聲，說明惠棟如何樹立以「孔氏《古文尚書》五十八篇」與「鄭氏述古文逸《書》二十四篇」作為考辨真《古文尚書》的邏輯基點。第二節則說明惠棟如何在上述兩項前提下，進行「證孔氏逸《書》九條」、「梅氏增多《古文》二十五篇」、「辨梅氏增多《古文》之謬十五條」、「辨《尚書》分篇之謬」等等，由承認漢代真《古文尚書》曾經存世的前提下，所開展出的推理辨證。

　　第四章：「惠棟《古文尚書考·卷下》辨偽舉證」共分兩節。第一節就惠棟《古文尚書考·卷下》辨偽舉證的隱性重出，彙整出「獨出惠棟」、「惠棟與梅鷟」、「惠棟與閻若璩」、「惠棟、梅鷟、閻若璩」等四個重出組別，說明惠棟考辨《古文尚書》的辨偽舉證與他者的重出比例，並檢驗這四個組別辨偽舉證的證據效力。

　　第五章：「結論」。筆者將就「惠棟《古文尚書考》的成就及其在《古文尚書》考辨史上的學術地位」，提出個人最後的結論。

目次

序　言 姜廣輝

第一章　緒　論 ……………………………………… 1
　第一節　研究動機與研究目的 …………………… 1
　　一、研究動機 ………………………………… 1
　　二、研究目的 ………………………………… 1
　第二節　文本結構與文獻回顧的交叉分析 ……… 2
　　一、成書階段的界定 ………………………… 2
　　二、體例與歸納方式 ………………………… 4
　第三節　研究策略釋要 …………………………… 9
　　一、彙集梅鷟與閻若璩相關見解的意義 …… 9
　　二、考辨方法的邏輯基點及其推理辨證 …… 11
　　三、辨偽舉證的隱性重出及其證據效力 …… 13
第二章　《古文尚書考》文獻徵引的學術價值 …… 15
　第一節　「梅鷟曰」平議 ………………………… 15
　　一、出處的再商榷 …………………………… 15
　　二、與陳第《尚書疏衍》的關係 …………… 22
　　三、與梅鷟《尚書考異》的關係 …………… 24
　　四、結　語 …………………………………… 27
　第二節　「閻君之論」與《尚書古文疏證》抄本的傳
　　　　　布 …………………………………………… 28
　　一、抄本「一卷本」 ………………………… 28
　　二、抄本「四卷本」 ………………………… 28
　　三、抄本「五卷本」 ………………………… 29
　　四、抄本「八卷本」 ………………………… 40
　　五、結　語 …………………………………… 43
第三章　《古文尚書考・卷上》的考辨方法 ……… 45

第一節　考辨方法的邏輯基點 …………………………… 45
　　一、梅鷟的考辨立基 ……………………………………… 45
　　二、閻若璩的考辨立基 …………………………………… 48
　　三、程廷祚的考辨立基 …………………………………… 50
　　四、惠棟的考辨立基 ……………………………………… 53
　　五、結　語 ………………………………………………… 57
第二節　考辨方法的推理辨證 …………………………… 56
　　一、辨《正義》四條 ……………………………………… 56
　　二、證孔氏逸《書》九條 ………………………………… 64
　　三、梅氏增多《古文》二十五篇 ………………………… 71
　　四、辨梅氏增多《古文》之謬十五條 …………………… 78
　　五、辨《尚書》分篇之謬 ………………………………… 99
　　六、結　語 ………………………………………………… 105
第四章　《古文尚書考‧卷下》的辨偽舉證 …………… 107
第一節　辨偽舉證的隱性重出 …………………………… 107
　　一、重出數據統計 ………………………………………… 107
　　二、「惠棟、梅鷟」的重出現象 ………………………… 108
　　三、「惠棟、閻若璩」的重出現象 ……………………… 109
　　四、「惠棟、梅鷟、閻若璩」的重出現象 ……………… 110
　　五、結　語 ………………………………………………… 111
第二節　辨偽舉證的證據效力 …………………………… 112
　　一、「獨出惠棟」的舉證效力 …………………………… 112
　　二、「惠棟、梅鷟」的重出舉證效力 …………………… 119
　　三、「惠棟、閻若璩」的重出舉證效力 ………………… 128
　　四、「惠棟、梅鷟、閻若璩」的重出舉證效力 ………… 137
　　五、結　語 ………………………………………………… 146
第五章　結　論 …………………………………………… 147

主要參考書目 ……………………………………………… 149
附　錄 ……………………………………………………… 157
　　附錄一　辨偽條目的「典源」暨「按語」 …………… 157
　　附錄二　「惠棟、梅鷟」的辨偽重出 ………………… 179
　　附錄三　「惠棟、閻若璩」的辨偽重出 ……………… 205
　　附錄四　「惠棟、梅鷟、閻若璩」的辨偽重出 ……… 211

序　言

姜　廣　輝

　　二〇〇五年九月，我接受臺灣華梵大學東方人文思想研究所何廣棪教授的邀請，到該所講學一年，這期間我開設了「宋元明儒學講座」、「戰國楚簡研究」、「《古文尚書》考辨」、「論文寫作方法」四門課，選修我的課程的碩、博士生有數十位，其中兩人受我的影響較深。其一是呂眞觀，他接受了我講授的論文寫作方法，同我商量，確定了關於大慧宗杲研究的碩士論文選題，他經常開車接我到學校講課，一路上總會討論他的論文寫作問題，後其論文寫成，題目是：「《大慧宗杲禪師與宋代士大夫交遊研究 —— 以大慧宗杲得法弟子爲主》，他的文字工夫很好，我通讀了他的論文，沒有做什麼改動，只是建議他將來出書時，可以「禪宗的開悟與傳承」爲正題。後其書便用此書名在臺灣文津出版社出版。此書出版後，頗受好評。呂眞觀要繼續深造，考取了中國社會科學院研究生院，現師從著名學者楊曾文教授學習禪宗史，在北京，我們不時聚會，他多次談到他的《實證佛教導論》的研究和寫作進程。我相信，三、五年之後，呂眞觀的研究成果一定會受到學術界的關注。

　　另一位受我影響較大的學生是趙銘豐，他選修了我開設的全部課程，並做我的教學助理。其中「《古文尚書》考辨」課程選修的學生只有四人，課堂上除了講授《古文尚書》辨僞史的通論性知識外，就是請每位學生各標點一部古代關於《古文尚書》考辨的著作，其中銘豐選擇標點的是惠棟《古文尚書考》。上課時，由學生報告他們各自的標點作業，師生共同切磋討論相關的標點是否準確。後來我回到北京，幾位同學在差不多一年的時間內，仍然定期向我交標點作業，要我幫助改定。銘豐同學甚至選擇了「惠棟《古文尚書考》研究」作爲碩士論文計劃，今其論文寫成並通過答辯，花木蘭出版社表示願意出版他的論文，他寄函來請我寫〈序〉，函中很客氣地寫道：「衡情度理，您都是銘豐學術道路上的指引者與見證者。思昔溯往，廣輝老師對於銘豐研究方法的啓發，與以身作則，嚴謹的治學態度，更讓銘豐受益無窮。因

緣於此，學生也才得以具備較爲精準的研究思維。是故學生不揣冒昧，希望老師能愼重考量學生的祈請。」

在臺灣一年的執教，最後能結出兩個碩果，我感到十分欣慰。我隨即覆函給銘豐，對他的論文順利通過答辯，並且即將出版表示祝賀，亦表示願意爲此書寫〈序〉。但我提出這篇碩士論文雖然下的工夫很大，並且已經是一篇很好的碩士論文。但要出版，也許要再花半年到一年時間修訂更好。在我看來，《古文尚書》考辨是件很艱難的事情，每往前走一步，都意味著是座里程碑。我這個要求也許過高。銘豐又來函說明出版社計劃出版的《古典文獻研究輯刊》，專門收錄碩博士論文，與學者學成之後所出版的「專書」，性質不盡相同，並且此書已經排入了出版日程。既然是這樣，我當然樂觀其成。

銘豐這篇碩士論文，對資料做了系統並且細緻入微的整理，在許多地方提出了自己的獨到見解。書中有許多富有啓迪的內容，尤其是關於閻若璩傳本資料的考訂，我以爲從中可以得到一種新的資訊，或許可以提出某種創造性的見解。在這裡，我想借題發揮，談談我的看法，也算是對銘豐論文資料價值的發掘，並對其可能導出的新解釋做一個也許是必要的補充。

臺灣學者許華峰 1994 年的碩士論文《閻若璩「尚書古文疏證」的辨僞方法》，指出惠棟《古文尚書考》引「閻若璩曰」九十八條〔註1〕，其中七十一條不見於今通行本《尚書古文疏證》，而見於明代梅鷟的《尚書考異》，幾乎都是原文照抄。

這個發現有極大的震撼性，可惜這些年學界很少關注經學研究，未能引起學者對這個問題的足夠重視。許華峰認爲，「除非惠棟引錄了不實的材料，否則閻若璩必然看過《考異》這部書，……甚至曾經大量引用《考異》的內容」而不加出處，後又「完全刪除卻不加說明」，這可能就是造成《尚書古文疏證》闕文的原因。許華峰進一步推論：「閻氏恐怕有貶抑梅鷟而將辨僞古文的功績占爲己有的可能。」如此看來，閻若璩的人品已經不是好與人爭勝的問題，而是抄襲掠美的問題。許華峰的分析很有可能是對的。

但也不能排除另外的可能，就是如許華峰所說的「惠棟引錄了不實的材料」，或者材料眞實，惠棟做了張冠李戴式的錯誤處理，問題出在惠棟，而不是閻若璩本人。我的根據如下：

首先，康熙四十五年，即閻若璩去世後的第二年，胡渭曾應閻詠（閻若璩長子）之請爲《尚書古文疏證》作〈序〉，〈序〉文中說到：

〔註1〕銘豐論文考訂實爲九十九條。

先生每豎一義，必博考精思，故遲之又久而未成。近年多病，嘗歎息謂余
曰：「恐溘焉朝露，《疏證》不及成，奈何？」余爲之惻然。甲申（按：康
熙四十三年）六月，先生疾作而終，《疏證》果不及成矣。嗚呼！惜哉！
後二歲，長君舍人詠以其書來，屬余校定，且爲〈序〉。余受而讀之，凡
八卷，卷各若干目。有通卷全闕者，有卷中闕數篇或僅成一篇者。余用太
史公、文中子有錄無書之例，悉仍其舊，而〈序〉之以還之，俾壽之梨棗，
嘉惠來學。（《清代史部序跋選》，頁五，上海國學扶輪社）

　　這是最早關於《尙書古文疏證》原稿形式較爲詳細的介紹。由閻若璩和胡渭之
言可知，《尙書古文疏證》乃是一部未完成的書稿。其卷數和闕文情況與今日所見《尙
書古文疏證》八卷本大致相當。從《尙書古文疏證》條目完整的各卷形式看，推想
閻若璩晚年對本書的設計有一個總體架構，即每卷十六條，前四卷六十四條，後四
卷六十四條，總共一百二十八條。闕文處應是其計劃寫作而尙未完成的部分，而不
是已經寫完後又刪除、開了天窗的。正因爲是這樣，胡渭才做了上面的介紹。

　　可是，許華峰已經揭出，惠棟《古文尙書考》引「閻若璩曰」九十多條中，有
七十一條不見於今通行本《尙書古文疏證》，而見於梅鷟的《尙書考異》，幾乎都是
原文照抄，這不是明白告訴我們惠棟看到了一部比今通行本《尙書古文疏證》更全
的抄本嗎？閻若璩難道不是曾經大量引用《考異》的內容，後又完全刪除，掠人之
美，不加注明嗎？

　　這裡，有三個問題需要弄清：第一，閻若璩是否眞的看到過梅鷟的《尙書考異》；
第二，惠棟是否眞的得到過一部比今通行本《尙書古文疏證》更全的抄本。第三，
惠棟有無誤判的可能，他與《尙書譜》和《尙書考異》兩書的關係可能是怎樣的？

　　先看第一點，閻若璩是否眞的看到過梅鷟的《尙書考異》。閻若璩本人曾在《尙
書古文疏證》第一百十九條中說：

余讀《焦氏筆乘》稱「家有梅鷟《尙書譜》五卷，專攻古文《書》之僞，
將版行之不果。」案：《旌德縣誌》：「鷟，字（闕），正德癸酉舉人，曾官
國子學正。」……求其《譜》凡十載，得于友人黃虞稷家，急繕寫以來，
讀之，殊武斷也。然當創辟弋獲時，亦足鷟作僞者之魄，采其若干條散各
卷中。其無所附麗者，特錄於此。

　　閻若璩承認曾求得梅鷟的《尙書譜》，並採錄若干條於《尙書古文疏證》一書中，
但隻字未提梅鷟另外一部考辨《古文尙書》的重要著作——《尙書考異》。如果我
們相信閻若璩的話，那閻若璩就不曾看到梅鷟的《尙書考異》，自然也就不存在「曾
經大量引用《考異》內容，後又完全刪除」現象。但閻若璩的話也許不完全可信。

再看第二點，惠棟是否眞的得到過一部比今通行本《尚書古文疏證》更全的抄本。惠棟于《古文尚書考》卷上寫道：

> 癸亥（1743）春，于友人許得太原閻君《古文疏證》，其論與予先後印合，大氐後出《古文》，先儒疑者不一。第皆惑于孔沖遠之說，以鄭氏二十四篇爲僞《書》，遂不得眞《古文》要領，數百年來終成疑案耳。閻君之論可爲助我張目者，因采其語附於後。其博引傳記逸書，別爲一卷，亦間附閻說，後之學者詳焉。

歷史上，關於《尚書古文疏證》曾有一卷本、四卷本、五卷本、八卷本之別。我們所應注意的是張穆（1808～1894）這個人，他爲了結撰《閻若璩年譜》，一向留心閻若璩生平事蹟及其著作版本資料的新發現，張穆曾爲《尚書古文疏證》五卷本（沈彤抄本）作〈跋〉說：

> 此本五卷。凡四冊。第三卷仍缺。每冊前有果堂小印。第六十二篇書眉又有朱筆批云：「余以通之于《周官祿田考》矣。」故定知爲沈果堂鈔本也。其第二冊無篇第之數，據果堂〈跋〉，鈔自顧陶元家，第五卷則藉惠定宇本補足。餘三卷標題之次，與今刻本略同。略有改定及亞一格，引申之文率是。

這個跋語透露了一個重要的資訊，即沈彤抄本的《尚書古文疏證》五卷本「仍缺」第三卷，第五卷則藉惠棟本補足。這間接說明惠棟本《尚書古文疏證》與沈彤抄本略同，否則沈彤不會只藉以補足第五卷而已。沈彤與惠棟交誼甚深，沈彤卒後，惠棟曾撰寫《沈果堂墓誌銘》，稱「知余者莫若君；知君者，亦莫若余也。」〔註2〕惠棟手中若眞有一部比今通行本《尚書古文疏證》更全的抄本，不會一方面瞞著知心朋友沈彤，一方面又援引其中的七十餘條將其寫進自己的著作，寫完《古文尚書考》後，又請沈彤爲之作〈序〉〔註3〕，這無論如何是不合情理的。換言之，惠棟手中並沒有一部比今通行本《尚書古文疏證》更全的抄本。《尚書古文疏證》沈彤抄本現藏於湖南省圖書館，此抄本並沒有比今通行本《尚書古文疏證》多出的內容。推測惠棟本《尚書古文疏證》亦若是。極言之，就我們所已知的《尚書古文疏證》各種傳本而言，都沒有比今通行本《尚書古文疏證》更多的內容。而閻若璩身後，《尚書古文疏證》的傳本問題已經受到許多學人的重視，如果惠棟眞的得到過有更多內容的傳本，怎麼從不見有人提及，而後來又不知所終呢？

再看第三點，惠棟有無誤判的可能，他與梅鷟的《尚書譜》和《尚書考異》兩

〔註2〕《續修四庫全書・松崖文鈔》，頁286。
〔註3〕沈彤於乾隆十五年（1750）受惠棟所托，爲《古文尚書考》作〈序〉。

書稿的流傳情況是怎樣的。

我們先來看看梅鷟《尚書譜》和《尚書考異》兩書的流傳情況。從我們現有掌握的資料看，梅鷟《尚書譜》和《尚書考異》兩書在明末清初都不流行，《尚書考異》尤其如此。梅鷟《尚書譜》尚有陳第等人知道並加以引用批判，如陳第《尚書疏衍》卷一說：「至鷟作《尚書譜》醜乎罵矣，是非君子之言，達人所屏棄也。」閻若璩從焦竑《焦氏筆乘》中得知有梅鷟《尚書譜》五卷，專攻《古文書》之僞，求之十年，方從藏書家黃虞稷那裏求得其書，這說明梅鷟《尚書譜》在清初並不流行。至於《尚書考異》，清中期以前的文獻並未見有人提及，也不知其爲何人所作。《四庫全書總目》于「《尚書考異》」條下謂：

> 《尚書考異》五卷，《明史‧藝文志》不著錄。朱彝尊《經義考》作一卷。此本爲范懋柱家天一閣所藏，不題撰人姓名，而書中自稱「鷟按」，則出鷟手無疑。原稿未分卷數，而實不止於一卷。今約署篇頁，釐爲五卷。

這是說，《尚書考異》于《明史‧藝文志》不曾著錄，原稿不題撰人姓名，也未分卷數，朱彝尊《經義考》作一卷，是清中期的四庫館臣將其定爲梅鷟的作品，並將其釐分爲五卷的。在我看來，四庫館臣將《尚書考異》確定爲梅鷟作品，證據並不充分。首先，《尚書譜》一書署名梅鷟作，凡梅鷟加按語處例皆書「鷟曰」、「鷟按」。而《尚書考異》不題撰人姓名，通篇言「按」、「今按」、「愚今按」，其中言「鷟按」、「鷟曰」在全書中僅各有一處。而且兩書在風格與觀點上有明顯的不同，《尚書譜》「徒以空言詆斥，無所依據」，《尚書考異》「引據頗精核」；又，《尚書譜》謂「孔壁之十六篇，出於孔安國所爲」，而《尚書考異》則以爲孔壁之十六篇出於張霸所爲。因此，將《尚書考異》作者定爲梅鷟並非沒有問題。惠棟在四庫館臣之前，假如意外得到了這樣一卷「不題撰人姓名」的抄本，在缺乏任何資訊的情況下，有無可能將其誤判成閻若璩《尚書古文疏證》一卷稿呢？我們不忙作出推論，先來看看惠棟《古文尚書考》是怎樣引「梅鷟曰」的？

惠棟《古文尚書考》共引「梅鷟曰」十二條，其中九條字句與陳第《尚書疏衍》轉述梅鷟《尚書譜》的字句相同，因此我們或許可以認爲，這一類「梅鷟曰」的話，是從陳第《尚書疏衍》一書轉引來的。惠棟本人未必看到梅鷟《尚書譜》原書。另外三條，皆出於梅鷟《尚書考異》，其中一條與閻若璩《尚書古文疏證》重出，但字句更接近《尚書考異》，其餘兩條則獨出於梅鷟的《尚書考異》。那麼，惠棟是直接從《尚書考異》中引出來的呢，還是從他書轉引的呢？我認爲可能也是從他書轉引過來的。

那麼，惠棟本人是否同樣沒有看到梅鷟《尚書考異》原書呢？那倒未必。惠棟

本人可能恰恰得到了梅鷟《尚書考異》的原書，只是把它誤判爲了閻若璩的書。他從中援引了七十一條之多，卻皆冠以「閻若璩曰」。而從他書看到梅鷟與閻若璩重出的話，因爲梅鷟時代在先，則冠以「梅鷟曰」。我們不能設想，惠棟沒有看到梅鷟《尚書考異》原書，而能正確引用與之完全相同的內容。也不能設想惠棟如確切知道《尚書考異》一書的作者是梅鷟，而要把那七十一條材料冠以「閻若璩曰」，當然這些推論是在排除閻若璩可能抄襲掠美的前提下做出的。

從惠棟《古文尚書考》引「閻若璩曰」看，凡能在閻若璩《尚書古文疏證》中找到的，都在該書第一卷、第二卷、第五卷之中。當時惠棟所有的不過是一部並不完整的《尚書古文疏證》五卷抄本。凡不能在閻若璩《尚書古文疏證》中找到的，都可以在梅鷟《尚書考異》中找到，這說明了什麼？並不是惠棟從《尚書古文疏證》五卷抄本中看到了這些資料，而是意外得到了一卷「不題撰人姓名」的《尚書考異》抄本，將它誤判作閻若璩的作品。今天根據惠棟引用七十一條「閻若璩曰」不出自閻若璩的《尚書古文疏證》，而出自梅鷟的《尚書考異》，就判斷閻若璩曾抄襲梅鷟的《尚書考異》，那也許是件冤案。

在我讀過許華峰碩士論文《閻若璩「尚書古文疏證」的辨僞方法》後，我基本接受了他的看法，並在相關文章加以引用。但我同時也考慮存在惠棟誤判的可能性，只是沒有確切的資料來證實它。當我看到銘豐論文所載張穆爲《尚書古文疏證》五卷本（沈彤抄本）所作的〈跋〉語，知道沈彤抄本乃據惠棟本補葺，而沈彤抄本今日仍可見到，則知惠棟並沒有一部比今通行本《尚書古文疏證》更全的抄本，他所引的「閻若璩曰」七十一條材料並不出自《尚書古文疏證》。這也就等於摘掉了枉加在閻若璩頭上的「文抄公」帽子。

姜廣輝
序於北京寓齋
2008 年 5 月 16 日

第一章　緒　論

第一節　研究動機與研究目的

一、研究動機

　　關於清代《古文尚書》考辨運動的相關研究，多數集中在閻若璩（1636～1704）《尚書古文疏證》（以下簡稱《疏證》）的辨僞工作。就《古文尚書》百家爭鳴的開放性而言，此種思維方式，無疑地具有明顯的不足。因此如何針對梅鷟（？）《尚書考異》（以下簡稱《考異》）與閻氏《疏證》之後，所下開的惠棟（1697～1758）《古文尚書考》與程廷祚（1691～1767）《晚書訂疑》二家，進行《古文尚書》考辨課題的分析，筆者認爲這才是取得學術制高點的必要手段。個人並且認爲其中的惠棟《古文尚書考》尤爲重要。相較於同時期程廷祚的《晚書訂疑》，惠棟《古文尚書考》積極的徵引梅鷟、閻若璩的見解，對於今日考察梅、閻二家著作的版本學貢獻良多。另一方面，惠棟對於這兩位學人的間接認同，某種程度也象徵了三人對於研究共同課題的不遺餘力。基於這些原因，筆者選擇了惠棟《古文尚書考》，作爲碩士論文的研究命題。

二、研究目的

　　本論文的主要研究目的，初步在於復原惠棟寫作《古文尚書考》的歷史條件，藉由《古文尚書考》在陸續成篇的過程，惠棟所彙整的文史資料，從中考察《古文尚書考》的創作背景。力求達到治學工作最根本的「辨彰學術，考鏡源流」。相信有了較爲精準的文獻基礎，接續關於研究方法的運用，才不致產生後顧之憂。個人希

望拙作能達到以下三點的學術價值：

1. 補充前輩學人治理惠棟，過於偏重《易》與《春秋》的學術傾向，個人希望能爲惠棟治理《尚書》學的成績略盡綿薄。
2. 釐訂惠棟《古文尚書考》與諸家（梅鷟、閻若璩、程廷祚）的《古文尚書》考辨著作，在「考辨方法」的同異，與「辨僞舉證」的重出關係。
3. 考察出惠棟在清代《古文尚書》考辨史上應有的學術地位。

第二節　文本結構與文獻回顧的交叉分析

一、成書階段的界定

目前刊行傳世的惠棟《古文尚書考》，主要有三個版本，分別是：

1. 清乾隆五十七年（1792）宋廷弼的「讀經樓定本」。
2. 阮元（1764～1849）等人根據清道光九年（1829）廣東學海堂刊本，所輯選的「皇清經解本」。
3. 沈楙惪（？）於清道光二十四年（1844）刊行的「世楷堂本」。

其中「皇清經解本」的內容與「讀經樓定本」相同，據此可知「讀經樓定本」係「皇清經解本」遵循的底本。而「世楷堂刻本」，引文殊多節錄，又多衍字、訛字，實非善本。因此筆者將以宋氏「讀經樓定本」作爲論述的主要依據。錢大昕（1728～1804）《潛研堂文集·古文尚書考序》，曾經提到關於《古文尚書考》的刊刻緣由：

> 惠松崖先生獨一一證成之，其有功於壁經甚大。先是太原閻徵士百詩，著書數十萬言，其義多與先生闇和。而於〈太誓〉，猶沿唐人《正義》之誤，未若先生之精而約也。[註1] 今士大夫多遵崇漢學，實出先生緒論。其所撰述，都次第刊行，獨是編伏而未出。頃宋生子尚得之江處士艮庭，許亟梓而傳之，而屬〈序〉於予。

[註1] 按：錢大昕所謂閻氏：「而於〈太誓〉，猶沿唐人《正義》之誤，未若先生之精而約也。」所指係爲惠棟《古文尚書考·卷上》，所附「閻君之論」十五則中的第六則及惠棟按語而言。原文作：案：近代鄭曉亦疑《古文·泰誓》，謂：「僞〈泰誓〉無《孟子》諸書所引用者，人遂不之信，安知好事者，不又取《孟子》諸書所引用者以竄入之，以圖取信于人乎？」其見與余合。從來後人引前，無前人引後，獨此乃前人引後，非後人引前。（閻氏云：「僞〈太誓〉無《孟子》諸書所引用，是指謂西漢之〈太誓〉也。」）案：西漢之〈太誓〉，博士習之，孔壁所出與之符同，是孔子所定之舊文也。自東晉別有僞〈太誓〉三篇，唐、宋以來諸人反以西漢之〈太誓〉爲僞，閻氏既知東晉之〈太誓〉是僞作，何并疑西漢之〈太誓〉亦僞邪？此其謬也）。

予弱冠時，謁先生於泮環巷宅，與論《易》義，更僕不勘。蓋謬以予爲可
與道古者。忽忽卅餘載，楹書猶在，而典型日遠。綴名簡末，感慨係之。

乾隆壬子（五十七年，1792），三月既望〈序〉。

這裡的問題是，爲什麼惠棟的《古文尚書考》從撰述完成到刊刻行世，時間長
達三十多年？《柏克萊加州大學東亞圖書館中文古籍善本書志》「惠棟《古文尚書考》」
條，對此的看法是：「惠氏此書初未付梓，或因閻書已行之故。」這樣的推測，勢必
要結合閻若璩《疏證》的傳布歷程一併考量，筆者認爲這個說法的可能性並不大，
原因在於惠棟之時，閻氏《疏證》的刊行，並非是一件廣爲人知的盛事（詳見後章
〈「閻君之論」與「疏證」抄本的傳布〉）。

長久以來，關於惠棟《古文尚書考》的成書時間，《古文尚書考・附閻氏若璩「疏
證」》有如下的說明：

予少疑後出《古文》，年來文理未進，未敢作書指斥。甲寅（1734）夏、
秋間，偶校《九經注疏》，作「疑義四條」，「辨《正義》四條」，繼又作
「《古文》證九條」，「辨僞《書》十五條」，又先後續出兩條，共爲一卷，
其二十五篇，采摭傳記，兼錄其由來，藏篋衍數年矣。癸亥（1743）春，
於友人許得太原閻君《古文疏證》，其論與予先後印合，大氏後出《古文》，
先儒疑者不一。第皆惑于孔沖遠之說，以鄭氏二十四篇爲僞《書》，遂不
得眞《古文》要領，數百年來終成疑案耳。閻君之論可爲助我張目者，因
采其語附于後，其博引傳記逸書，別爲一卷，亦間附閻說，後之學者詳焉。

這裡主要是惠棟交代了《古文尚書考》的成書進程。根據惠棟的說法，《古文尚
書考》眞正的成書時間，至少超過九年，亦即由「甲寅」（1734）至「癸亥」（1743）
之後。惠棟《古文尚書考》的成書進程可以概略分爲三個階段：

1. 甲寅年（1734）之前。在惠棟卅七歲之前，他已經對東晉梅賾本《古文尚
   書》其中的二十五篇有所質疑但是礙於自身「文理未進」，以致未有作爲，
   惠棟在這個階段，已經萌發「作書指斥」僞《書》的想法。

2. 甲寅（1734）至癸亥（1743）之間。在惠棟卅七歲與四十五歲，這段期間
   《古文尚書考》的內容漸次備具，首先是：

   2.1 〈作疑義四條〉。惠棟所指應是「孔沖遠以孔氏十六篇爲張霸僞《書》，
       其說之可疑者有四焉」，這個部分應包含了〈鄭氏述古文逸「書」二十
       四篇〉的條目。〈作疑義四條〉所質疑的對象就是「孔沖遠」，惠棟之所
       以認爲「孔沖遠以孔氏十六篇爲張霸僞《書》」的說法不對，就是以承
       認〈鄭氏述古文逸「書」二十四篇〉無誤爲前提，開展出來的結果。事

實上可以說〈鄭氏述古文逸「書」二十四篇〉的條例，就是惠棟質疑「孔沖遠以孔氏十六篇爲張霸僞《書》」不可信的先決條件。

2.2 〈辨「正義」四條〉，此條目與《古文尚書考》篇目相同，無需另外說明。

2.3 〈「古文」證九條〉，所指即是〈證孔氏逸「書」九條〉。

2.4 〈辨僞「書」十五條〉指的是〈辨梅氏增多「古文」之謬十五條〉的部分。

3. 癸亥年（1743）之後。即惠棟四十五歲之後。惠棟在此時獲得閻若璩《疏證》的抄本。

　　閻學林乃是閻若璩的孫子，他的《疏證·識》說明《疏證》在漫長的成書歷程中出現最初刊刻本的年分，這個記錄對於判別《古文尚書考》與閻若璩、梅鷟等人的關係可說相當有幫助。惠棟在說明《古文尚書考·卷上》的條目後，對於「卷下」，他的說法是：「其二十五篇，采摭傳記，兼錄其由來，藏篋衍數年矣。」由此可知，惠棟自身對於指出《古文尚書》二十五篇，出自「采摭傳記」的考證猶感不足。直到惠棟於友人處訪得閻若璩《疏證》的抄本，惠棟懾服於閻氏《疏證》對於考辨《古文尚書》辨僞舉證的功力，除了采錄閻氏《疏證》與《古文尚書考》「先後印合」的部分，也就是今天所看到的〈附閻若璩「疏證」〉的條目附於「卷上」。在《古文尚書考·卷下》則「亦間附閻說」，以提供後世學者審查惠、閻兩家考辨《古文尚書》的異同。惠棟此舉，將意外的提供我們，連結起解決閻若璩與梅鷟考辨《古文尚書》等等相關問題的重要線索。

二、體例與歸納方式

　　惠棟《古文尚書考》分爲上下兩卷，根據上述筆者對於《古文尚書考·附閻氏若璩「疏證」》與《古文尚書考》「讀經樓定本」相互比對，可以知道《古文尚書考·卷上》的體例可以區分爲九則條目：

1. 〈自序〉

2. 〈孔氏「古文尚書」五十八篇〉

3. 〈鄭氏述古文逸「書」二十四篇〉

4. 〈辨「正義」四條〉

5. 〈證孔氏逸「書」九條〉

6. 〈梅氏增多「古文」二十五篇〉

7. 〈辨梅氏增多「古文」之謬十五條〉

8.〈辨「尙書」分篇之謬〉

9.〈附閻若璩「尙書古文疏證」〉

以上九則條目在除去提綱挈領的條目一〈卷首前言〉，與增補資料性質的條目九〈附閻若璩「疏證」〉，筆者發現如果要更進一步歸納惠棟考辨《古文尙書》的邏輯基點，就必須針對剩餘的七則條目進行實質意義的解讀。據此，筆者認爲：

1.〈孔氏「古文尙書」五十八篇〉與〈鄭氏述古文逸「書」二十四篇〉

所規範的就是惠棟《古文尙書考》整體立論的前提，惠棟以承認漢代眞《古文尙書》，也就是孔氏《古文尙書》五十八篇曾經存世的邏輯基點，開展出《古文尙書考》考辨《古文尙書》的層層論述。繼而又以鄭玄述古文逸《書》篇目的材料強化《古文尙書考》接續的辨證；而〈辨「正義」四條〉正是惠棟對於孔穎達《尙書正義》否定漢代不存在眞《古文尙書》說法的駁斥，惠棟並舉出〈證孔氏逸「書」九條〉作爲申論。就是因爲這兩組的考辨的最終目的相同，因此可裁併爲一類。

2. 惠棟對於〈梅氏增多「古文」二十五篇〉的篇目羅列，正是惠棟《古文尙書考》辨僞梅本《古文尙書》的初步工作。惠棟指出：「今梅氏增多篇數，分之爲二十五，合之爲十九，與《藝文志》不合。」所謂的與《藝文志》不合，追根究底還是惠棟認爲「十六篇」爲是，以及「二十五篇」爲非的問題。惠棟從這裡引申出「十五條」對於梅本《古文尙書》的糾謬，並且也對梅本《古文尙書》分篇之謬作出說明。這三則條目的發聲對象都是針對梅本《古文尙書》，因此也可裁併爲一類。經由上述條目的歸納，可以知道《古文尙書考‧卷上》考辨方法的主軸主要有二：

1. 承認漢代眞《古文尙書》的存在：這個部分即包括〈孔氏「古文尙書」五十八篇〉、〈鄭氏述古文逸「書」二十四篇〉、〈辨「正義」四條〉、〈證孔氏逸「書」九條〉的論述。

2. 指出梅本《古文尙書》之作僞：這個部分即包括〈梅氏增多「古文」二十五篇〉、〈辨梅氏增多「古文」之謬十五條〉、〈辨「尙書」分篇之謬〉的論述。

在不考慮其他變數的情況下，可以概略得出惠棟《古文尙書考‧卷上》所採取的考辨方法，這個結果相當程度的代表了惠棟對於考辨《古文尙書》所抱持的立場。但是如果沒有把《古文尙書考‧卷上》與其他諸家（如閻若璩與梅鷟等人）考辨《古文尙書》學的作品，在考辨方法的「邏輯基點」與「推理辨證」進行更精準的交叉比對，就無法得知惠棟考辨《古文尙書》所存在的獨特學術價值。關於《古文尙書考‧卷下》的體例，根據惠棟〈附閻若璩「疏證」〉所說，他採取的是「采摭傳記，兼錄其由來」的具體作法，這是屬於「作僞舉證」的層面。這樣的辨僞策略並非惠

棟所獨創,其實梅鷟的《考異》才是真正的開創者,《四庫全書‧總目提要》於「《尚書考異》五卷」條下謂:

> 國朝閻若璩《古文尚書疏證》出,條分縷析,益無疑義。論者不能復置一詞,然刱始之功,實鷟為之先也。

梅鷟《考異》考辨《古文尚書》的整體成果,確如《提要》所言,有其「刱始之功」,對此,姜廣輝老師〈梅鷟「尚書考異」考辨方法的檢討——兼談考辨「古文尚書」的邏輯基點〉認為:

> 《尚書考異》第三部分是全書的重點所在,其主要任務是要抉發晉人造偽之跡。《尚書考異》作者遍讀晉以前之書,一一指出這些文獻中與《古文尚書》經文蹈襲雷同之處,用功之勤,令人敬佩。

同樣的用功甚勤,也出現在梅鷟之後的閻若璩身上,閻氏耗時三十餘年所完成的《疏證》,對於作偽舉證所整理的資料雖然相當豐富,然而四庫館臣所謂「論者不能復置一詞」的評價,卻是稍嫌溢美有餘而徵實不足。〔註3〕必須了解的是,梅、閻二人在「考辨方法」方面的相關立論,或許不盡相同,但是兩人對於考辨梅氏《古文尚書》「作偽舉證」的作法,卻是相當一致。相較之下,閻、惠二人的根本思維卻更為接近(即就承認「漢代《古文尚書》」曾經存世的史實這一點來說),惠棟也才表明閻氏《疏證》的立論「與予先後印合」,甚至《古文尚書考‧卷下》也不吝於「間附閻說」互為增補。據此,將衍生下一個命題,即重新思考應當要依循怎樣的標準,才能將惠棟《古文尚書考‧卷下》,指陳梅賾本《古文尚書》蹈襲文獻的地方,依其性質分門別類。王法周先生對於《古文尚書考》整體的「作偽舉證」有如下見解:

> 惠棟通過對晉以前的幾乎所有文獻資料的勾稽,引伏生本的今文《尚書》及《左傳》、《國語》、《墨子》、《荀子》等書,論證梅氏偽《古文尚書》從篇章數目、分篇次序到文字內容,有諸多方面之謬。……惠棟還從與史實不合、與史例不合、與古籍不合、與先儒之旨不合、與文理不合、與古制不合等諸方面證梅氏《古文》之偽。〔註4〕

這個說法有兩個地方值得注意:

〔註3〕按:關於閻氏《疏證》在「支節」部分,也就是「作偽舉證」問題的檢討,可參看許華峰先生《閻若璩「尚書古文疏證」的辨偽方法》,其中〈第四章:「尚書古文疏證」的「支節」論證〉與〈第五章第三節:「疏證」「支節」的反省〉。
〔註4〕見王法周:《中國歷代思想家「十六」‧惠棟篇》(臺北:臺灣商務印書館,1999年08月)更新版。頁116～頁118。

1. 所謂《古文尚書考》在「作僞舉證」的勾稽，幾乎遍及所有晉朝以前的文獻資料。這個部分筆者以爲涉及到「文獻資料」的定義，有待重新商榷。

2. 《古文尚書考》爲了證明梅本《古文尚書》作僞，糾謬的項目涵括「篇章數目」、「分篇次序」、「文字內容」、「與史實不合」、「與史例不合」、「與古籍不合」、「與先儒之旨不合」、「與文理不合」、「與古制不合」等九大面向。

筆者考察《古文尚書考》通篇，發現惠棟對於「考辨方法」與「作僞舉證」，皆是夾敘夾議的方式。也就是在段落標題之後，以舉證的方式進行議論。這個現象在《古文尚書考·卷上》尤其明顯。《古文尚書考·卷上》在「附錄」之前，對於「承認漢代眞《古文尚書》的存在」與「指出梅本《古文尚書》作僞之嫌」兩個課題，都是以此相同的手法處理。因此當筆者以王氏的立論，對照惠棟《古文尚書考》，會發現實際上「篇章數目」與「分篇次序」，明確屬於「考辨方法層面」（即《古文尚書考·卷上》的根本思維），後七項是否具備《古文尚書考·卷下》與「作僞舉證層面」的指稱關係，則尚待檢驗。由於其中的「不合文理」與「不合古制」並無舉例說明，本文將就提及王氏提的地方節錄分析：

1. 不合史實：如援引《左傳》所引〈夏書〉，及伏生《尚書·虞夏傳》，證明啓時才有〈九歌〉，而梅氏《古文》確以虞時已有〈九歌〉，與史不合。

2. 不合史例與不合古籍：引《墨子·兼愛》、伏生〈堯典〉、《荀子》、《穀梁傳》等書之記載，說明「〈誓〉始於禹」，舜時還沒有「誓師」之事，而梅氏把「誓師」之事採入〈大禹謨〉，顯然與史例與古籍記載均不相符合。

3. 不合先儒之旨：梅氏根據《荀子·議兵》說「舜伐有苗」，而誤以「伐」指「誓師」之事，而非《國語》所說「大刑用甲兵」，只稱之爲「伐」而不稱「誓師」，所以舜時還沒有「誓師逆命」之事，梅氏之說與先儒之旨不合。

上述條例一至三均見於《古文尚書考·卷上》〈辨梅氏增多「古文」之謬十五條〉一至三的三則條目。〔註5〕至於王氏「從文字內容上證梅氏《古文》爲僞」則具體

〔註 5〕　（1）《左傳》引〈夏書〉曰「戒之用休，董之用威，勸之以九歌，俾勿壞」，〈離騷〉云：「啓〈辨〉與〈九歌〉。」〈天問〉云：「啓棘賓商〈九辨〉、〈九歌〉。」則〈九歌〉乃啓樂，猶九鼎爲啓鑄也。伏氏《尚書·虞夏傳》云：「惟十有四祀云云，還歸二年，而廟中苟有歌〈大化〉、〈大訓〉、〈六府〉、〈九原〉，而夏道興。」康成注：「四章皆歌禹。」獨無〈九歌〉，明〈九歌〉乃啓樂也！今文出《古文》以爲禹告舜之詞，則似虞時已有此〈歌〉，恐未然！

　　　　（2）墨子〈兼愛篇〉載〈禹誓〉云：「禹曰：『濟濟有衆，咸聽朕言，非惟（「惟一

說明如下：

> 梅氏僞《古文》，在文字內容上諸多錯亂，惠棟也詳考其出處原委。在《卷下》中，惠棟對梅氏增多的〈大禹謨〉、〈五子之歌〉、〈胤征〉等二十五篇，篇篇進行詳細考校，對各篇中有疑問的部分逐句辯正，一一析考其源，指證其從何而來，出於何典。如〈大禹謨〉「稽于眾舍己從人」，本乃孟子稱舜之語，此在「舜曰中稱堯，非也」；〈大禹謨〉「人心惟危」等十六字心傳，惠棟承閻若璩之說，再次指斥，此十六字係雜採《荀子·解蔽》之「人心之危，道心之微」等語以及《論語》「允厥執中」而來，並力攻梅氏此十六字之不通。〈說命〉中的「有備無患」是本《左傳》；〈大禹謨〉「祈承上帝」是根據《孟子》「啓賢能敬承繼禹之道」，如此等等。〔註6〕

以上是王法周先生解析惠棟《古文尚書考·卷下》「作僞舉證」的觀點。可以分作二個部分說明：

1. 王氏說由於惠棟認爲梅本《古文》的文字內容有諸多錯亂，所謂的「錯亂」，就是惠棟以梅氏作僞《書》爲前提，開展而出的必然結果，因此惠棟以「詳考原委」舉證梅氏的作僞。其次，王氏指出惠棟《古文尚書考·卷下》的考辨是有選擇性的，他認爲惠氏只挑選「對各篇中有疑問的部分」進行辨僞的工作，達到「一一析考其源，指證其從何而來，出於何典」的辨正目的。這個部分要檢驗王氏立論是否得當，就必須對於惠棟《古文尚書考·卷下》重新歸納評估，以確切求得《古文尚書考》在「辨僞舉證層面」的完整樣態。

2. 再者，由王氏的舉例：「〈大禹謨〉「人心惟危」等十六字心傳，惠棟承閻若璩之說。」可知惠棟對於閻氏《疏證》「與予先後印合」的認同及「間附閻

作「台」。）小子，敢行稱亂。蠢茲有苗，用天之罰，若予既率爾羣（「羣」猶「君」也。〈周書〉王子晉云：「侯能成羣，謂之君。」〈堯典〉言「羣后」又作「羣」，古文通。淳于長《夏承碑》兼攬「郡藝」義作「羣」），對諸羣以征有苗。」據此言之，〈夏書〉當有〈禹誓〉之篇。荀卿子曰：『『誥』、『誓』不及五帝（《穀梁傳》同）。「誓」始於禹，則舜時未有也（〈皋陶謨〉言：「苗頑弗即功。」則舜陟後，禹當復有「征苗」、「誓師」之事）。今梅氏采入〈大禹謨〉，屬之〈虞書〉（僞孔氏以〈益稷〉以上爲〈虞書〉）。顯然與先儒相悖，其說非也（《百篇》文，荀子猶及見之，說當有據）。

（3）《荀子·議兵篇》曰：「舜伐有苗。」此梅氏所據也。案：上下文云：「堯伐讙兜、禹伐共工云云。」此即堯、舜誅四凶事。《國語》所謂「大刑用甲兵」，故稱「伐」。不必有「誓師」、「逆命」之事也。

〔註6〕見王法周著：《中國歷代思想家「十六」·惠棟篇》，頁118。

說」的材料援引，此處足爲明證，只是質疑「人心惟危」等十六字心傳，是否如王氏所言，屬於「惠棟承閻若璩之說」的傳承譜系，尚有討論的空間。

綜上所述，可以知道王法周先生對於惠棟《古文尚書考》的「作僞舉證」，所作的歸納分析工作明顯過於簡單，造成了分析《古文尚書考》比重失衡的現象。個人認爲上述王法周先生因爲歸納方法所造成的諸多問題，根源在於他並沒有釐清楚惠棟《古文尚書考》整體的書寫策略，並予以適當的檢驗，以致於造成相當程度的見樹不見林。筆者希望透過後續篇章的討論，能將惠棟《古文尚書考》的考辨成績作出較爲全面的評價。

第三節　研究策略釋要

一、彙集梅鷟與閻若璩相關見解的意義

許華峰先生率先經由《古文尚書考》中彙引閻氏諸語，對校今本《疏證》，再參諸《考異》，推論出《疏證》「蹈襲」《考異》的痕跡。〔註7〕這是個很重要的發現。眾所周知，閻氏因考證出《古文尚書》抄襲處而名家，如今卻讓後續研究者指陳閻氏本人的成就卻也有「欺世盜名」之嫌，只是《疏證》掠美《考異》更爲直接，而辨別的癥結即是藉由惠棟《古文尚書考》九十九條引「閻若璩曰」，對校《疏證》與《考異》而得。〔註8〕與此異曲同工的就是《古文尚書考》中引「梅鷟曰」的十二條目所呈現的價值意義。藉由考察此項命題，筆者認爲梅鷟、閻若璩、惠棟三者之間，實有難以分割的關係，〔註9〕從中正可檢驗《古文尚書》辨僞方法的「舉證發明權」始於何人，由此亦可知惠棟之前《古文尚書》辨僞工作的歷史發展軌跡。

〔註7〕 許華峰：《閻若璩「尚書古文疏證」的辨僞方法‧「疏證」與「冤詞」、「考異」、「尚書譜」的關係》（中壢：中央大學中國文學研究所碩士論文，岑溢成先生指導，1994年），頁39～52。

〔註8〕 按：許華峰先生以爲98條（《閻若璩「尚書古文疏證」的辨僞方法‧附錄》，頁237～264）經筆者對《考異》、《疏證》、《古文尚書考》逐一核校後，關於惠氏引「閻若璩曰」確定爲99條。該條目爲「〈周官〉論道經邦」，此條目獨出於閻若璩《困學記聞注》，不與其他辨僞《古文》著作重出。

〔註9〕 按：清人朱琳《尚書考異‧跋》（清道光五年（1825）立本齋刊本）即云：「先生（指梅鷟）則力辨其僞，曲證旁通，具有根據，後閻百詩《尚書古文疏證》、惠定宇《古文尚書考》，其門徑皆自先生開之。」朱氏此言與吾人部分筆意略有印合，特於此注引。

再者，從惠棟《古文尚書考‧卷上》，〈附閻若璩「疏證」〉的「閻君之論可為助我張目者」，可知惠氏對於前輩學人閻若璩，及其著作《疏證》的推重。惠棟對於閻氏《疏證》的徵引，固然是頻繁的採取「惟閻是取」的寫作策略，事實上這樣的行文方式，正好突顯出閻氏《疏證》的抄本與刊本之間，存在若干文獻問題尚待解決。今日根據吳通福先生的大致彙整，目前行世的閻氏《疏證》共有十五種。〔註10〕主要可區分為抄本與刊本，其中刊本的傳布，可以追溯到眷西堂本（家刻本）與內府藏本（文淵閣本）這兩個系統，相形之下抄本的問題更為複雜。惠棟《古文尚書考》對於《疏證》的徵引，計有卷上十五則的「閻君之論」，以及卷下九十九則的「閻若璩曰」。由於卷下的「閻若璩曰」，主要收錄的都是晚出《古文尚書》的文句與諸經傳的重出，此處涉及的問題是《疏證》的辨偽舉證，是否與諸經傳原典相符應的問題，「舉證發明權」是否專屬為閻若璩尚有待釐清。因此筆者主要選擇《古文尚書考》卷上較無爭議的十五則「閻君之論」作為探賾標的。就是因為這十五則的「閻君之論」與今刊本的《疏證》，在經過比對後出現相當明

〔註10〕吳通福先生《晚出古文尚書公案與清代學術‧附錄二：閻若璩、毛奇齡的著作目錄及其流傳》頁273，所列出的篇目如下：

（1）胡渭校抄本《尚書古文疏證》。（據葉景葵（1874～1949）《卷盦書跋》）。

（2）沈彤抄五卷本，張穆（1805～1849）校並〈跋〉，藏湖南省圖書館。

（3）杭世駿（1696～1773）抄本，一、四、五，三卷，有〈跋〉，又有謝寶樹（？）校并〈跋〉，藏（北京）國家圖書館。

（4）乾隆10年（1745）眷西堂刊本，張穆（1805～1849）有校本，藏山西省圖書館；又莫友芝（1811～1871）批校本，藏貴州省圖書館。

（5）《四庫全書》本。

（6）嘉慶元年（1796）天津吳人驥（？）重刊本。

（7）同治六年（1867）錢塘汪氏振綺堂重修眷西堂刊本。

（8）光緒十四年（1888）南菁書院刊《皇清經解續編》本。

（9）1983年台灣商務印書館影印文淵閣《四庫全書》本。

（10）1988年上海書店影印《皇清經解續編》本。

（11）1984年杜松柏輯《尚書類聚初編》影印《皇清經解續編》本。

（12）台北藝文印書館1986年影印南菁書院版《皇清經解續編》本。

（13）1987年上海古籍出板社影印眷西堂原刊本，所缺卷一之頁18、20及卷七之頁67以汪氏重修本配補。

（14）偃師武億刊本。

（15）杭州書局本。

趙按：除了前述書目，另有：

（16）1996年誠成企業集團（中國）有限公司所組織編纂《傳世藏書‧尚書古文疏證》據眷西堂刊本校點的標點本（簡體字）。

（17）1998年8月北京中華書局孔穎達等撰：《四部要籍注疏叢刊‧尚書》

（18）1999年《文淵閣四庫全書電子版‧尚書古文疏證》。

顯的差異。後續行文個人除了比較相同條目下，抄本與刊本的同異，更將廣納曾述及《疏證》抄本的相關文獻，期望能儘量還原在不同時間點之下，《疏證》抄本的傳布面目。

二、考辨方法的邏輯基點及其推理辨證

　　所有具備問題意識的學術命題，都必然有其據以衍生的核心價值。就《古文尚書》辨偽工作的相關課題來說，「考辨方法」的運用以及考辨者所掌握的邏輯基點，顯然就是決定《古文尚書》辨偽工作是否能周密，並且不落人口實的最重要關鍵。關於惠棟《古文尚書考》「考辨方法」的邏輯基點，要點在於惠棟相信漢代孔安國的真《古文尚書》確實曾經存世，因此《古文尚書考》遂有「孔氏《古文尚書》五十八篇」與「鄭氏述古文逸《書》二十四篇」的立基，與其接續篇目的推理辨證。將惠棟《古文尚書考》與梅鷟《考異》相較，發現梅鷟對於考辨《古文尚書》的態度，在於他選擇的是相信「十六篇《古文尚書》」與「二十五篇《古文尚書》」皆是有心人所偽作的。將惠棟《古文尚書考》與閻若璩《疏證》相比，惠棟對於閻氏「十六篇《古文尚書》」與「二十五篇《古文尚書》」的前真後偽雖然表示認同，卻也對於若干觀點表達出他的質疑。〔註11〕再將惠棟《古文尚書考》與同時期的程廷祚《晚書訂疑》相較，則同中有異。筆者將嘗試解析惠棟與梅鷟、閻若璩、程廷祚等人，在考辨《古文尚書》「邏輯基點」方面的關聯性。

　　其次，《古文尚書考·卷上》所有關於考辨活動的相關作為，都包含了「邏輯基點」與「推理辨證」兩個層次，小至單篇條目的結構，大至整體表現的組合皆是如此。個人以為，如果惠棟考辨「孔氏《古文尚書》五十八篇」與「鄭氏述古文逸《書》二十四篇」，讓《古文尚書考》得以樹立考辨真《古文尚書》的「要領」；則《古文尚書考·卷上》的其餘篇目，就可以看待成自此「邏輯基點」延伸而出的「推理辨證」，這就是惠棟《古文尚書考·卷上》整體的考辨策略。《古文尚書考》卷上在扣除關於「邏輯基點」的兩篇，另計還有：1.「辨《正義》四條」。2.「證孔氏逸《書》九條」。3.「梅氏增多《古文》二十五篇」。4.「辨梅氏增多《古文》之繆十五條」。5.「辨《尚書》分篇之謬」。此章的主要命題，就是透過這些篇目審查惠棟推理辨證的思維，並藉由與其他諸家考辨《古文尚書》的相關論證，確認惠棟《古文尚書考》「考辨方法」在推理辨證層面的學術價值。

　　而在論述惠棟《古文尚書考·卷上》對於孔穎達《尚書正義》的辨正，就必須

〔註11〕按：據惠棟自述，抄本《疏證》乃是《古文尚書考》初稿完成後方始閱覽，因此惠棟與閻若璩對於《古文尚書》辨偽，所分別抱持的邏輯基點仍必須有所區別。

先略述梅鷟、閻若璩、程廷祚諸家，對於孔穎達《尚書正義》的意見。由於孔穎達不認為梅賾本《古文尚書》為偽造，因此孔穎達與考辨《古文尚書》的「辨偽舉證」便鮮少干係。以下論述，個人將只就《古文尚書》「考辨方法」的推理辨證發聲；若仍有牽涉到《古文尚書》的「辨偽舉證」，留待第四章專門討論。

「證孔氏逸《書》九條」，乃是惠棟《古文尚書考》繼「辨正義四條」的別偽之後，對於《古文尚書》所進行的求真舉措。當然惠棟舉證孔氏逸《書》存世的主要目的，還是要證明梅賾本《古文尚書》造偽的荒謬。筆者在此將審查關於惠棟「證孔氏逸《書》九條」在推理辨證方面的合理性。

「梅氏增多《古文》二十五篇」，乃是惠棟《古文尚書考‧卷上》關於考辨《古文尚書》在「邏輯基點」層面的第三組推理辨證。惠棟在經過「辨《正義》四條」、「證孔氏逸《書》九條」等步驟證成漢代孔氏逸《書》確實存世。與此同時，惠棟接續所要處理的就是針對「梅氏增多《古文》二十五篇」等相關問題。

惠棟「辨梅氏增多《古文》之謬十五條」命題可以分為十二個子題。

1. 辨〈大禹謨〉「戒之用休，董之用威，勸之以九歌，俾勿壞」，是否為真是「禹告舜之詞」。
2. 辨〈胤征〉「威克厥愛，允濟；愛克厥威，允罔功」，「愛」與「威」的施加順序。
3. 辨〈伊刑〉「臣下不匡，其刑墨」的制定時程。
4. 辨〈咸有一德〉「七世之廟」說的訛誤。
5. 間接認同朱彝尊對於〈武成〉「丁未祀於周廟」說的辨證。
6. 考辨〈武成〉「壹戎衣」用語的訛誤。
7. 間接認同朱彝尊關於〈蔡仲之命〉「率乃祖文王」的考辨。
8. 考辨〈蔡仲之命〉「慎厥初，惟厥終，終以不困」，梅賾不察的錯誤。
9. 考辨顧炎武〈說命〉「爰立作相」與〈周官〉「論道經邦」。
10. 間接認同顧炎武以聲韻文字考辨梅氏〈周官〉的「業廣惟勤」。
11. 專以考辨〈君陳〉「惟孝友于兄弟」的改讀訛誤。
12. 辨正顏師古引〈君牙〉「亦惟先正，克左右」的訛誤。

關於惠棟「辨《尚書》分篇之謬」的推理辨證，主要是藉由顧炎武的論述，
〔註12〕商榷梅氏析伏生今文《尚書》為「三十三篇」，，其中二篇：由〈堯典〉析出〈舜典〉、由〈皋陶謨〉析出〈益稷〉的分篇問題，以及「〈顧命〉與〈康王

〔註12〕按：惠棟《古文尚書考》言「顧氏炎武舉此三事，以為《書序》之妄」。所指係顧氏炎《日知錄》。

之誥)」的語位斷句。與《古文尚書考・辨正義四條》的第一條頗可相互參看。

三、辨僞舉證的隱性重出及其證據效力

　　雖然筆者已經分析了關於惠棟《古文尚書考》所徵引的「梅鷟曰」與「閻若璩曰」在文獻學上的貢獻與價值，事實上這樣的工作，只能部分說明惠棟《古文尚書考》處理前人著述的態度，必須知道，上述的「梅鷟曰」與「閻若璩曰」，約略只佔《古文尚書考・卷下》整體辨僞舉證條目的五分之一，這些都只能代表惠棟《古文尚書考》顯性的「辨僞舉證」，就涵攝《古文尚書考》的整體論述而言仍然極爲不足。個人認爲唯有進行《古文尚書考》「辨僞舉證」的通盤考校，盡可能的謀求在所有已知條件之下，惠棟《古文尚書考》的「辨僞舉證」與他者（梅鷟、閻若璩）的重出狀況，透過這樣的研究策略，才能將各種狀況分門別類，並進一步分析這些現象所分別代表的意義。此章行文個人將就這三個組別的排列（1. 惠棟、梅鷟、閻若璩。2. 惠棟、閻若璩。3. 惠棟、梅鷟），說明惠棟《古文尚書考》在顯性徵引之外，關於隱性重出現象的重要性。

　　筆者接續將以惠棟《古文尚書考・卷下》「辨僞舉證」的隱性重出爲基底。根據所歸納的四組辨僞舉證類型（即 1. 惠棟、梅鷟、閻若璩。2. 惠棟、閻若璩。3. 惠棟、梅鷟。4. 獨出惠棟）。分別審查惠棟考辨《古文尚書》的「辨僞舉證」與他者的重出關係，以及獨出惠氏《古文尚書考》等等情況，所各自代表的證據效力。在論述這項命題之前，必須先認識梅鷟與閻若璩等人在「辨僞舉證」的相關評價。姜廣輝老師認爲：

> 而若從中立的立場來看，梅鷟考辨《古文尚書》二十五篇，字字尋其出處，其考辨之成績，足可證明《古文尚書》二十五篇與秦、漢諸傳記文獻確有蹈襲雷同之處。但問題在於，究竟是《古文尚書》二十五篇抄襲了秦、漢諸傳記文獻呢？還是秦、漢諸傳記文獻蹈襲了《古文尚書》二十五篇呢？若能確定《古文尚書》二十五篇果後世造僞，則梅鷟已得其贓證矣。然而這個前提恰恰是需要證明的。而今雖然「贓證」在手，吾人卻無法判定究竟「誰抄誰」。此猶兩人皆聲稱是原作者，而互指抄襲，不能僅以兩文相同部分爲證據，而須能證明究竟誰爲在先的原創者，而誰爲其後的蹈襲者。考辨《古文尚書》的難點也正在於此。而只有有了這方面的根據，才稱得上是有價值的證據。

　　姜廣輝老師確實點出了梅鷟《考異》在「辨僞舉證」方面，所呈現的證據結構效力薄弱的問題。梅鷟大規模的指出梅氏《古文尚書》二十五篇，組成文句的所由

來，可謂前無古人。由於《古文尚書》考辨運動「方法論」的實踐並非一蹴可幾。今日姑且不論我們對於梅鷟《考異》考證成績的評價如何，梅鷟的作法正好揭示了在他之後，考辨《古文尚書》的學人們必然要走的路徑。至於在梅鷟《考異》之後，閻若璩《疏證》的學術價值，暫時撇開《疏證》的版本問題，閻若璩對於《古文尚書》考辨方法所提出「根柢」與「枝節」的概念，《疏證》一方面展現了繼梅鷟以降，考辨《古文尚書》的旺盛企圖心，另一方面閻氏考辨《古文尚書》的相關論述，相對於梅鷟《考異》，《疏證》的整體表達無疑的具有修正《考異》邏輯基點的作用。換言之，閻若璩的《疏證》，就是因為在《古文尚書》考辨史上具有指標性，所以不管是內府的四庫館臣，或是民間的大家宿儒，都留下了相對梅鷟《考異》更多的討論記錄。《四庫全書·疏證提要》即曰：

> 梅鷟始參考諸書，證其剽剟。而見聞較狹，蒐采未周。至若璩，乃引經據古，一一陳其矛盾之。故《古文》之偽乃大明。所列一百二十八條，毛奇齡作《古文尚書冤詞》百計相軋，終不能以強詞奪正理。則有據之言，先立於不可敗也。

因此關於閻若璩《疏證》「辨偽舉證」的證據效力，除了必須要跟梅鷟《考異》考校異同，得出閻若璩《疏證》的細密勝出，這是我們對於閻氏《疏證》的考鏡源流。另一方面，所謂學術研究的「後出轉精」，何人能繼梅鷟與閻若璩之後，接棒《古文尚書》的考辨工作？筆者相信非惠棟莫屬。清人朱琳（？）就將惠、閻、梅三人連袂提之，《考異·跋》曰：

> 先生（指梅鷟）則力辨其偽，曲證旁通，具有根據，後閻百詩《尚書古文疏證》、惠定宇《古文尚書考》，其門徑皆自先生開之。

相信上述要點已能約略說明，何以我們必須積極重視惠棟《古文尚書考》考辨《古文尚書》的學術價值。這也是筆者將三人考辨《古文尚書》的辨偽舉證作出適當排比的最大原因。礙於篇幅所限，上述的四個類組，個人將優先選擇惠棟有標誌「按語」的部分進行分析。

第二章 《古文尚書考》文獻徵引的學術價值

第一節 「梅鷟曰」平議〔註1〕

一、出處的再商榷

許華峰先生在《古文尚書考》引「梅鷟曰」出處部分已作了初步的論證：

> 惠棟在第二卷又引用「梅鷟曰」十二次。可是所引用過於簡略，我們無法
> 判斷這是引自《尚書譜》，還是惠氏自他書所轉引。〔註2〕

關於許氏的見解，筆者有不同的看法。首先《古文尚書考》引「梅鷟曰」爲十二次，經筆者檢證後雖確然無誤，然而許氏對此並無與「閻若璩曰」一樣作出細目的表列，因此後續如「引用過於簡略」與「我們無法判斷這是引自《尚書譜》，還是惠氏自他書所轉引」諸語，便無法產生相互比對論證的作用。許氏僅就「梅、閻並舉」的部分（四條目）寫出按語，〔註3〕筆者認爲惠棟「梅、閻並舉」僅能作爲探

〔註1〕 此文原稿，係末學發表於「高雄師範大學 2006 年第二屆青年經學學術研討會」的會議論文。研討會前，承蒙姜廣輝老師詳加斧正。議程中，承蒙論文講評人：臺灣師範大學國文學系許華峰教授。以及論文提問人：高雄師範大學經學研究所蔡根祥所長惠賜灼見，謹此申謝。

〔註2〕 許華峰：〈論「尚書古文疏證」與「古文尚書冤詞」、「尚書考異」的關係〉，《經學研究論叢》第 1 輯（台北聖環圖書公司，1994 年 4 月），頁 148。亦收錄於許氏碩論《閻若璩「尚書古文疏證」的辨僞方法》頁 46。

〔註3〕 其一爲〈五子之歌〉：「鬱陶乎予心，顏厚有忸怩。」……峰按，這是一條較爲重要的例子。惠棟在引用兩個閻氏說法中間，夾進一則梅鷟的話。這個現象表示惠氏所見閻說與梅說的資料來源可能不同。或是惠氏對梅氏《尚書考異》和《尚書譜》的原書並未寓目，而是根據他書轉引。第二個情形成立的可能較大。因爲若惠氏看到梅鷟原書，就應該把《疏證》與《考異》或《尚書譜》相同的例證歸諸梅鷟名下。

討究竟惠氏有無寓目《尚書譜》和《考異》的問題動機，若僅憑此四則條目就進行可能性的推斷，筆者認為舉證尚嫌不足，應先進行全盤的出處考辨，才能作出立論更為周全的回應。〔註4〕因此，筆者將先就《古文尚書考》本「梅鷟曰」的出處進行整理：〔註5〕

    1.「滿招損，謙受益，時乃天道」，梅鷟曰：「本《易》之『謙尊而光卑，而不可踰。』」（許本未列此條）

  按：〈大禹謨〉一條獨見於陳第（1541～1617）《尚書疏衍》（以下簡稱《疏衍》）卷一轉引梅鷟語。許本無此條。此處獨出陳第撰《尚書疏衍》卷一引梅鷟言：「『滿招損，謙受益』，謂『本《易》之謙尊而光卑，而不可踰也。』」

    2.「鬱陶乎予心，顏厚有忸怩」，梅鷟曰：「顏厚取諸《詩》。」（此處為梅、閻並舉，許本頁244～245，第二十六條，）

    閻若璩曰：《孟子》：「象曰：『鬱陶思君爾。』此象之辭，『忸怩』則敘事之辭……今竄入〈五子之歌〉中以『鬱陶』、『忸怩』並為一人口氣，不失卻《孟子》之文義乎？」

    梅鷟曰：「顏厚」取諸《詩》。

    峰又按，我們應當注意到，今本《疏證》所保存的內容，絕大部分是具有論證過程的論據。刪去的則是與梅鷟相同，而且沒有論證過程的部分。在這一條例子可很清楚的看出來。

    其二為〈胤征〉：「玉石俱焚」……峰按，這一條亦是梅說與閻說一起出現。值得注意的是惠氏所引「梅鷟曰：火炎崑崗，玉石俱焚。取諸《三國志》』之說，不見於《尚書考異》。而在《尚書譜·古文根株削掘譜》有：『《三國志》、〈晉書〉火炎崑崗二句。此造作胤征之由。』（頁466）的話。則惠氏這裡所引的『梅鷟曰』，應出自《尚書譜》。但惠氏是否看到《尚書譜》原書，則無法得知。

    其三為〈湯誥〉：「惟皇上帝，降衷于下民。」……峰按，《尚書譜》說：『夫差曰：天降衷於吳。……此造作〈湯誥〉之由。』（頁447）則惠氏所引梅鷟之語，同時見於《尚書考異》與《尚書譜》。

    其四為〈旅獒〉：「為山九仞，功虧一簣。」……峰按，見今本《疏證》第七十六條的按語。峰又按，惠氏所引梅說，不見於《尚書考異》。《尚書譜》亦只有「為山」取諸《論語》之說。（頁441）

〔註4〕 按：參諸〈五子之歌〉、〈胤征〉、〈湯誥〉、〈旅獒〉的四則按語，我們可以看到這些說法並沒有經過更有系統的整合歸納，因此許氏所立論之「引用過於簡略，我們無法判斷這是引自《尚書譜》，還是惠氏自他書所轉引」的說法有待更精細的論證才能斷定。

〔註5〕 按：《考異》採「姜廣輝本」：指姜廣輝老師校點的《尚書考異》，姜老師參考了（明）白鶴山房抄本、（明）臺灣故宮舊抄本、（清）四庫全書文淵閣本、（清）孫星衍平津館本進行《尚書考異》的標點。目前尚未付梓出書。《尚書譜》採「北京圖書館古籍珍本叢刊」本，《疏衍》與《疏證》俱採「文淵閣」本。

閻又云：〈晉語〉：「平公射鴳，……忸怩顏。」

按：〈五子之歌〉一條並見於梅鷟《考異》卷三、陳第《疏衍》卷一轉引梅鷟語、
閻若璩《疏證》卷一，第九條與卷四，第五十六條。〔註6〕

梅鷟《考異》卷三。《孟子》：「象曰：『鬱陶思君爾，忸怩。』」《詩》曰：「顏之
厚矣。」又〈晉語〉：「平公射鴳，……忸怩顏。」

陳第《疏衍》卷一轉引梅鷟語：「謂『鬱陶』取《孟子》，『顏厚』取諸《詩》。」

閻若璩《疏證》卷一，第九條。閻若璩曰：「《孟子》：『象曰：鬱陶思君爾。』
此象之辭，『忸怩』則敘事之辭……今竄入〈五子之歌〉中以『鬱陶』、『忸怩』並爲
一人口氣，不失卻《孟子》之文義乎？」

3. 「玉石俱焚」，梅鷟曰：「『火炎崑岡，玉石俱焚。』取諸《三國志》。」
（許本頁246～247。第三十條）

閻若璩曰：「〈晉書〉袁宏《三國名臣贊》云：『滄海橫流，玉石同碎。』」
（今本《疏證》無此語）

按：〈胤征〉一條並見於梅鷟《尚書譜・古文根株削掘譜》卷三〔頁446〕、《考
異》卷二、陳第《疏衍》卷一轉引梅鷟語、與閻若璩《疏證》卷四，第六
十四條。〔註7〕

梅鷟《尚書譜・古文根株削掘譜》卷三：「《三國志・晉書》『火炎崑岡』二句，
此造作〈胤征〉之由。」

梅鷟《考異》卷二：「《晉書》袁宏《三國名臣贊》云：『滄海橫流，玉石同碎。』
又《劉琨傳》『火炎崑岡』，可見是晉人語。」

陳第《疏衍》卷一轉引梅鷟語：「〈胤征〉之『火炎崑岡，玉石俱焚』，取諸《三
國志》。」

閻若璩《疏證》卷四，第六十四條：「如此安得有『火炎崑岡，玉石俱焚』如後
世檄文，以兵威恐敵之事。既讀《陳琳集》……云：『大兵一放，玉石俱碎，雖欲救
之，亦無及已。』《三國志・鍾會傳》：『曰：大兵一發，玉石俱碎，雖欲悔之，亦無
及已。』會與琳不相遠，辭語並同，足見其時自有此等語，而僞作者偶忘爲三代王
者之師，不覺闌入筆端，則此書之出魏、晉間，又一佐已。」

4. 「惟皇上帝，降衷于下民」，梅鷟曰：「『降衷』取諸夫差曰：『天降衷
于吳。』」（許本248～249，許本第三十七條）

閻若璩曰：「〈晉語〉梁由靡曰：『以君之靈，鬼神降衷。』《內傳》劉

〔註6〕 按：許華峰先生以爲〈五子之歌〉此條目只見於《疏證》卷1，第9條。
〔註7〕 按：許華峰先生認爲〈胤征〉此條不出於《考異》。

子曰：『民受天地之中以生。』又『天誘其衷。』〈中庸〉曰：『天命之謂性。』」（今本《疏證》無此語）

按：〈湯誥〉一條並見於梅鷟《尚書譜・古文根株削掘譜》卷三（頁447）、《考異》卷三、陳第《疏衍》卷一轉引梅鷟語。

梅鷟《尚書譜・古文根株削掘譜》卷三：「夫差曰：『天降衷於吳。』……此造作〈湯誥〉之由。」

梅鷟《考異》卷三：「〈吳語〉夫差曰：『今天降衷於吳。』」

陳第《疏衍》卷一轉引梅鷟語：「〈湯誥〉之『降衷』，取諸夫差曰：『天降衷于吳。』」

5. 「若升高，必自下；若陟遐，必自邇」，梅鷟曰：「取諸《中庸》之『行遠自邇，登高自卑。』」（許本未列此條）

按：〈太甲下〉一條並見於梅鷟《尚書譜・古文根株削掘譜》卷三（頁446）、《考異》卷三、陳第《疏衍》卷一轉引梅鷟語、閻若璩《疏證》卷五下，第七十六條。

梅鷟《尚書譜・古文根株削掘譜》卷三：「〈中庸〉：『辟如行遠。』二句，此造〈太甲〉之由。」（頁447）

梅鷟《考異》卷三：「〈中庸〉曰：『辟如行遠必自邇，辟如登高必自卑。』《詩》：『陟彼崔嵬。』〈堯典〉：『陟方乃死。』皆以言升高之意，則不若〈中庸〉『行』字之妥也。」〔註8〕

陳第《疏衍》卷一轉引梅鷟語：「〈太甲〉：『升高陟遐』，取諸〈中庸〉之『行遠自邇，登高自卑。』」

閻若璩《疏證》卷五下：「又按梅氏鷟謂〈中庸〉：『辟如行遠必自邇；辟如登高必自卑。』」

6. 「罪人以族，官人以世」，梅鷟曰：「《荀子・君子篇》：『以族論罪，以世舉賢。故一人有罪，三族皆夷，德雖如舜，不免刑。均是以族論罪也。先祖當賢，子孫必顯，行雖如桀紂，列從必尊，此以世舉賢也。』……因『行雖如桀紂』之句，故蒐入誓辭。」（許本未列此條）

按：〈太誓上〉共二條（此為1之1），並見於梅鷟《考異》卷四與閻若璩《疏證》卷四，第六十三條。

梅鷟《考異》卷四：「《荀子・君子篇》：〔註9〕『以族論罪，以世舉賢。故一人

〔註8〕姜按：自「《詩》陟彼崔嵬」至「字之妥也」，為文淵閣抄本所無。

〔註9〕姜按：〈君子篇〉，文淵閣作〈性惡篇〉，誤。

有罪，三族皆夷，德雖如舜，不免刑，均是以族論罪也。先祖當賢，子孫必顯，行雖如桀紂，列從必尊，此以世舉賢也。』……因『行雖如桀紂』之句，故蒐入誓辭。」

閻若璩《疏證》卷四，第六十三條：「僞作《古文》者，偶見《荀子》有「亂世以族論罪；以世舉賢」之語遂竄入〈泰誓〉篇中。」

    7.「惟宮室、臺榭、陂池、侈服」，梅鷟曰：「《淮南子》曰：『竭百姓之力，以奉耳目之欲，志專在于宮室、臺榭、陂池、苑囿。』」（許本未列此條）

按：〈太誓上〉共二條（此爲1之2）獨見於梅鷟《考異》卷四：「又〈主術訓〉：『衰世則不然，竭百姓之力，以奉耳目之欲，志專在於宮室、臺榭、陂池、苑囿。』」

    8.「朋家作讎」，梅鷟曰：「《僖九年》郤芮曰：『亡人無黨，有黨必有讎。』此因〈微子篇〉『方興，相爲敵讎』之言。」（許本未列此條）

按：〈太誓中〉一條，獨見於梅鷟《考異》卷四：「《僖九年》郤芮曰：『亡人無黨，有黨必有讎。』此因〈微子篇〉『方興，相爲敵仇』之言。」

    9.「爲山九仞，功虧一簣」，梅鷟曰：「『爲山』取諸《論語》。『九仞』取諸《孟子》。」（許本頁258，第七十一條）

閻若璩曰：「非可言九仞，山當以百仞計也。且孔子爲譬語，如《書》言則正語矣。」

按：〈旅獒〉一條，並見於梅鷟《尚書譜・鄭沖、何晏同上「論語集解」考》（頁441）、（頁442）、（頁443）、《考異・旅獒》卷四、陳第《疏衍》卷一轉引梅鷟語、閻若璩《疏證》卷五下，第七十六條。〔註10〕

梅鷟《尚書譜・鄭沖、何晏同上「論語集解」考》卷三：「宋儒注此章曰：『《書》云：爲山九仞，功虧一簣。』夫子之言蓋出於此，遂使夫子爲蹈襲之人。《論語》爲已陳之說，僞《古文》爲伐宗之正……」（頁441）

又《尚書譜・古文根株削掘譜》亦言：「他若『辟如爲山，未成一簣』，不言其出諸『爲山九仞，功虧一簣』」。（頁442）

又「曰：『爲山九仞，功虧一簣』，《論語》『辟如爲山』章曰：「夫子之言蓋出于此」，不知夫子有『辟如』二字，而彼無之，明是彼之竊此。」（頁443）

梅鷟《考異》卷四即言攘《孟子》之文：「或曰：『吾子言《孟子》之文不容兩截，是也。遂以《古文尚書》爲攘《孟子》，恐未必然也。然則吾子果何所據而決知

〔註10〕按：此處許本按語爲「峰又按，惠氏所引梅說，不見於《尚書考異》。《尚書譜》亦只有『爲山』取諸《論語》之說。」（頁447）筆者以爲猶需考榷。

其出於《孟子》而不善攘哉？』『曰：其所攘者，不一而止也。』……曰：『爲山九仞。』」

陳第《疏衍》卷一轉引梅鷟語：「〈旅獒〉『爲山九仞』，謂爲山取諸《論語》，『九仞』取諸《孟子》。」

閻若璩《疏證》言此者有二，其一爲：「今明明改之曰：『爲山九仞，功虧一簣』，猶以《論語》出於〈旅獒〉，可乎？」然確轉引梅鷟語者爲：「又按梅氏鷟亦謂『爲山九仞，功虧一簣』，不特攘諸《論語》，抑且攘《孟子》『掘井九仞』？」

10. 「制治于未亂，保邦于未危」，梅鷟曰：「取諸《老子》：『爲之于未有，圖之于未亂。』」（許本未列此條）

按：〈周官〉一條並見於梅鷟《考異》卷四與陳第《疏衍》卷一。

梅鷟《考異》卷四：「《老子》曰：『爲之於未有，治之於未亂。』」

陳第《疏衍》卷一轉引：「〈周官〉『制治于未亂，保邦于未危』，取諸《老子》『爲之于未有，圖之于未亂』。」

11. 「殷民在辟，予曰辟，爾惟勿辟；予曰宥，爾維勿宥」，梅鷟曰：「取諸〈文王世子〉：『公曰：宥之有司曰在辟。』」（許本未列此條）

按：〈君陳〉一條並見於梅鷟《尚書譜・古文根株削掘譜》卷三（頁 448）、《尚書考異》卷五（平津館本）、陳第《疏衍》卷一轉引梅鷟語。

梅鷟《尚書譜・古文根株削掘譜》卷三〈文王世子〉公曰：「宥之云云。」……此造作〈君陳〉之由。（頁 448）

梅鷟《考異》卷五《禮・文王世子》：「有司讞于公，其死罪則曰：『某之罪在大辟。』其刑罪則曰：『某之罪在小辟。』公曰：『宥之。』有司又曰：『在辟。』公又曰：『宥之。』有司又曰：『在辟。』及三宥不對，走出。」〈呂刑〉：「士制百姓于刑之中。」又：「故乃明于刑之中。」「惟良 〔註 11〕 折獄，罔非在中。」

陳第《疏衍》卷一轉引梅鷟語「〈文王世子〉：『公曰：宥之有司曰在辟。』」

12. 「思其艱以圖其易」，梅鷟曰：「取諸《老子》：『圖難于其易。』」（許本未列此條）

按：〈君牙〉一條並見於梅鷟《尚書譜・古文根株削掘譜》卷三（頁 448）、《考異》卷四、陳第《疏衍》卷一轉引。

梅鷟《尚書譜・古文根株削掘譜》卷三：「《老子》曰：『圖難於其易』……此造作〈君牙〉之由。」

〔註 11〕 姜按：良，平津館刻本原作「艮」，誤。今據《尚書・呂刑》校改。

梅鷟《考異》卷四：「《老子》無爲章：『圖難於其易。』」

陳第《疏衍》卷一轉引梅鷟語：「〈君牙〉『思其艱以圖其易』，取諸《老子》『圖難于其易。』」

綜合上述舉證，可以看出許華峰先生對於「梅鷟曰」所謂「……引用過於簡略，許氏所謂「無法判斷這是引自《尚書譜》，還是惠氏自他書所轉引」的說法，其實可以經由更進一步的驗證，得到更精準的確認。《古文尚書考》引「梅鷟曰」的十二條目在一一確認其出處後，可以根據所出書目進行歸納：

1. 梅鷟《尚書譜》者有六條：〈君陳〉、〈君牙〉、〈湯誥〉、〈胤征〉、〈太甲下〉、〈旅獒〉。二、

2. 梅鷟《考異》的則有十條：〈周官〉、〈君陳〉、〈君牙〉、〈湯誥〉、〈五子之歌〉〈太甲下〉、〈旅獒〉、〈太誓上〉（1 之 1）、〈太誓中〉。

3. 陳第《疏衍》者有九條，即出自〈大禹謨〉、〈周官〉、〈君陳〉、〈君牙〉、〈湯誥〉、〈胤征〉、〈五子之歌〉、〈太甲下〉、〈旅獒〉。

4. 閻若璩《疏證》的則有五條：〈胤征〉、〈五子之歌〉、〈太甲下〉、〈旅獒〉、〈太誓上〉（1 之 2）。

在上述書目的歸納，可以看到《古文尚書考》引「梅鷟曰」的條目散見於《尚書譜》、《考異》、《疏衍》、《疏證》四書，這個現象說明梅、陳、閻、惠四者之間有著歷史臍帶的關聯。下面將就《古文尚書考》「梅鷟曰」的重出性進行交叉比對，可以發現四種出處又可以再歸納出八種排列組合，經由這樣的作法，可以更進一步得到「四種出處」的重要交集：其一爲獨出陳第《疏衍》，其二爲並出於梅鷟《考異》、陳第《疏衍》，其三爲並出於梅鷟《尚書譜》、《考異》、陳第《疏衍》，其四爲並出於梅鷟《尚書譜》、陳第《疏衍》、閻若璩《疏證》、其五爲並出於梅鷟《考異》、陳第《疏衍》、閻若璩《疏證》，其六爲並出於梅鷟《尚書譜》、《考異》、陳第《疏衍》、閻若璩《疏證》，其七爲並出於梅鷟《考異》、閻若璩《疏證》，其八爲獨出梅鷟《考異》：

1. 陳第《疏衍》：〈大禹謨〉一條。

2. 梅鷟《考異》、陳第《疏衍》：〈周官〉一條。

3. 梅鷟《尚書譜》、《考異》、陳第《疏衍》：〈君陳〉、〈君牙〉、〈湯誥〉三條。

4. 梅鷟《尚書譜》、陳第《疏衍》、閻若璩《疏證》：〈胤征〉一條。

5. 梅鷟《考異》、陳第《疏衍》、閻若璩《疏證》：〈五子之歌〉一條。

6. 梅鷟《尚書譜》、《考異》、陳第《疏衍》、閻若璩《疏證》：〈太甲下〉、〈旅獒〉二條。

7. 梅鷟《考異》、閻若璩《疏證》：〈太誓上〉（1 之 1）一條。

8. 梅鷟《考異》:〈太誓上〉(1 之 2)、〈太誓中〉二條。

這樣的排比方式是以梅鷟為主體所作的考量,在這個部分筆者也認為梅鷟對於惠棟《古文尚書考》「辨偽舉證」的啟發,事實上遠遠高過閻若璩的《疏證》。〔註12〕不管《古文尚書考》「梅鷟曰」有幾個出處,它的源頭必然只有一個,也是說梅鷟的《尚書譜》與《考異》,才是之後陳第、閻若璩、惠棟等人所據以聞的憑據,因此如何復原《尚書譜》與《考異》被存在的歷史條件,筆者以為這才是破解《古文尚書考》引「梅鷟曰」自何處來的重大關鍵。

二、與陳第《尚書疏衍》的關係

「梅鷟曰」十二條目若以引述的作者著作劃分,則出於陳第《疏衍》多達九條。〔註13〕就現存文獻來說,正因為〈大禹謨〉一條獨出陳第《疏衍》,不與《尚書譜》、《考異》並行於世,所以這一條訊息相當重要,容後申論。

陳第《疏衍・古文辨》指出:「近世旌川梅鷟,拾吳、朱三子之緒餘而譸張立論。」但陳第在此並未說明梅鷟的「譸張立論」究竟見於《尚書譜》或《考異》,他只提到:「至鷟作《尚書譜》醜乎罵矣!是非君子之言,達人所屏棄也。」〔註14〕就現存文獻,我們唯一可以確定的是陳第只有提到《尚書譜》,而沒有任何部分觸及《考異》,陳第的夫子自道直接證明了此事。但是我們還是無法確認陳第《疏衍》,究竟是針對梅鷟《尚書譜》,還是《考異》發聲,因為在上述資料的臚列裡,筆者考察《古文尚書考》「梅鷟曰」,發現《疏衍》轉引梅鷟語,與《尚書譜》條目重出的比例有六條,《疏衍》與《考異》的部分重出的也有二條。《皇朝文獻通考》卷 213 提到「嘉靖初,梅鷟著《尚書譜》」,這是繼《尚書譜・序》證成作者為梅鷟後,第二件可以佐證《尚書譜》著成年代的證明。但關於《考異》,《四庫全書總目提要》于「《尚書考異》五卷」條下謂:

> 《尚書考異》五卷,《明史・藝文志》不著錄。朱彝尊《經義考》作一卷。
> 此本為范懋柱家天一閣所藏,不題撰人姓名,而書中自稱「鷟按」,則出

〔註12〕 按:根據許華峰先生的考證,可以知道《古文尚書考》徵引「閻氏曰」的部分,絕大多數見於梅鷟《考異》:「其中只有二十四條在今本《疏證》找得到……另外還有三條之部分可以在今本《疏證》找得到。所以,共有七十一條不見於今本《疏證》。」因此許華峰先生推論「閻氏恐怕有貶抑梅鷟而將辨偽《古文》的功績佔為己有的可能亦未可知」的論點在此前提確實是可以成立。

〔註13〕 出自〈大禹謨〉、〈周官〉、〈君陳〉、〈君牙〉、〈湯誥〉、〈胤征〉、〈五子之歌〉、〈太甲下〉、〈旅獒〉。

〔註14〕 陳第。《尚書疏衍・古文辨》,卷 1。

　　鶩手無疑。原稿未分卷數，而實不止於一卷。今約署篇頁，釐爲五卷。

　　既然《考異》不爲《明史・藝文志》所著錄，甚至後續書目學家也未曾擅自補提作者姓名，因此《尚書譜》與《考異》究竟誰先誰後，就現存文獻來看，《尚書譜》廣爲學者討論，《考異》的價值論定則延宕至《四庫全書》編成。因此筆者認爲陳第是否目睹《考異》全本，此事尚有討論的空間。〔註15〕《四庫提要》提到「梅鶩《尚書考異》雖多所釐訂，頗勝前人，而其《尚書譜》則蔓語枝詞，徒爲嫚罵，亦不足以關辨者之口，第之堅持舊説，蓋由於此」。筆者認爲這種説法，是四庫館臣代替陳第發聲，它並無法完全代表陳第的意見，這段評論所象徵的，只是有清時期對《古文尚書》辨僞風潮兼容並蓄，一種開放性思想的展現。雖然四庫館臣對《尚書譜》與《考異》的評論截然不同，但筆者認爲就陳第護衛聖經的立場來説，「是非君子之言，達人所屏棄也」，才是陳第始終扮演的角色。因此就算陳第看過《考異》，他也會對《考異》與《尚書譜》一視同仁，其間細微的差異，對陳第而言是不復存在的。

　　與陳第這種「一視同仁」的心理狀況相比，後期四庫館臣的看法，已經有了相當大的差異，其間年代的跨越長達一六九年，（即陳第《疏衍》著成於萬曆四十年（1612），四庫館臣所做的《考異》提要大約成於乾隆四十六年（1781）），在將近兩百年的《古文尚書》辨僞歷程中，像陳第這種信《古文尚書》爲眞的學者所在多有，這種非黑即白的論爭，往往模糊了問題的焦點與本質。由陳第看待《古文尚書》的態度，我們可以甚至得出何以梅鶩的《尚書譜》與《考異》，對陳第而言沒有文本差異性的問題，只有以偏概全的「屏棄」。因此就算《疏衍》「梅鶩曰」與《尚書譜》、《考異》有條例的重出也就不足爲奇。更何況《尚書譜》與《考異》之間，仍存在作者與著成年代先後的關係有待釐清，因此《古文尚書考》「梅鶩曰」，會有《疏衍》與《尚書譜》、《考異》的條例重出的情況，筆者認爲不妨視爲可能是證成《尚書譜》與《考異》的作者與著成年代的參考路徑。

　　小結上述諸語，在進行《古文尚書考》引「梅鶩曰」其中九則條目的比對分析後，已經可以排除這九則條目參酌引用《尚書譜》與《考異》的可能。就重出性的組合結果來看，這九則條目都出現在陳第《疏衍》，加諸其中〈大禹謨〉一條獨出《疏衍》不與他書重出，更是不容抹殺的鐵證。根據這個現象，已經可以合理確認惠棟《古文尚書考》引「梅鶩曰」其中九則條目的傳承系譜。

〔註15〕按：《疏衍》成於萬曆四十年（1612），同時范欽「天一閣」始建。因此可以排除陳第看過天一閣本《考異》的可能性。再者白鶴山房抄本與臺灣故宮舊抄本的年月不詳，因此筆者認爲在現存文獻資料來看，陳第看過《考異》全本的可能性微乎其微。

三、與梅鷟《尚書考異》的關係

　　《古文尚書考》引「梅鷟曰」是否有引用《考異》？筆者認為排除上述九則條目，《古文尚書考》引「梅鷟曰」還有剩餘三則條目，這三則條目呈現出兩個現象相當值得注意，其一為〈太誓上〉（1之1）雖不屬於《古文尚書考》文本顯性的「梅、閻並舉」，但事實上還是「梅、閻重出」的性質，其二為〈太誓上〉（1之2）與〈太誓中〉皆獨出於《考異》。雖然許華峰先生認為「或是惠氏對梅氏《尚書考異》和《尚書譜》的原書並未寓目，而是根據他書轉引」，但是這樣的說法只是一種假設性的推論，許氏對此並沒有進行更縝密的論證。筆者認為這個部分，必須經由更嚴謹的檢驗才能得知。至於許華峰先生對於《古文尚書考》文本四則「梅、閻並舉」的條目，在上述舉證論述中，已被筆者確認較有可能是出於陳第《疏衍》，基於這一點，一方面證明惠棟《古文尚書考》中所徵引的「梅、閻並舉」並不存在出處的矛盾，一方面也可以確定這四則條目對於論證《古文尚書考》與《考異》的關係，並不具備舉足輕重的價值。但是許氏所提出的「原書」與「他書轉引」的概念，仍然值得更進一步的討論。〔註16〕

　　古代書籍在尚未正式刻版印行前，僅能以傳抄的方式傳播，就算刊刻行世，主持刊刻者個人的價值取捨，往往也決定了文本樣態。〔註17〕因此筆者認為的「原書」理解，不能以通常的眼光看待，其中也可能有特殊的情況，特別在版本文獻的比較工作未臻充分的情況下，「原書」可能有多種的樣態，古人所見與今人所見者可能有所不同。再者，惠棟是否有轉引「他書」的寫作習慣，參諸《古文尚書考》體例，凡惠棟引用閻若璩《疏證》之外的學者考辨《古文尚書》的用語絕大多數皆有所本，〔註18〕稍有異者，就是離惠棟時代未遠的學者，《古文尚書考》中皆用「某某曰」

〔註16〕　按：筆者認為有必要澄清兩件事，其一為引文出自「原書」是否就是代表引文者看過「原書」；其二為如果無法充分證明引文者看過「原書」，則「他書轉引」的論證能否成立。「原書」的概念有賴版本文獻的比較與定義的界定，「他書轉引」的成立，除了必須具備「他書」存在的要件，也與惠棟《古文尚書考》徵引體例有關。（如〈二：惠棟「古文尚書考」引「梅鷟語」與陳第「疏衍」的關係〉，就符應「他書轉引」的成立要件。）

〔註17〕　按：筆者目前進行惠棟《古文尚書考》校點工作，發現「世楷堂本」與「讀經樓定本」簡繁有別。許華峰先生經由《古文尚書考》引「閻若璩曰」比對《考異》，發現今本《疏證》已經刪節。又姜廣輝老師校點《考異》，也發現四個版本的字數與分章次序大相逕庭。由此看來在資訊不流通的古代社會，「原書」的定義本就需詳加考證探本求源，否則極易掛一漏萬。

〔註18〕　按：《古文尚書考》行文考據詳確，對引文出處的態度相當負責，惠棟在《古文尚書考·附閻氏若璩「疏證」》就提到「采摭傳記，兼錄其由來」的具體作法，如〈孔氏《古文尚書》五十八篇〉引「桓譚《新論》」、〈辨梅氏增多《古文》之謬十五條〉引

說明，〔註19〕雖然缺乏著作的名稱，但惠棟至少提供了部分具體的線索，供後人進行出處的檢索。《古文尚書考·附閻氏若璩「疏證」》云：「案近代鄭曉亦疑古文〈泰誓〉，謂：「僞〈泰誓〉無《孟子》諸書所引用者，人遂不之信，安知好事者不又取《孟子》諸書所引用者，以竄入之以圖取信于人乎？」〔註20〕鄭曉（1499～1566）其人，朱彝尊（1629～1709）《經義考》卷八十九曾經提到：

> 鄭公曉《尚書考》二卷，闕。……按（朱彝尊按語）《尚書考》一冊，彝尊得之公家，失其《上卷》，中多辨證《古文》之非，蓋公自撰也。

今鄭曉《尚書考》已不見傳世，但惠棟於《古文尚書考》徵引的「鄭曉語」，可以合理推斷至少與《尚書考》有關。惠棟對於同時代顧棟高（1679～1759）《尚書·有苗論》的徵引亦循此例。〔註21〕同理可證，《古文尚書考》引「梅鷟曰」出自《考異》的部分也有可能存在這樣的情況。他雖然提到對於《古文尚書考》引言「采摭傳記，兼錄其由來」，由於出版條件的局限與引用著作著成年代的差異，這個作法必然無法完全通行，加諸《古文尚書考》引「梅鷟曰」的出處與上述「鄭曉語」、「顧棟高語」相較，其實存在更繁複的爭議有待釐清。〔註22〕

何以《古文尚書考》引「梅鷟曰」的三則條目，會有一條並出《考異》、《疏證》，二條獨出《考異》的矛盾？筆者推論既然《古文尚書考》引「梅鷟曰」，在「梅、閻並舉」的部分都作出引文出處的區隔，在《古文尚書考》體例首尾一致的合理狀況下，惠棟沒有理由對〈太誓上〉（1之1）表現出差別待遇。除非今天有完整並且足夠的文獻資料，可以證明今本《疏證》與惠棟當時所看到的《疏證》確實不同。〔註23〕否則

「伏氏《尚書·虞夏傳》」、〈舜典〉引「《連叢子·孔臧與侍中從弟安國書》」、〈旅獒〉引「《爾雅·釋詁》」等等皆然。

〔註19〕 按：如〈證孔氏逸「書」九條〉引「王氏應麟曰」、〈辨梅氏增多「古文」之繆十五條〉引「元儒王耕野（充耘）之言曰」、「朱氏彝尊曰」、「顧氏炎武曰」等等皆然。

〔註20〕 按：惠棟《古文尚書考》對於僞《古文尚書·太誓篇》的真僞考辨相當關注。而惠棟《古文尚書考》引「梅鷟曰」獨出《考異》的部分，正好是出自〈太誓上〉與〈太誓中〉。

〔註21〕 按：顧棟高《尚書·有苗論》應與《尚書質疑》有關（清道光六年（1826）眉壽堂刻本）。但惠棟於《古文尚書考》成書之前，《尚書質疑》尚未刊印，因此惠棟《古文尚書考》徵引《尚書質疑》的方式與徵引梅鷟《考異》同質性相當高。

〔註22〕 按：《古文尚書考》轉引「鄭曉語」只取一則、轉引「顧棟高語」亦只取一則，在這種情形下，如果我們就直接推論惠棟看過鄭、顧二人的著作，其實相當勉強。同樣的《古文尚書考》徵引「梅鷟曰」直接出自《考異》也只有三則，上述徵引體例皆有別於惠棟標舉閻氏《疏證》的作法，筆者深知要證明此一看法證據尚嫌不足，錄以存疑，有待識者。

〔註23〕 按：根據閻學林《疏證·識》所載，《疏證》刻成於「乙丑」（1745）亦即乾隆十年。參諸惠棟所言「癸亥（1743）春，於友人許得太原閻君《古文疏證》……」諸語，

我們對於《古文尚書考》引「梅鷟曰」〈太誓上〉（1之1），刻意忽略「閻若璩」也有相同舉證的行文方式，也只能推斷惠棟此處的態度不甚嚴謹。〔註24〕會造成惠棟處理「梅鷟曰」引文出處不合文獻的事實，最重要的原因就是惠棟撰寫《古文尚書考》時「唯閻是取」〔註25〕的考量。這樣的書寫策略，與惠棟自身歷史條件的局限有關。我們知道《考異》文淵閣本成於乾隆四十六年（1781），之前雖有明代的白鶴山房抄本，與推斷為文淵閣本之前的臺灣故宮舊抄本，三者之間雖有系譜脈絡可循，但舛誤仍多。直到孫星衍訪得善本，也才有了《考異》平津館本於嘉慶十九年（1814）的正式刊刻。〔註26〕

　　由《考異》文本增補損益的歷程，以及《古文尚書考》徵引「梅鷟曰」過少的狀況，可以得出惠棟於雍正十二年（1734）〔註27〕到乾隆八年（1743）間所參酌引用的《考異》應無可能是全本，至少與其所得的閻氏《疏證》相較，極有可能只是斷簡殘篇。加上梅鷟《考異》當時聲名不揚，就算有識之士給予「此書《考異》引據頗精核」〔註28〕的評語，那也是跟《尚書譜》「徒以空言詆斥無所依據」〔註29〕

可知在「乙丑」年之前，《疏證》並不存在「定本」，因此許華峰先生藉由時間點的落差與《古文尚書考》引「閻若璩曰」對照今本《疏證》的差異，合理推論閻氏抄襲《考異》的嫌疑。既然在「乙丑」年之前，《疏證》並不存在「定本」，則〈太誓上〉（1之1）自然也有可能不存在「乙丑」本《疏證》，而見於今本《疏證》的情況，加諸惠棟區隔「梅、閻並舉」的體例相當清楚，筆者認為從中正可考察惠棟當時《考異》與《疏證》各自的傳抄狀況。

〔註24〕按：由於現存文獻資料的不足，讓我們無法論定〈太誓上〉（1之1）「梅、閻重出」的合理性，因此筆者認為惠棟《古文尚書考》對於「梅鷟曰」的徵引體例存在不甚嚴謹的學術標準。

〔註25〕按：所謂「唯閻是取」，筆者以為惠棟寫作《古文尚書考》時，其內容所提到與《古文尚書》相關的辨偽資料書目甚夥，但是除閻氏《疏證》結構尚稱完整（多達99條），其他諸家與閻氏相較不免顯得零落破碎，加上惠棟「其論與予先後印合，……閻君之論可為助我張目者」的說法，相當程度的顯示了惠棟「唯閻是取」的價值取向，這也形成惠棟寫作時另一層的認知障礙。因此筆者認為《古文尚書考》「梅鷟曰」之所以只有三則出於《考異》（其中〈太誓上〉1之1「梅、閻並出」），最大的原因取決於惠棟自身因為歷史條件的局限，造成認知上過份聚焦於閻若璩，導致忽略去考察梅鷟的貢獻。

〔註26〕按：姜廣輝老師整理《尚書考異》指出，孫星衍校刊本雖較完善，但其中舛誤亦復不少。

〔註27〕按：惠棟《古文尚書考》云：「予少疑後出《古文》，年來文理未進，未敢作書指斥。甲寅（1734）夏秋間，偶校《九經注疏》，作疑義四條，辨《正義》四條，繼又作《古文》證九條，辨偽《書》十五條，又先後續出兩條，其為一卷，其二十五篇，采摭傳記，兼錄其由來，藏篋衍數年矣。」由此可知《古文尚書考》的成書歷程應始於雍正十二年（1734），歲次甲寅。

〔註28〕附部，四庫全書總目，卷13。

比較後的相對價值。後學者必須根據《考異》不同版本所存在的正確性給予適當的評價。換言之，以時間的演進所代表的意義來衡量《考異》，必然會發現在惠棟當時，梅鷟的《考異》絕無可能得到應有的重視，因爲時代資訊傳播的難易程度，直接影響了該時代的學者是否能作出的客觀評價的能力。

小結上述諸語，惠棟《古文尚書考》引「梅鷟曰」出自《考異》的三則條目，我們似乎只可作一種解釋，即惠棟曾看到《考異》抄本，雖然他所見到的《考異》抄本未必是我們今天所見到的抄本之一。若果眞如此，他自然也會發現「梅、閻重出」的問題，按我們今天的理解，這應當以抄襲視之，是文人之大忌。但明代以來學者文人著書相互抄撮，而不註出處已成爲常態和習慣，當時亦不以抄襲視之。此陋習延續於清代仍有之。雖然惠棟治學嚴謹，律己甚嚴，凡引他人之書，皆註明出處，以示不掠他人之美。但對他人蹈襲雷同之處，却又能以恕道待之，而不視爲大忌。而且在當時，閻若璩之聲名遠大於梅鷟，而當出現「梅、閻重出」的情況，僅能引錄其一，《古文尚書考》似乎採取了「唯閻是取」的寫作策略而頻繁引述「閻若璩曰」，不料此舉在數百年後成爲彰顯閻若璩抄襲梅鷟的有力證據，而被許華鋒先生發現予以揭露，是惠棟之不幸歟？閻若璩之不幸歟？

四、結 語

「考據學」的嚴謹目的就是要讓時地已杳的思想文化再次重新開展，藉由考校源流的作法，已經可以確定《古文尚書考》引「梅鷟曰」，存在更深層的歷史文化背景。雖然許華峰先生以「梅、閻並舉」的四則條例，涵攝了《古文尚書考》引「梅鷟曰」十二條目所代表的全部意義。經由惠棟《古文尚書考》上溯閻若璩《疏證》，再上溯陳第《疏衍》與梅鷟《尚書譜》與《考異》，筆者認爲這不僅代表縱向年代因革損益的連繫，橫向的《古文尚書》辨僞文化，也在思辨孰爲眞理的價值關懷中表露無遺。沈彤在《果堂集‧「古文尚書考序」》卷五提到：「吾友惠君定宇淹通經史，於五經並宗漢學，著述多而可傳。其《古文尚書考》二卷，能據眞《古文》以辨後出者之僞，……太原閻百詩，近儒之博且精者，著《尚書古文疏證》五卷，先得定宇之指，定宇書不謀而與之合，文詞未及其半，而辨證益明，條貫亦益清云。」由此可知，當時學者對惠棟《古文尚書考》的評價，甚至高於閻若璩的《疏證》。

〔註29〕同上。

第二節 「閻君之論」與《尚書古文疏證》抄本的傳布

一、抄本「一卷本」

眾所周知，時代資訊的傳播方式，對於當時文化樣態的型塑具有莫大的關係。就《疏證》而言，從閻若璩動筆寫作《疏證》開始，便陸續有所謂的「一卷本」、「四卷本」、「五卷本」、「八卷本」等等抄本的漸次傳布，這些信息說明《疏證》抄本在輾轉傳布的過程，面臨著不斷被作者以及傳抄者有意或是無意的對其內容作出更易的動作，可以說《疏證》在正式刊刻行世前，並不存在所謂的「定本」，相信這個立論前提，可以幫助研究者拓展關於《疏證》抄本傳布問題的思維。閻氏《疏證》卷一第十六條提到：

> 癸亥秋，將北上。先四、五月間，淨寫此《疏證》第一卷成。六月携往吳門。于二十二日夜半泊武進郭外，舟忽覆，自分已無生理，惟私念曰：「《疏證》雖多副本在京師，然未若此本爲定，天其或不欲示後人以朴乎？吾當邀東坡例以濟。」越次日達岸，往告吾友陳玉瑺廣明。廣明喜曰：「此盛事，不可以不記。」因記于此。

這段話說明《疏證》「一卷本」的淨寫本成文時間是在康熙二十二年癸亥（1683），對照閻詠〈先府君行述〉：「作《尚書古文疏證》，蓋自二十歲始。」不能因此認爲閻氏《疏證》的第一卷寫了二十七年，他有提到「多副本在京師」，也就是說在《疏證》「一卷本」的淨寫本之前，還存在著眾多的草創本。而眾多的草創本所涵攝的必然不會只有「一卷本」的素材，所謂的「副本」，極有可能是閻氏對於考辨《古文尚書》未經整理的讀書筆記。

「一卷本」的傳布線索，可以透過杭世駿（1696～1773）《道古堂文集・古文尚書疏證・跋》：「康熙壬寅年（61 年，1722）得第一卷，於繡谷吳氏（按：即吳焯，1676～1733）。」〔註30〕對照閻氏上文之：「六月携往吳門。」與「往告吾友陳玉瑺廣明」二語，據此，杭世駿抄自吳焯的第一卷本，極有可能就是吳焯得之於這兩個系統的抄本。

二、抄本「四卷本」

關於《疏證》「四卷本」存世的註記，在個人所見的《疏證》版本中，只有眷西堂本與經解本有清楚的載明：

〔註30〕頁 464。

此《疏證》第四卷成時，別錄四本。一寄至太華山頂，友人王弘撰司之，一寄置羅浮山，應屈大均之請，是所謂「藏諸名山」，其二本則寄千頃堂、傳是樓之主人宦長安，又所謂「副在京師」也。

文淵閣本對此則付之闕如。那麼，《四庫提要》所謂的「其書初成四卷，餘姚黃宗羲序之其後」的說法是否可信？如果確有其事，又何以文淵閣本《疏證》不見其文？這個現象說明文淵閣本《疏證》抄本的取得來源，與刊刻本的《疏證》不同，極有可能是分屬兩個系統。（容後申論）

「四卷本」的抄本《疏證》，其存在依據，除了上述二本實有可徵，最直接明白的證據就是黃宗羲（1610～1695）在《疏證‧序》所提到：「淮海閻百詩寄《尚書古文疏證》，方成四卷，屬余序之。余讀之終卷，見其取材富，折衷當。」只是黃氏並沒有標誌此序的序成年日。今據張穆（1808～1894）《閻若璩年譜》，於康熙十七年（1678）「詔開博學鴻儒科」條，《潛邱札記‧劉超宗書》提到的學者之中，即有前述「別錄四本」的請寄者屈大均在內，對照「一卷本」成於康熙二十二年（1683），張氏所援引的《札記》說法，只能說明閻若璩與屈大均確實早有交遊，但是不能證明《疏證》「四卷本」成於此時，張氏《年譜》同年提到的王弘撰亦循此例。

今暫就吳通福先生所徵引的《屈大均年譜》載「閻寄《疏證》前四卷在康熙二十六年（1683）條下」，〔註31〕再參諸前四卷本卷二第十七條有「愚嘗以梅氏晚出《書》，自東晉迄今，歲次壬子（康熙十一年，1672），一千三百五十六年」與第三十一條「余著此未匝月，而從弟自旌德歸」〔註32〕等等相關時間點的標定，個人認為《疏證》曾有「四卷本」抄本的說法並無可疑，可議者在於其成書年月的不甚確定。如筆者提出的《疏證》卷二的兩個例子，事實上同樣是《疏證》卷二，期間的時間跨越卻即可能長達十年，更遑論卷二之後仍有二卷未成，因此個人認為造成這種現象最重要的原因，在於《疏證》文本條目的分別著成時間，其順序並不能全然的以今日《疏證》「定本」的概念審視。

三、抄本「五卷本」

所謂的抄本《疏證》「五卷本」，這條訊息並不見於任何的今本《疏證》。它的來

〔註31〕 轉引自吳通福《晚出「古文尚書」公案與清代學術‧第三章閻若璩與清代學術》頁23，註3。

〔註32〕 據《江南通志》，卷109：「閻洞，太原人，進士。康熙十二年（1673）任（旌德縣）。」又《廣東通志》，卷29：「山西，太原人，進士，二十二年（1683）任。」筆者認為所謂的「自旌德歸」，除了可能是閻洞卸任其職，也有可能是任官期間有事由需暫返鄉。總之，閻氏此語的時間指稱仍有爭議。

源按先後言，先出自杭世駿〈古文尚書疏證・跋〉的「《尚書古文疏證》五卷本，世鮮傳本」；〔註33〕後見於沈彤序惠棟《古文尚書考》「太原閻百詩，近儒之博且精者，著《尚書古文疏證》五卷」，以及張穆（1808～1894）〈沈果堂鈔「尚書古文疏證」五卷本跋〉的題記。他們都不約而同的提到：「第五卷之成，潛丘年五十三歲（康熙廿七年，1688），有倩閩謝生寫照事。」因此遂有《疏證》「五卷本」傳布之說。事實上關於《疏證》「五卷本」的概念卻是有必要再重新釐清。其中杭世駿提到：

> 《冤詞》既刊之《西河合集》，獨《疏證》五卷本世鮮傳本。康熙壬寅年（61年，1722）得第一卷於繡谷吳氏（按：即吳焯，1676～1733）。雍正癸卯（1年，1723），復得四、五卷於錢塘龔明水（按：即龔鑑，生卒不詳）。書凡八十篇。自十七以迄四十八，竟無由獲睹其全。可為纍息。

在康熙年間，毛奇齡《古文尚書冤詞》已收錄至《西河合集》，並已見傳世，〔註34〕值得注意的是直至此時，杭氏對於《疏證》卷數的認知，仍是只有五卷，事實上早在康熙四十五年（1706），亦即閻若璩謝世後兩年，閻若璩之子閻詠，即屬胡渭（1633～1714）對《疏證》進行「校定且為序」〔註35〕的工作，此時的《疏證》正是「八卷本」。換言之，杭氏在十六年後的康熙六十一年（1722），對於《疏證》卷數的認知，不該停留於康熙廿七年（1688）《疏證》「五卷本」初成的階段。針對這個疑問，可以通過與張穆《疏證・跋》轉引的沈彤語作為比較，首先，對於《疏證》抄本的取得，張穆轉引沈彤的說法是：

> 此本五卷。凡四冊。第三卷仍缺。每冊前有果堂小印。第六十二篇書眉又有朱筆批云：「余以通之於《周官祿田攷》矣。」故定知為沈果堂鈔本也。其第二冊無篇第之數，據果堂〈跋〉，鈔自顧陶元家，第五卷則藉惠定宇本補足。餘三卷標題之次，與今刻本略同。略有改定及亞一格，引申之文率是。

從張穆所見的沈抄本《疏證》仍無第三卷的「仍」字，可以知道向來留心閻氏著作的張穆，在此指出了抄本與刻本《疏證》於「第三卷」皆闕的事實。所謂的「第

〔註33〕 按：杭氏〈古文尚書疏證・跋〉有二：其一出自杭氏《道古堂文集》卷二十六，其二出自北京國家圖書館善本書室所藏《疏證》第一、四、五卷本的杭氏〈跋〉與謝寶樹的再〈跋〉，此本承蒙姜廣輝老師代為查找，並與今本《疏證》對校，謹此申謝。以下論述就相關要點二文並陳。

〔註34〕 按：據北京國家圖書館《中國善本書目》著錄，毛奇齡《西河合集》最早的刊本是康熙年間的留草堂本。與杭氏語吻合。又北京國家圖書館杭本《疏證・跋》提到：「《冤詞》有刊本，在《西河全集》。」

〔註35〕 見《柏克萊加州大學東亞圖書館中文古籍善本書志》（上海：世紀出版集團：上海古籍，2005），頁8。

三卷」，包含兩個部分，其一為第三十三至四十一，計九則，有條目而無內容；其二為第四十二至四十八，計七則，條目與內容皆無。杭抄本較之沈抄本，差異處在於杭氏提到：「書凡八十篇。自十七以迄四十八，竟無由獲睹其全。」〔註36〕由於杭氏所跋僅止一、四、五卷，因此只能推斷杭氏可能不曾目睹《疏證》二、三卷的篇目與內容。〔註37〕杭氏寫作此〈跋〉的年限，最遲應當在「雍正癸卯（1年，1723）」左右；〔註38〕沈彤抄本的抄成年月，可供參考的就是「余以通之於《周官祿田攷》矣」一語，按沈彤自序《周官祿田攷》成於乾隆十五年（1750），〔註39〕因此沈抄本《疏證》的年分應在此之後，又經筆者向湖南省圖書館請益，得知沈本《疏證》抄成於乾隆十六年（1751）。〔註40〕也就是說沈本抄成時，眷西堂本《疏證》在乾隆十年（1745）早經閻學林刊刻。在此沈抄本面臨的問題與杭氏相同，就是何以在相對來說早有全本的狀況下（姑不論是抄本或刊本），為何杭、沈二人只知「五卷本」，杭世駿甚至將「五卷本」視為是《疏證》的全本，並與毛奇齡的《冤詞》相垺。再者，杭、沈二氏都提到一個事實，就是所謂的「五卷本」，並非是他們從另一個完整的「五卷本」抄錄得來，杭氏有提到他的《疏證》第一卷得自吳焯，四、五卷則得之龔鑑。〔註41〕而沈氏第二卷則抄自顧陶元，〔註42〕第五卷則藉惠棟本補足。

　　既然沈彤有提到《疏證》第五卷藉惠棟本補足，那麼是否可以據此斷言，惠棟所擁有的就是《疏證》「五卷本」？雖然惠棟傳抄的《疏證》本今已不見傳世，但是

〔註36〕 按：北京國家圖書館杭抄本謝寶樹《疏證・跋》謂：「此本止一卷、四卷、五卷所列八十條，其第十七條至四十八條均在闕卷中，所存者實止四十八條耳，約計內府所藏才及十之四五。然以杭大宗〈跋〉語考之，是書初無定本也。」

〔註37〕 按：北京國家圖書館杭抄本《疏證・跋》謂：「二、三卷訖未成書，而先生下世。」此則條例或可說明杭氏對於《疏證》卷二、卷三「竟無由獲睹其全」的理解憑據。
　　　　按：杭氏所言明顯與《疏證》「四卷」抄本的傳布情況有所牴觸，從杭氏對於《疏證》「五卷」抄本的認知，更可確定《疏證》抄本的傳布情況確實異常複雜。

〔註38〕 按：北京國家圖書館杭抄本《疏證・跋》，作年為：「雍正甲辰四月朔（雍正二年，1724年）。董浦杭世駿跋於松吹書堂。」

〔註39〕 按：沈彤《周官祿田攷・卷下》末〈序〉自道，此書業經顧肇聲、徐靈胎勘校後於乾隆十五年（1745）付梓。

〔註40〕 按：沈彤手抄五卷本《疏證》，目前由湖南省圖書館善本書室庋藏，蒙館員不吝見告沈本抄成年分，謹此申謝。

〔註41〕 按：北京國家圖書館杭抄本《疏證・跋》謂：「四卷、五卷則九沙萬氏傳鈔也。較他本差為完善。寓內藏書之家，其得覯此本者鮮矣。」明顯與《道古堂》本〈跋〉記所言「得之龔鑑」兩異。筆者推測「得之龔鑑」在前，傳抄「九沙萬氏」在後，所謂「較他本差為完善」的「他本」，應是指「龔鑑本」。是故兩本《疏證・跋》所題記的《疏證》抄本應不相同。此處錄以存疑，以待識者。

〔註42〕 按：「顧陶元」其人，查索典籍皆無見，竊疑張穆轉抄有誤，又或者是沈彤自述失當，此處亦錄以存疑，以待識者。

我們仍然可以藉著《古文尚書考》卷上的十五則「閻君之論」，與卷下的九十九則的「間附閻說」，間接推理這種情況存在的合理性，根據先前筆者提出的張〈跋〉要點，沈抄本共有五卷四冊，因第三卷仍闕，故爲四冊。因此可以推斷一「冊」即爲一「卷」。再者，張穆稱沈抄本的第二卷與第五卷皆其來有自，餘三卷編次與今刻本《疏證》並無大異。據此，可以更確定沈抄本的五卷四冊，除張穆特別提到的第二冊外，其餘四卷（包含第三卷），抄本與刻本的《疏證》疑義不大。張穆對校沈抄本第二冊後得出以下的結果：

> 第二冊以今本校之，自第十七題至第廿八題，沈抄本同。以下：
>
> 1. 「言古人文字多用韻篇」，今本爲第七十四。銘豐按：即今本《疏證》卷五下「言古人以韵成文〈大禹謨〉、〈泰誓〉不識。」
>
> 2. 「言古人字多假借篇」，今本爲第七十五。而鈔本第五卷又皆有之，次亦與今本同。銘豐按：即今本《疏證》卷五下「言〈旅獒〉馬、鄭讀『獒』爲『豪』，今仍本字。」
>
> 3. 「《書·小序》篇」，今本爲第一百五。銘豐按：即今本《疏證》卷七「言百篇《小序》，伏生所未見，然實出周、秦之間。」
>
> 4. 「《書·大序》篇」，今本爲第一百七。銘豐按：即今本《疏證》卷七「言安國《大序》，謂科斗文廢已久，本許愼《説文·序》。」
>
> 5. 「言朱子未及疑安國《傳》篇」，今本爲第一百十四。銘豐按：即今本《疏證》卷八「言朱子于《古文》猶爲調停之説。」
>
> 6. 「馬公驌疑《古文》篇」，今本爲第一百十五。銘豐按：即今本《疏證》卷八「言馬公驌信及《古文》可疑。」
>
> 7. 「言孔安國從祀篇」，今本爲第一百廿八。銘豐按：即今本《疏證》卷八「言安國從祀未廢，因及漢諸儒。」

今本《疏證》共分八卷，每卷計十六條，八卷共一百廿八條，張穆在此卻提出沈抄本第二冊「無篇第之數」的說法，經由張氏比對，沈抄本第二冊的第十七題至第廿八題與今本《疏證》同，以下另有七條非收錄於今本《疏證》卷二（亦即沈抄本第二冊計有十九則），而散見於今本《疏證》的卷五、卷七、卷八。對此，錢穆先生（1895～1990）的看法是：

> 鈔本在第二冊，而今散入下卷者凡七題，而今本卷三缺題恰恰爲七，明見此七篇本先成在前四卷，後乃改散入後四卷中。此七篇既改散入後四卷，而前四卷篇第之數未改，第五卷篇數即續四卷篇數而下，故前四卷乃缺其七題。此證閻書前四卷本無缺，由散入後四卷而遂若有缺。

又閻書每卷十六篇，八卷共百二十八篇，顯見有意爲之，其題闕者，實多本無其文也。又閻書第一卷、第四卷皆有跋，二、三卷無之，竊疑沈鈔本第二冊，即是閻書第二、第三卷原稿耳，〔註43〕

筆者認爲沈鈔本的第二冊，究竟是不是隸屬於閻氏《疏證》原稿的第二、三卷猶有疑慮。就《疏證》「一卷本」與「四卷本」抄本的傳布情況來看，閻氏對於《疏證》的題跋，恰好都與閻氏自身對於《疏證》的主動傳布有關，閻氏標記的時間點，也都與之後的傳抄記錄都脫離不了關係，而「第五卷」的跋記與上述二本相較，其實都是延續閻氏一貫的行事風格。因此，能否從沈鈔本「無篇第之數」的第二冊，因爲有多衍生七則，就推論這是「第三卷」所缺篇目的第四十二至四十八？與此同時，不能忽略張穆行文所指多衍生的七則，並不與今本《疏證》的廿九至卅二符應，同時，錢穆先生又提到：

又按杭世駿《道古堂文集》卷二十六，〈古文尚書疏證‧跋〉，謂「《疏證》五卷，世鮮傳本」。杭氏得見第一卷及四、五兩卷，凡八十篇，自十七以迄四十八，竟無由獲睹。當時閻書第二、三卷多所改定，故傳於世者特少，亦據此可見。

由於杭氏《疏證》抄本的取得遠比沈氏爲早，兩本的抄寫來源又不盡相同，加諸杭氏《疏證》抄本闕第二、三卷，沈鈔本則只闕「有目無文」與「目文具闕」的第三卷。由此可知，在杭抄本之後的二十餘年，沈氏對於《疏證》抄本的取得條件似乎更進一步。據此，不能將杭氏《疏證》的抄寫條件等同於沈氏《疏證》。而參諸杭、沈二氏所言，較無爭議的只有對於閻氏《疏證》「第五卷」成卷年分的標記。值得注意的是沈鈔本的「第五卷」正是得自惠棟。此處衍生出一個問題，就是何以沈彤自述只從惠棟處取得「第五卷」補足，而不是《疏證》五卷全本？沈彤與惠棟情誼甚篤，惠棟所撰寫的〈沈果堂墓誌銘〉，有「知余者莫若君；知君者，亦莫若余也」，〔註44〕足爲明證。惠棟《古文尚書考》有提到「癸亥（1743）春，於友人許得太原閻君《古文疏證》」，惠棟對於如何取得《疏證》抄本的細節，以及此本《疏證》的來源譜系，在處理態度上都與之前的杭世駿，與之後的沈彤、張穆大異其趣。惠棟《古文尚書考》卷上所附的「閻君之論」計有十五則，筆者以今日在臺灣傳布較爲廣泛的眷西堂本、文淵閣本以及皇清經解本與之比較，並據《古文尚書考‧附錄》的「閻君之論」十五則與三本《疏證》比對，得到以下的比對結果：

〔註43〕錢穆：《中國近三百年學術史‧上冊》（北京：商務印書館，2005 年 11 月），頁 268。
〔註44〕《續修四庫全書‧松崖文鈔》，頁 286。

《古文尚考・卷上》「閻君之論」	1. 文淵閣本	2. 眷西堂本	3. 經解本
（一）梅氏所上之孔《傳》，凡傳記所引言《書》語，諸儒並指爲「逸《書》」者，此書皆采輯掇拾，以爲證驗。而其言率依於理，世無劉向、劉歆、賈逵、馬融輩之鉅識，安得不翕然信之，以爲眞孔壁復出哉！（出自今本《疏證》第2條）	1.1「梅氏所上之孔《傳》」前逸「若元帝時祕書猶有存者，則」11字。	2.1 同1.1	3.1 同1.1
	1.2「梅氏所上之孔《傳》」作「梅賾所上之《傳》」。	2.2 同1.2	3.2 同1.2
	1.3 又「孔《傳》」以下逸「何難立窮其僞哉！惟祕府既已蕩而爲煙化而爲埃矣。而」21字。	2.3 同1.3	3.3 同1.3
（二）鄭所注《古文》篇數，上與馬融合，又上與賈逵合，又上與劉歆合。歆嘗典校秘書，得《古文》十六篇。傳聞民間，則有安國之再傳弟子膠東庸生者，學與此同。逵父徽實爲安國之六傳弟子，逵受父業，數爲帝言《古文尚書》，與經傳《爾雅》詁訓相應，故《古文》遂行，此皆載在史冊，確然可信者也。孔穎達不信漢儒授受之《古文》，而信晚晉突出之《古文》，且以〈舜典〉、〈汩作〉、〈九共〉二十四篇爲張霸之徒所僞造。不知張霸所僞造乃《百兩篇》，在當時固未嘗售其欺也。〈儒林傳〉云：「文義淺陋，篇或數簡，帝以中《書》校之，非是。」曾爲馬融、鄭康成諸大儒而信此等僞書哉？大氐孔穎達纂《經》翼《傳》，不爲無功，而第曲狥一說，莫敢他從。如《毛傳》、《戴記》，則惟鄭義之是從；至于《尚書》，則又黜鄭而從孔。是皆唐人粹章句爲義疏，欲定爲一是者之弊也。（出自今本《疏證》第3條）	1.1「歆嘗典校秘書」逸「典」字。	2.1 同1.1	3.1 同1.1
	1.2「傳聞民間」，「聞」作「問」。	2.2 同1.2	3.2 同1.2
	1.3「在當時固未嘗售其欺也」以下逸「《百兩篇》不見於《藝文志》而止附見《儒林傳》，《傳》云：」21字。	2.3 同1.3	3.3 同1.3
	1.4「帝以中《書》校之」，「以」作「呂」。	2.4「以」，與《古文尚書考》引《疏證》本同。	3.4 同1.4
	1.5「非是」以下逸「霸辭受父。父有弟子樊並，詔存其書，後樊並謀反，迺卒黜之。」23字。	2.5 同1.5，「迺」作「乃」。	3.5 同1.5
	1.6「大氐」，「氐」作「抵」。	2.6 同1.6	3.6 同1.6
	1.7「第曲狗一説」，「狗」。與《古文尚書考》引《疏證》本同。	2.7 眷西堂本作「徇」。	3.7 經解本作「徇」。
	1.8「《毛傳》」，「傳」作「詩」。	2.8 同1.8	3.8 同1.8
	1.9「至于」，「于」作「於」。	2.9 同1.9	3.9 同1.9
	1.10「之弊也」，「弊」作「檠」。	2.10 眷西堂本「弊」。	3.10 同1.10
	1.11「之弊也」以下逸「噫，孰知此一是者，竟未嘗是也哉？」12字	2.11 同1.11	3.11 同1.11
（三）張霸《書》見于王充《論衡》，所引者尚有數語曰：「伊尹死，大霧三日。」此何等語，而可令馬、鄭諸儒見邪？張霸之《書》甫出即敗，王充淺識，亦知其未可信，而馬、鄭諸儒識顧出王充下邪？然則〈汩作〉、〈九共〉二十四篇，必得之于孔壁，而非采《左傳》、案《書敘》者之所能作也。（出自今本《疏證》第3條按語）	1.1「張霸《書》」，以上逸「今」；以下逸「已不傳」。	2.1 同1.1	3.1 同1.1
	1.2「見于王充《論衡》」，以上逸「而」。「于」作「於」。	2.2 眷西堂本亦逸「而」。「于」，與《古文尚書考》引《疏證》本同。	3.2 同1.2
	1.3「而可令馬、鄭諸儒見邪」以下逸「僞〈泰誓〉三篇歷世既久，馬融尚起而辯其非。」17字。四庫本「久」作「夂」。「辯」，經解本作「辨」。	2.3 同1.3。「辯」，眷西堂本作「辨」。	3.3 同1.3
	1.4「張霸之《書》甫出即敗」，「張霸」以上逸「若」；「甫出」以下逸「而」。	2.4 同1.4	3.4 同1.4
	1.5「張霸之《書》甫出即敗」以下逸「已著於人耳目者」。	2.5 同1.5	3.5 同1.5

	1.6「其未可信」，四庫本與經解本無「其」字。	2.6眷西堂本無「其」字。	3.6同1.6
	1.7「必得之于孔壁」，「于」作「於」。	2.7「于」，與《古文尚書考》引《疏證》本同。	3.7同1.7
	1.8「采《左傳》」，「《左傳》」作「《左氏》」。	2.8同1.8	3.8同1.8
	1.9「案《書敘》」，「案」作「按」。	2.9同1.9	3.9同1.9
（四）唐貞觀中詔諸臣撰《五經義訓》，而一時諸臣不加詳考，狠以晚晉梅氏之《書》爲正，凡漢儒專門講授的有原委之學，皆斥之曰「妄」。少不合于梅氏之《書》者，即「以爲是不見古文」。夫史傳之所載如此，先儒之所述如此，猶「以爲是不見《古文》」，將兩漢諸儒書鑿空瞽說，而直至梅氏始了乎邪？烏乎！其亦不思而已矣。世之君子由予言求之，平其心，易其氣，不以唐人「義疏」之說爲可安，則古學之復也，其庶幾乎。（（出自今本《疏證》第4條）	1.1「的有原委」，「原」作「源」	2.1同1.1	3.1同1.1
	1.2「合于」，「于」作「於」。	2.2「于」，與《古文尚書考》引《疏證》本同。	3.2同1.2
	1.3「了了邪」，「邪」作「耶」。	2.3同1.3	3.3同1.3
	1.4「烏乎」作「嗚呼」。	2.4同1.4	2.4同1.4
	1.5「不以唐人」，「不」以上逸「而」。	2.5同1.5	2.5同1.5
（五）愚嘗謂僞作《古文》者，正當據安國所傳篇數爲之補綴，不當別立名目自爲矛盾。然揣其意不能張空弮、冒白刃，與直自吐其中之所有，故必張往籍以爲之主，摹擬聲口以爲之役，而後足以售吾之欺也。不然，此《書》出于魏、晉之間，去康成未遠，而康成所注百篇《書序》，明云某篇亡，某篇逸，彼豈無目者，而乃故與之牴牾哉？蓋必據安國所傳篇目一一補綴，則〈九共〉九篇將何所措手邪？此其避難趨易，雖自出于矛盾而有所不恤也。（出自今本《疏證》第7條按語）	1.1「愚嘗謂僞作《古文》者」作「愚嘗笑僞作古文者」。	2.1同1.1	3.1同1.1
	1.2「然揣其意」自「不能張空弮」逸「如作〈泰誓〉三篇，則因馬融所舉之五事也；〈太甲〉三篇，則因《禮記》、《孟子》、《左傳》所引用也；〈說命〉三篇，則因《禮記》、《孟子》、《國語》所引用也；以及〈仲虺之誥〉、〈蔡仲之命〉、〈君陳〉、〈君牙〉莫不皆然，蓋作僞書者」71字	2.2同1.2	3.2同1.2
	1.3「冒白刀」，「刀」作「刃」。	2.3同1.3	3.3同1.3
	1.4「張往籍」，「張」作「託」。	2.4同1.4	3.4同1.4
	1.5「此書出于」，「于」作「於」。	2.5「于」，與《古文尚書考》引《疏證》本同。	3.5「于」，與《古文尚書考》引《疏證》本同。
	1.6「蓋必據」，「蓋」作「盖」。	2.6同1.6	3.6同1.6
	1.7「牴牾」，與《古文尚書考》引《疏證》本同。	2.7同1.7	3.7經解本作「抵梧」。
	1.8「何所措手邪」，「邪」作「耶」。	2.8同1.8	3.8同1.8
	1.9「自出于矛盾」，「于」作「於」。	2.9「于」，與《古文尚書考》引《疏證》本同。	3.9同1.9
	1.10「而有所不恤也」以下逸「嗚呼，百世而下猶可以洞見其肺腑，作僞者亦奚益哉？」21字	2.10同1.10	3.10同1.10

（六）案近代鄭曉亦疑古文〈泰誓〉，謂：「僞〈泰誓〉無《孟子》諸書所引用者，人遂不之信，安知好事者不又取《孟子》諸書所引用者以竄入之，以圖取信于人乎？」其見與余合。從來後人引前，無前人引後，獨此乃前人引後，非後人引前。（出自今本《疏證》第7條按語）	1.1「案近代鄭曉」作「按鄭端簡曉」	2.1 同1.1	3.1 同1.1
	1.2「其見與余合」以下逸「嘗謂此即僞作《鶡冠子》也。柳宗元辯之曰：人以賈誼〈鵩賦〉盡出《鶡冠子》，吾意好事者僞爲其書，反用〈鵩賦〉以充入之，非誳有取於《鶡冠子》，決也。故非孟子有取於今古文〈泰誓〉，亦決也。」69字。經解本「誳」作「誼」。	2.2 同1.2。「非誳有取於《鶡冠子》」，「誳」眘西堂本作「誼」。	3.2 同1.2
	1.3「獨此乃前人引後，非後人引前」以下逸「聊爲點破，正可一笑」8字。	2.3 同1.3	3.3 同1.3
（七）凡晚出之《古文》，所謂精詣之語皆無一字無來處，獨惜後人讀書少，遂謂其自作此語耳。（出自今本《疏證》第8條按語）	1.1「所謂」，「謂」作「爲」。	2.1 同1.1	3.1 同1.1
（八）《左氏春秋內傳》引《詩》者一百五十六，引逸《詩》者十，引《書》者二十一，引逸《書》者三十三。《外傳》引《詩》者二十三，引逸《詩》者一，引《書》者四，引逸《書》者十。蓋三百篇見存，故《詩》之逸少，古書放闕既多，而《書》之逸自倍于前也。何梅氏二十五篇出，向韋、杜二氏所謂逸《書》者？皆歷歷具在，其終爲逸《書》，僅《昭十四年》：「〈夏書〉曰：『昏、墨、賊、殺，皋陶之刑也。』」一則而已。夫《書》未經孔子所刪不知凡幾，及刪成百篇，未爲伏生所傳誦尚六十九篇，其逸多至如此，豈左氏于數百載前逆知後有二十五篇，而所引不出于此邪，此必不然之事也。（出自今本《疏證》第15條按語）	1.1《外傳》引《詩》者二十三」，「二十三」作「二十二」。	2.1 同1.1	3.1 同1.1
	1.2「倍于前也」，「前」作「《詩》」。	2.2 同1.2	3.2 同1.2
	1.3「其終爲逸《書》」以下逸「者」。	2.3 同1.3	3.3 同1.3
	1.4「昏」，與《古文尚書考》引《疏證》本同。	2.4 同1.4	3.4 同1.4
	1.5「而所引不出于此邪」，「不」作「必」。	2.5「昏」，眘西堂本作「昬」。	3.5 同1.5
	1.6「邪」作「耶」。	2.6 同1.6	3.6 同1.6
	1.7「此必不然之事也」，四庫本與經解本無，二本作「抑此二十五篇援左氏以爲重；取左氏以爲料；規摹左氏以爲文辭，而凡所引遂莫之或遺耶？此又一大破綻也。」43字	2.7 同1.7	3.7 同1.7
（九）安國《古文》之學一傳于都尉朝，朝傳膠東庸生，生傳胡常，常傳徐敖，敖傳王璜、塗惲，惲傳桑欽，惲又傳賈徽，徽傳子達，達爲之作《訓》，馬融作《傳》，康成注解，《古文》之說大備。康成雖云受之張恭祖，然其《書贊》曰：「我先師棘下生子安國亦好此學。」則淵原于安國明矣。東晉元帝時汝南梅賾奏上《古文尚書》，其篇章之離合，名目之存亡，絕與兩漢不合。賾自以得之臧曹，曹得之梁柳，皇甫謐亦從柳得之，而載于《帝王世紀》。愚嘗以梅氏晚出之《書》，自東晉迄今一千三百餘年，而屹與聖經賢傳並立學官，家傳人誦，莫能以易焉者，其故有三：皇甫謐高名宿學，左思〈三都〉經其片語，競相讚述，況得孔《書》載于《世紀》，有不因之而重者乎？是使此書首信于	1.1「安國《古文》之學」以下逸「其傳有四」。	2.1 同1.1	3.1 同1.1
	1.2「朝傳膠東庸生，生傳胡常」作「朝傳庸譚，譚傳胡常」。	2.2 同1.2	3.2 同1.2
	1.3「惲傳桑欽」以下逸「王莽時立于學官，璜、惲皆貴顯」。	2.3 同1.3	3.3 同1.3
	1.4「徽傳子達」以下逸「達數爲肅宗言《古文尚書》，詔選高才生從達學，由是《古文》遂行。一傳于兒寬。一傳于其家。〈孔僖傳〉所謂自安國以下，世傳《古文尚書》是也。一傳于司馬遷，遷書所載多《古文》說是也。東漢杜林於西州得漆書《古文尚書》一卷，常寶愛之，後歸京師，出以示衛宏、徐巡曰：『林流離兵亂，常恐斯經將絕，何意東海衛子、濟南徐生復能傳之？是道竟不	2.4 同1.4。「於西州得漆書」，「於」作「于」	3.4 同1.4

世者，皇甫謐之過也。隤雖奏上得立于學官。然南北兩朝猶遞相盛衰，或孔行而鄭微，或鄭行而孔微，或孔、鄭並行。至唐初貞觀始依孔爲之疏。而兩漢專門之學頓以廢絕。是使此書更信于世者，孔穎達之過也。朱子分《經》與《序》爲二，以存古制，一則曰「安國僞書」，再則曰「安國僞書」。而爲之弟子者正當「信以傳信，疑以傳疑」，乃明背師承，仍遵舊說，是使此書終信于世者，蔡沈之過也。經此「三信」，雖有卓識定力，不拘牽世俗趣舍之大儒，如臨川吳文正公之《尚書敘錄》，實有以成朱子未成之志者，而世亦莫能崇信矣。（出自今本《疏證》第 17 條按語）	墜於地也。《古文》雖不合時務，然願諸生無悔所學。』宏、巡益重之。林同郡。」156 字		
	1.5「我先師棘下生子安國」作「我先師棘子下生安國」。	2.5 同 1.5	3.5 同 1.5
	1.6「淵原」，「原」作「源」。	2.6 同 1.6	3.6 同 1.6
	1.7「奏上《古文尚書》」以下逸「乃安國所傳」。	2.7 同 1.7	3.7 同 1.7
	1.8「載于《帝王世紀》」以下逸「柳得之蘇愉，愉得之鄭冲，鄭冲以上則無聞焉。嗚呼，其果安國之舊耶？抑魏晉之間假託者耶」？36 字	2.8 同 1.8	3.8 同 1.8
	1.9「梅氏晚出之《書》」無「之」字	2.9 同 1.9	3.9 同 1.9
	1.10「迄今一千三百餘年」作「迄今歲次壬子一千三百五十六年」。即 A.D1672 清康熙 11 年。	2.10 同 1.10	3.10 同 1.10
	1.11「其故」與「有三」中間逸「盖」字，「三」後逸「焉」字。「盖」，四庫本作「蓋」，經解本作「葢」。	2.11 同 1.11。「葢」，眷西堂本作「盖」。	3.11 同 1.11
	1.12「況得孔《書》載于《世紀》」，「況」與「得」中逸「渠實」。	2.12 同 1.12	3.12 同 1.12
	1.13「如臨川吳文正公之」，無「之」字。	2.13 同 1.13	3.13 同 1.13
	1.14「而世亦莫能崇信矣」，四庫本與經解本「矣」作「之」。	2.14 同 1.14	3.14 同 1.14
（十）吳文正謂：〈舜典〉、〈汩作〉、〈九共〉等篇爲張霸僞作。不知此乃孔穎達之妄說也。（出自今本《疏證》第 17 條按語）	1.1 此作：「又按吳文正公《尚書敘錄》信可爲不刊之典矣。然其誤亦有六。一謂孔壁眞《古文書》不傳，不知傳至西晉永嘉時始亡失也。一謂〈舜典〉、〈汩作〉、〈九共〉等篇爲張霸僞作，不知此乃孔穎達之妄說也。」73 字。	2.1 同 1.1	3.1 同 1.1
（十一）《孟子》：「帝使其子九男二女。」趙歧注曰：〈堯典〉：『釐降二女』、『不見九男』，孟子時《尚書》凡百二十篇，逸《書》有〈舜典〉之敘，亡失其文。《孟子》諸所言舜事，皆〈堯典〉及逸《書》所載。」則可證其未嘗見古文〈舜典〉矣！蓋古文〈舜典〉別自一篇，與今之《尚書》析〈堯典〉而爲二者不同，故《孟子》引：「二十有八載，放勳乃殂落」，爲〈堯典〉，不爲〈舜典〉。《史記》載「慎徽五典」至「四罪而天下咸服」于〈堯本紀〉，不于〈舜本紀〉。孟子時典、謨完具，篇次未亂，固的然可信。馬遷亦親從安國問古文，其言亦未爲謬也。余嘗妄意「舜往于田」、「祇載見瞽瞍」與「不及貢以政接于有庳」等語。安知非〈舜典〉之文乎？又父母	1.1「趙歧注曰」，無「趙」字。	2.1 同 1.1	3.1 同 1.1
	1.2「蓋古文舜典」，「蓋」，與《古文尚書考》引《疏證》本同。	2.2 眷西堂本作「葢」。	3.2 經解本作「盖」。
	1.3「與今之《尚書》」作「與今安國《書》」。	2.3 同 1.3	3.3 同 1.3
	1.4「放勛」，「勛」作「勳」。	2.4「放勛」，與《古文尚書考》引《疏證》本同。	3.4 同 1.4

使舜完廩一段，文辭古崛不類《孟子》本文，《史記·舜本紀》亦載其事，其爲〈舜典〉之文無疑。然要可爲心知其意者道耳。（出自今本《疏證》第18條按語）	1.5「于〈堯本紀〉，不于」，「于」作「於」。	2.5「于〈堯本紀〉，不于」，「于」與《古文尚書考》引《疏證》本同。	3.5同1.5
	1.6「亦載其事」與「其爲〈舜典〉之文無疑」中間逸「而多所增竄，不及原文遠甚，亦信文辭格制，各有時代，不可強同。《孟子》此一段」29字。	2.6同1.6	3.6同1.6
（十二）孔壁逸《禮》三十九篇，鄭康成注《三禮》曾引用之。愚謂《禮》與《尚書》同一古文，同爲鄭氏學，同見引于經注中。而在《禮》者，雖篇目僅存單辭斷語，奕代猶知寶之，欲輯爲經。而在《尚書》者，雖卷篇次第確有原委，甚至明指某句出某篇，如「載孚在亳」、「征是三朡」、「厥篚玄黄」、「昭我周王」皆以爲是僞書，益以《禮》未爲諸儒所亂，而《書》則爲晚出之孔《傳》所詘厭也。豈不重爲此經之不幸哉！（出自今本《疏證》第21條按語）	1.1「孔壁逸《禮》三十九篇」作「漢興，高堂生傳《禮》十七篇，孔壁出多三十九篇，謂之逸《禮》。平帝時，王莽立之，旋廢。猶相傳至東漢，然無師説，不比《古文尚書》之多訓釋者。」52字。	2.1同1.1	3.1同1.1
	1.2「鄭康成注《三禮》曾引用之」以下逸「《周禮註》有：〈天子巡守禮〉、〈中霤禮〉、〈烝嘗禮〉、〈軍禮〉。《儀禮註》有：〈朝貢禮〉、〈禘于太廟禮〉。《禮記註》有：〈中霤禮〉、〈王居明堂禮〉、〈別有奔喪禮〉、皆逸篇之文。」51字。	2.2同1.2。「註」，眷西堂本皆作「注」。	3.2同1.2
	1.3「愚謂」作「愚嘗歎息，謂」。	2.3同1.3	3.3同1.3
	1.4「同爲」作「同一爲」。	2.4同1.4	3.4同1.4
	1.5「同見」作「同一見」。	2.5同1.5	3.5同1.5
	1.6「原委」，「原」作「源」。	2.6同1.6	3.6同1.6
	1.7「詘厭」，「詘」作「屈」。	2.7同1.7	3.7同1.7
（十三）許慎《說文解字序》云：「其稱《易》孟氏、《書》孔氏、《詩》毛氏、《禮》周官、《春秋》左氏、《論語》、《孝經》，皆古文也。」慎子沖上書安帝云：「臣父故太尉南閣祭酒慎，本從賈逵受古學。考之于逵作《說文解字》。」是《說文解字》所引《書》正東漢時盛行之《古文》，而非今《古文》可比。（出自《疏證》第25條按語）	1.1「臣父」以下四庫本與經解本無「故太尉南閣祭酒慎」。	2.1同1.1	3.1同1.1
	1.2「逵作《說文解字》」與「《說文解字》所引」，「《說文解字》」均作《說文》。	2.2同1.2	3.2同1.2
（十四）《古文》傳自孔氏，後唯鄭康成所注者得其眞。《今文》傳自伏生，後唯蔡邕石經所勒者得其正。今晚出之《書》，不古不今，非伏非孔。（出自今本《疏證》第23條按語）	1.1「得其正」以下逸「今晚出孔《書》，『宅嵎夷』，鄭曰：『宅嵎，曰昧谷。鄭曰：『柳谷，心腹腎腸』。鄭曰：『憂腎陽，剚刵劓剠』。鄭曰：『臏宮剕割頭庶剠』。其與眞《古文》不同，有如此者。不同於古文，宜同於今文矣。而《石經》久失傳，然殘碑遺字，猶頗收於宋洪适《隸釋》中，〈盤庚〉百七十二字、〈高宗肜日〉十五字、〈牧誓〉二十四字、〈洪範〉百八字、〈多士〉四十四字、〈無逸〉百三字、〈君奭〉十一字、〈多方〉五字、〈立政〉五十六字、	2.1同1.1	3.1同1.1

	〈顧命〉十七字、合五百四十七字。洪氏以今孔《書》校之，多十字、少二十一字、不同者五十五字、借用者八字、通用者十一字、孔叙三宗，以年多少爲先後。碑則以傳序爲次，碑又云：『高宗之饗國百年』，亦與五十有九年異。其與今文不同，又有如此者。余然後知此晚出於魏晉間之《書》，蓋。」242 字。		
（十五）朱子于《古文》嘗竊疑之，至安國《傳》則直斥其僞，不知《經》與《傳》固同出一手也。（出自今本《疏證》114 條）	1.1 四庫本、經解本、眷西堂本《疏證》皆與之同。	2.1 同 1.1	3.1 同 1.1

　　經由上述文獻的比對，可以發現惠棟《古文尚書考》所徵引的「閻君之論」與今本《疏證》相較，文句的完整度匱缺甚多。十五則的「閻君之論」，其中更只有「第十五則」的部分，與今本《疏證》完全吻合。再者，這十五則「閻君之論」的排列順序，以今本《疏證》的排列方式來看，從第一則至第十二則皆有條目漸次遞增的現象，第十三與第十四條與今本《疏證》篇次順序有異（按：也就是分別出於今本《疏證》第廿五的第十三條應與出於今本《疏證》第廿三的第十四條應對調，如此才符合第九則以降今本《疏證》卷二的篇次順序）。而第十五條更是直接跳躍至今本《疏證》的卷八，第一百十四條。

　　根據張穆對校沈抄本的第二冊，曾經指出其中有多衍生七則，其中的第五則「『言朱子未及疑安國《傳》篇』，今本爲第一百十四」，正與惠棟《古文尚書考》「閻君之論」的第十五則相應，證明了惠棟所援引的「閻君之論」第十五則，並不能以今本《疏證》的眼光看待，雖然沈抄本的第二卷並非得自惠棟，可是惠棟《古文尚書考》所徵引的「閻君之論」的第十五則卻明顯與沈抄本契合。那麼，這是否就能證明惠、沈二抄本系出同源？

　　筆者考察惠棟《古文尚書考》的「閻若璩曰」，其中確定與今本《疏證》所同者廿四條，這些條目的篇次都涵攝在今本《疏證》的前五卷內。〔註45〕廿四條中的〈大禹謨〉「人心惟危，道心惟微，惟精惟一，允執厥中」的論證，正是出於今本《疏證》卷二的第三十一，張穆校對沈抄本第二冊時提到「自第十七題至第廿八題，沈抄本同」，這則信息說明沈抄本第二冊不存在的條目，卻出現在惠抄本之中，此處明顯是惠抄本與沈抄本在第二冊在相同之後卻又相悖的反證。

　　今據《古文尚書考》的「閻君之論」再作歸納，十五則均出自今本《疏證》的

〔註45〕這廿四條分別有卷一：第六有 4 條、第八有 1 條、第九有 3 條、第十一有 3 條、第十二與第十三各有 1 條。卷二：第十九有 3 條、第廿六有 1 條、第廿七有 3 條、第卅一有 1 條。卷五：第六十三、六十七、七十六各有 1 條。

卷一與卷二（第十五則於抄本系統亦屬第二卷）；而《古文尚書考》的「閻若璩曰」廿四條則分別出自今本《疏證》的卷一、卷二、卷五。如果我們根據上述訊息作出推斷，則惠棟所擁有的《疏證》抄本理應只有一、二、五，共三卷，從惠棟所援引的「閻說」中，並不能證明惠棟有任何寓目今本《疏證》第三、四卷的記錄。再者，《古文尚書考》九十九則的「閻若璩曰」中有「〈周官〉論道經邦」一條，此條目同樣是標誌是出自《疏證》的「閻若璩曰」，卻是獨出於閻若璩《困學記聞注》，並不與任何閻氏今本《疏證》的內容重出。這個現象又是惠本《疏證》與他本《疏證》殊異的一個例子。雖然惠棟對於《疏證》抄本的來源，沒有交代任何相關的取得細節，筆者推測這並不是惠棟對於這個問題視若無睹，而是這個問題的複雜度，連惠棟這位與閻若璩時代相近的學者，都不知從何說起。〔註46〕

綜上可知，杭世駿所抄得的《疏證》抄本僅為第一、四、五卷，惠棟「於友人許得」的閻氏《疏證》抄本亦僅第一、二、五卷，嚴格來說這兩人所得的閻氏《疏證》抄本，都不能算是全本的《疏證》「五卷本」。至於沈抄本傳世的價值，則可以證明沈彤對於《古文尚書》考辨課題的關心，我們知道沈彤撰有《尚書小疏》一卷，再加上沈彤於乾隆十五年（1750）受惠棟所託，為《古文尚書考》作〈序〉，已說明當時他認知中的《疏證》抄本為五卷。張穆所言沈抄本第一至第五卷的對校，除了是說明沈抄本的概要，更可以佐證就算沈彤早有訪求《疏證》的行動應屬合理。至於惠棟於乾隆八年（1743）得到《疏證》抄本，之後沈氏借惠本補足第五卷，這裡同時也顯現了沈抄本《疏證》應該早有第五卷。只是沈氏是否只藉惠本補足第五卷，有無通盤考校？則因為目前憑證不足，筆者不敢妄自揣度。

四、抄本「八卷本」

一般來說，多數的學者對於《疏證》「八卷本」的認知，都將它與閻若璩的孫男閻學林於乾隆十年（1745）所刊刻的「眷西堂」本《疏證》劃上等號。緣於前述杭世駿、惠棟、沈彤獲得《疏證》的時間點，都分別代表了「八卷本」的《疏證》抄本與刊本的業已傳世，因此筆者深覺《疏證》「八卷本」的始末源流不能以簡化的觀點視之。

〔註46〕 按：雖然惠棟《松崖筆記》卷三曾經提到：《經義攷》：「閻若璩《尚書古文疏證》，十卷。姚際恒《古文尚書別偽例》，十卷。錢煌壁《書辨疑》，六卷。」朱竹垞曰：「三家皆攷《古文尚書》者。」暫且不論朱彝尊是否有誤植閻氏《疏證》的卷數。純就惠棟對於閻氏《疏證》的徵引，以及《古文尚書考》不見「姚」、「錢」二人著述的情況。可知惠棟《松崖筆記》卷三的「《古文疏證》」條，僅具備轉載《經義考》條例的作用，並不代表惠棟完整看過朱氏所言的「三家」《古文尚書》考辨著述。

　　按《疏證》的寫作時間應是持續到閻若璩將近病歿之時（康熙四十三年六月八日，1704），也就是與其子閻詠爲《疏證》作〈序〉（康熙四十三年端午前三日，1704）的時間相去不遠。值得注意的是，閻詠的《疏證・序》對於當時《疏證》卷數的多寡並沒有清楚的交代，他只提到「家大人徵君先生著《尚書古文疏證》若干卷」，按理說閻詠應是當時最爲接近《疏證》手稿之人，可是他並沒有宣示《疏證》的卷數就是「八卷」。兩年後（康熙四十五年，1706），閻詠屬胡渭校定《疏證》且爲之〈序〉，〔註47〕此時的胡抄本《疏證》，也才正式冠上了「八卷」的具體數目指稱，咸信這也是「八卷本」《疏證》傳布最早的抄本。既然《疏證》「八卷本」曾經存在抄本，那麼與《疏證》刊本型式相較，內容上究竟有何異同？

　　今據《柏克萊加州大學東亞圖書館中文古籍善本書志》的整理，我們可以清楚兩種不同型式的《疏證》的確存在差異，〔註48〕由此可知「八卷本」《疏證》抄本

〔註47〕見《柏克萊加州大學東亞圖書館中文古籍善本書志》，頁8。
〔註48〕見《柏克萊加州大學東亞圖書館中文古籍善本書志》，頁8：上海圖書館藏有一抄本，較刻本文字爲多。如：
　　（1）卷四第四葉後，抄本有「又按〈燕召公世家〉」一條計二十八字；趙按：即今本《疏證》第四十九條：「言兩以追書爲實稱。」
　　（2）第六葉前四行「王肅之誤因於」後，抄本有「《孔叢子》，《孔叢子》之誤因於王舜、劉歆之本」一條計十六字。趙按：即今本《疏證》第五十條：「言兩以錯解爲實事。」
　　（3）第十二葉後七行後，抄本有「又按上元黃虞稷俞邰謂予」一條三百零九字；趙按：即今本《疏證》第五十二條：「言以《管子》引〈泰誓〉史臣辭爲文王自語。」
　　（4）第十五葉「又按《春秋》書時」條後，抄本有「又按趙子常言」一條計一百八十三字；趙按：即今本《疏證》第五十四條：「言〈泰誓〉上『惟十有三年春』繫以時非史例。」
　　（5）第十六葉前四行「倣經例而爲之」句下，抄本有「唐劉眖亦有是說」小注一條；趙按：即今本《疏證》第五十四條：「言〈泰誓〉上『惟十有三年春』繫以時非史例。」
　　（6）第二十一葉後一行「不應不識字乃爾」後，抄本有「又按其時亦有識字者」一條計一百四十四字；趙按：即今本《疏證》第五十六條：「言《爾雅》解『鬱陶』爲喜，今誤識作『憂』。」
　　（7）第三十一葉前八行後，抄本有「又按劉寔〈崇讓論〉云」一條計一百九十二字；趙按：即今本《疏證》第五十八條：「言晚出《書》增『帝曰』竄『僉曰』不合唐虞世大公。」
　　（8）第四十二葉後二行「第六十二前」，抄本有「又按姚際恒」一條計一百六十六字，又按《留青日札》曰」一條計六十八字。趙按：即今本《疏證》第六十一條：「言伊尹稱字於〈太甲〉爲誤，仿〈緇衣〉亦兼爲《序》誤。」
　　（9）第四十六葉後九行「而僞作者之多所牴牾」句下，抄本有小注「姚際恒立方曰」一條計一百零八字；趙按：即《疏證》第六十二條：「言〈周官〉從《漢百官

的傳布，至少反映了一個事實，即為抄本型式的「八卷本」《疏證》存在樣態與《疏證》文淵閣《四庫全書》本較為接近，這個現象同時也說明了《疏證》文淵閣《四庫全書》本的來源譜系。與此同時，不能忽略《柏克萊加州大學東亞圖書館中文古籍善本書志》關於此點的後續說明，〔註49〕讓我們知道「眷西堂」本《疏證》有胡渭之序者，乃為前刻本；反之，則為後刻本。

由此看來，《疏證》「八卷本」的抄本，雖然可以稱為今日《疏證》刊刻本的源頭，事實上「八卷本」《疏證》從抄本型式過渡到刊本型式，兩者之間仍然有別。〔註50〕再將《疏證》「八卷本」的抄本與上述《疏證》的「一卷本」、「四卷本」、「五卷本」抄本的傳布情況比較，會發現《疏證》「八卷本」的傳抄情況相當特別。首先此本《疏證》抄本的傳布，恐怕已經跟閻若璩的自主意願無關，可資區隔的原因在於閻若璩寫作《疏證》的前五卷期，或屢作跋記，或央人撰序，都留下相關文獻可供查證，然而閻氏對於《疏證》第六卷之後的處理卻方法迥異。張穆〈沈果堂鈔「尚書古文疏證」五卷本跋〉，對於這種作法的解釋是：「蓋全書規模，約略已具，此後但觸類引申，錯綜整比之耳。」張氏的說法某個程度是為《疏證》的前五卷確為閻若璩親定來背書，同時卻也充滿著對於《疏證》後三卷成書過程模糊其辭。

公卿表》來不合《周禮》。」

（10）第四十八葉後「第六十三前」，抄本有「又按姚際恒立方曰」至「無此體格」計三百零八字；趙按：即《疏證》第六十二條：「言〈周官〉從《漢百官公卿表》來不合《周禮》。」

（11）卷五下末葉原有「又按鄭康成年七十嘗疾篤」一條計一百九十五字。趙按：即《疏證》第八十條：「言《左傳》引〈蔡仲之命〉追敘其事，今不必爾」。「又按鄭康成年七十嘗疾篤」見文淵閣抄本，不見眷西堂本與經解本。

按以上文字刻本均無。文淵閣《四庫全書》本多同抄本，知其據為稿本或抄本繕錄。

〔註49〕見《柏克萊加州大學東亞圖書館中文古籍善本書志》頁8：「眷西堂本初印者有康熙四十五年（丙戌，1706年）胡渭〈序〉，後印本無。學林付刊時，其父詠已物故，胡氏校定之本刊刻時，似又經後人意為增損，後印者抽去胡〈序〉，胡氏校定之功遂為所掩矣。」

〔註50〕李慶先生〈專家編撰的考證型書目——評「柏克萊加州大學東亞圖書館中文古籍善本書志」〉認為：同一版片，刻成之後，在先後的印刷時，會作一些更改，形成不同的印本。要確定一書是什麼印本，比確定版本更為困難。如《書志》中著錄的《古文尚書疏證》八卷（經部，7頁），這是閻若璩所撰，一般學者都熟知之書。現藏本書前有黃宗羲、閻詠康熙甲申（四十三年）的〈序〉，還有乾隆十年閻學林（閻詠之子）〈序〉。此書最初為閻學林的眷西堂本。如果不加注意，著錄為「眷西堂本」，當然也可以，但是，編者考查了此書的刊刻經過，並根據《四庫》本以及上海圖書館所藏抄本對照，根據最初本有康熙四十五年胡渭的〈序〉，確定其為「翻眷西堂本」，這不僅揭示了胡渭在該書成書過程中的作用，而且說明了各種不同本子的關係。http://www.xschina.org/show.php?id=5077。

　　從閻詠的《疏證》「若干卷」之說，到胡渭《疏證》「八卷本」的校抄，再到閻學林「眷西堂」本八卷《疏證》的行世。張穆的「擴增說」，顯然是已經意識到《疏證》後三卷的成書歷程，乃是自許關注閻氏著述的他，以及後續對於閻氏《疏證》思想進行研究的學人們，一個無可迴避的大哉問。

五、結　語

　　此章論述，筆者已經相當程度的揭示了《疏證》在不同卷數與不同抄本之間，以及與刊本比較後存在的若干差異。筆者推測造成上述複雜情況的最主要原因，還是取決於閻若璩自身的寫作態度，以及當時文化資訊的流通不易。試想，閻氏五十三歲時，《疏證》第五卷成，並沒有任何現存文獻可以證明當時閻氏有授予任何人「第五卷」的抄本，也就是說，與「一卷本」、「四卷本」傳布的沸沸揚揚相較，《疏證》「第五卷」的傳抄顯然低調許多。

　　再者，以今行本《疏證》的篇次來看《疏證》的後三卷，《疏證》第六、第七、第八卷抄本的傳布，更是不見於今存文獻。今日我們若是將杭、沈二氏的見證，視為是可相信的重要資料，將會發現截自「五卷本」前，《疏證》的傳抄顯然並不是一件洛陽紙貴的盛事，期間多來自閻氏的主動作為，縱有踴躍求稿或傳抄者亦是屈指可數。因此筆者認為《疏證》的傳抄，之所以會一再出現這種系譜不明的情況，主要原因在於《疏證》只有得到當時極少數學者的重視。

　　雖然閻若璩之子閻詠有《疏證》「愛之者爭相繕寫」，卻也提及「怪且非之者亦復不少」；閻若璩之孫閻學林則謂「遺書未出，學者引領望之」，卻也道出「癸卯、己酉（雍正一年與雍正七年。1723 與 1729），學林兩至京師，先人之舊好寥寥數人，無復贊成斯事者（按：「斯事」，指《疏證》的刊刻行世）。」加諸上述主動傳抄者的當卷抄成年歲，都與作者完成當卷的紀年相差甚為久遠，以沈彤抄本為例，《疏證》八卷本的刻本當時已刊行五年，沈氏猶需藉傳抄的手段擁有《疏證》，足見文獻資訊流通的困難，而《疏證》刻本之難覓更是可想而知。

第三章 《古文尙書考‧卷上》的考辨方法

第一節 考辨方法的邏輯基點

一、梅鷟的考辨立基

明代梅鷟所撰寫的《考異》，可以說是繼宋代朱熹疑《書》之後，第一部較有系統、並且全面性考辨《古文尙書》眞偽的著作。《考異》的文獻版本，業經姜廣輝老師的初步整理，因此筆者在此將以姜老師的《考異》版本作爲論述時的文獻徵引對象。《考異》全書共爲六卷，主要論述方向有二，其一即屬於梅鷟《考異》「考辨方法」的邏輯基點。梅鷟在考察歷代文獻的過程裡，不斷的強調唯有伏生二十九篇今文《尙書》爲眞的這個部分，梅鷟的論述見以下的文獻徵引：

1. 「《史記‧儒林傳》」

梅鷟解釋在「《史記‧儒林傳》」時，提出「太史公當漢武帝時，偽說未滋，故其言多可信」，梅鷟相當程度的表彰司馬遷的史德，卻仍提出諸多質疑，比如司馬遷言：「孝文時欲求能治《尙書》者，天下無有。乃聞伏生能治，欲召之，是時伏生年九十餘，老，不能行，於是乃詔太常，使掌故晁錯往受之。秦時焚書，伏生壁藏之。其後兵大起，流亡。漢定，伏生求其書，亡數十篇，獨得二十九篇，即以教于齊、魯之間。」梅鷟則認爲這個說法有誤。梅鷟並且認爲：「然則漢文帝時非無《尙書》也，求能治《尙書》者耳。山東諸大師非無治《尙書》者，皆伏生弟子而推隆于宗師云耳。晉人不知，遂創爲『失其本經，口以傳授』，其誕妄不足信，可知矣。今伏生書見在，古今所引者皆如此，昭然日星之明，失其本經者何篇？以意屬讀者何章何句也邪？」確實，「無《尙書》者」與「能治《尙書》者」應該分屬二事；伏生《尙

書》「本經」的存在樣態，由於司馬遷並沒有作出清楚的交代，因此梅鷟遂利用敘事的模糊空間，斷定「失其本經，口以傳授」之事「誕妄不足信」。值得注意的是司馬遷提出了《古文尚書》存世的首次記錄：「孔氏有《古文尚書》，而安國以今文讀之，因以起其家，《逸書》得十餘篇，蓋《尚書》滋多于此矣。」梅鷟則否認了孔安國真《古文尚書》存在的史實，而這個部分，則必須透過與班固《漢書‧藝文志》的比較來看。

2.「《漢書‧藝文志》」

班固《漢書‧藝文志》提到：

> 《尚書》古文經四十六卷；經二十九卷。《書》之所起遠矣，至孔子纂焉，上斷于堯，下訖于秦，凡百篇；而為之《序》，言其作意。秦燔書禁學，濟南伏生獨壁藏之，漢興，亡失，求得二十九篇，以教齊、魯之間。訖孝宣世，有歐陽、大、小夏侯氏立于學官。《古文尚書》者，出孔子壁中。武帝末，魯共王壞孔子宅，欲以廣其宮，而得《古文尚書》及《禮記》、《論語》、《孝經》，凡數十篇，皆古字也。共王往，入其宅，聞鼓琴瑟鍾磬之音，於是懼，乃止不壞。孔安國者，孔子後也，悉得其書，以考二十九篇，得多十六篇。安國獻之，遭巫蠱事，未列于學官。

梅鷟則認為：

> 今按：《漢書》與《史記》異者數處，「古文經四十六卷」，《史記》無此句；「孔子纂《書》，凡百篇，而為之《序》」，《史記》無此句；魯共王壞宅，以書還孔氏事，《史記》不載；「孔安國得《古文尚書》，多十六篇，安國獻之，遭巫蠱事，未列於學官」，《史記》不載；「二十九卷」，《史記》作「二十九篇」，蓋一篇為一卷也。《漢書》與《史記》不同者若此，宜從《史記》為當。

對比兩人的論點，梅鷟認為所有有關孔安國《古文尚書》事蹟的記載，都不能與《史記‧儒林傳》有所出入，在此梅鷟否定了史料會有歷時增益的功能。

3.「《後漢書‧儒林傳》」

對於范曄《後漢書‧儒林傳》建構的今文《尚書》與《古文尚書》的傳承譜系，梅鷟所抱持的立場是：

> 今按：范蔚宗歷述伏生今文《書》及安國《古文書》，傳授顛末，較然可尋，遂盡除去誕妄不經之說，使人得有所考，有以知晉人《古文》二十五篇，決非安國所傳之本，何其精詳而簡當也哉！班孟堅于是乎有愧矣，何者？伏生《書》傳之三家，皆得立，世固無疑。安國《書》獨不得立，世

遂以爲流落人間，直至東晉始顯。

今觀安國傳之數世至孔僖，世傳《古文尚書》，則其子孫之傳者也；都尉朝、庸譚、尹敏、蓋豫、周防、丁鴻、楊倫、杜林、賈逵、馬融、鄭玄，則其弟子之相傳者也。雖不得立之學官，而其家傳及弟子之相傳，正爲先漢之僞《古文》，而非晉人始出之《古文》明矣。

梅鷟接續則認可了范曄《後漢書‧儒林傳》關於今古文《尚書》的傳承譜系，並且繼「先漢之僞《古文》」之後，提出「先漢之僞《古文》，非晉人始出之《古文》」的論點。

4.「《隋書‧經籍志》」

《隋書‧經籍志》作爲記錄今文《尚書》與《古文尚書》傳承譜系的第四個正史載體，在梅鷟看來，相關缺失似乎有愈演愈烈的態勢。《考異》「《隋書‧經籍志》」條下謂：

今按：《隋‧志》雖約《史記》、兩《漢書》而爲之，然其言時與《史》、《漢書》乖戾者多，首以伏生口傳二十八篇，又河內女子得〈泰誓〉一篇，蓋以〈泰誓〉足二十九篇之數，遂使後人承訛踵誤，其失一也；不志兒寬詣博士受業孔安國，其失二也；不書尹敏初習歐陽《尚書》，後受《古文》，周防師事蓋豫受《古文尚書》，其失三也；不書「孔僖，魯國魯人也，自安國以下世傳《古文尚書》」，其失四也；於「扶風杜林傳《古文尚書》，同郡賈逵爲之作《訓》，馬融作《傳》，鄭玄亦爲之《注》」下不書「由是《古文尚書》遂顯于世」，其失五也；其下遂變文云「然其所傳惟二十九篇，又雜以今文，非孔舊本，自餘絕無師說」，其失六也；又云「晉世祕府所存，有《古文尚書》經文，今無有傳者」，其失七也；又其後不書王肅得見安國《古文尚書》及皇甫謐、梁柳、鄭沖等，所傳安國《古文尚書》次第，其失八也。

所以有此八失者，蓋不知二十九篇本以《序》言而非僞〈泰誓〉，又不知都尉朝、庸生、兒寬、尹敏、蓋豫、周防、孔僖、杜林、賈逵、馬融、鄭玄所傳《古文》，同一張霸所作者，遂誤以都尉朝、庸生所傳者爲東晉梅賾所上，而以杜、賈、馬、鄭所傳者，然後爲張霸僞《書》故也。

夫《隋‧志》徒知都尉朝、庸生爲《尚書》古文學未得立者爲即梅賾所上，而不知孔僖紹孔安國以下世傳《古文尚書》，實即十六篇張霸等所作之《古文》，而非二十五篇之《古文》，然則《隋‧志》之失昭昭矣。

　　梅鷟列出八項缺失，直指《隋書・經籍志》是因「不知二十九篇本以《序》言而非偽〈泰誓〉」，以及從「都尉朝至鄭玄」一脈相承的，乃是張霸所偽造的《古文尚書》。因而造成梅鷟眼中的昭昭之失。藉由考察梅鷟對於上述四部正史的評論，就《古文尚書》而言，可以發現梅鷟抱持的孔安國本《古文尚書》與梅賾本《古文尚書》皆偽的邏輯基點，都缺乏論證的過程。換言之，梅鷟考辨《古文尚書》的立論前提，並不是自史實歸納而來的紮實考據，而是一種預設立場。梅鷟先行假設了兩本《古文尚書》皆是偽作的結論，因此上述四部史實的材料，對梅鷟來說，都只能存在一種作用，就是替梅鷟自身的說法服務。這樣游談無根的辨偽方法，讓梅鷟對於司馬遷的史德疑信相參，打從一開始就認定張霸在漢代有大費周章的進行偽造《古文尚書》之事，這一樁有關偽造《古文尚書》作者的認定，則與梅鷟《尚書譜》卷二「孔安國專治古文譜」條相左：

> 吾意安國為人，必也機警了悟，便習科斗文字積累有日，取二十九篇之經既以古文書之，又日夜造作《尚書》十餘篇雜之經內，又裂出正經數篇以為伏生老耄之誤合。始出欺人，曰：家有《古文尚書》，吾以今文讀之。是始以古文駕今文而取勝，終以今文定古文而徵實，其計可謂密矣！曾弗思聖祖哲孫曷嘗反古道、革時制，自食其言也哉！

　　同樣的梅鷟對於班固史筆的增益視若無睹；對於范曄，梅鷟則刻意簡化從漢至晉《古文尚書》複雜的傳布情況；相形之下，梅鷟對於《隋書・經籍志》的指摘則更流於旁枝末節。小結上述諸語，梅鷟《考異》關於《古文尚書》「邏輯基點」的考辨，似乎不夠嚴謹。如果贊同梅鷟視兩本《古文尚書》皆偽的觀點，試問如何能解釋晉世《古文尚書》的偽造者，何以汲汲營營的企圖復原一部梅鷟視之為偽作的漢代《古文尚書》？由此看來，梅鷟《考異》的思惟，確實存在若干問題。

二、閻若璩的考辨立基

　　清代閻若璩所撰述的《疏證》，是《古文尚書》考辨史上非常重要的里程碑。筆者先前已就關鍵性的《疏證》抄本傳布問題多所著墨，相信可以幫助我們更加理解《疏證》成書的歷程。關於閻若璩《疏證》考辨《古文尚書》的「邏輯基點」，《疏證》卷八第一百十三的「言疑《古文》自吳才老始」條下謂：

> 又按天下事由根柢而之枝節也易，由枝節而返根柢也難。竊以考據之學亦爾。予之辨偽《古文》，喫緊在孔壁原有真《古文》，為〈舜典〉、〈汩作〉、〈九共〉等二十四篇，非張霸偽撰。孔安國以下，馬鄭以上，傳習盡在於是。〈大禹謨〉、〈五子之歌〉等二十五篇，則晚出魏晉間，假托安國之名

者，此根柢也。得此根柢在手，然後以攻二十五篇，其文理之疎脫，依傍之分明，節節皆迎刃而解矣。

不然，僅以子、史諸書仰攻聖經，人豈有信之哉？曾寄與黃太沖讀一過，嘆曰：「原來當兩漢時，安國之《尚書》雖不立學官（平帝時暫立），未嘗不私自流通，逮永嘉之亂而亡。梅賾上僞《書》，冒以安國之名，則是梅賾始僞。顧後人并以疑漢之安國，其可乎？可以解史傳連環之結矣。」

按理說《疏證》後三卷的集結時間，應當在閻若璩歿世之後，因此並我們不能從卷數去推求此條例在閻若璩《疏證》中的思惟順序。僅能確定閻若璩認為漢代曾經存在過眞的《古文尚書》，這個觀點可謂閻若璩考辨《古文尚書》最重要的「根柢」。閻若璩確立眞孔壁《古文尚書》存在於漢世，來自他對諸多史實密加考證。《疏證》卷一，第一「言兩漢載《古文》篇數與今異」條下謂：

按《古文尚書》實多十六篇。惟《論衡》所載，其說互異。其〈正說篇〉云：「孝景帝時，魯共王壞孔子教授堂以爲殿，得百篇《尚書》於牆壁中。武帝使使者取視，莫能讀者。遂祕於中，外不得見。至孝成皇帝時，張霸僞造《百兩》之篇。帝出祕《百篇》以校之。」愚謂成帝時校理祕書正劉向、劉歆父子，及東京班固亦典其職，豈有親見《古文尚書》百篇而乃云爾者乎？劉則云「十六篇逸」；班則云「得多十六篇」，確然可據。至王充《論衡》或得於傳聞，傳聞之與親見，固難並論也。

且云武帝使使者取視。不云安國獻之，而云武帝取視，此何據也？惟云孝景時，魯共王壞孔子宅，較《漢志》「武帝末」三字，則確甚，何也？魯共王以孝景前三年丁亥徙王魯，徙二十七年薨，則薨當於武帝元朔元年癸丑（B.C128）。武帝方即位十三年。安得云武帝末乎？且恭王初好治宮室，季年好音，則其壞孔子宅以廣其宮，正初王魯之事，當作「孝景時」三字爲是。愚嘗謂傳記雜說往往足證史文之誤，要在識者決擇之耳。

據此，閻若璩看待張霸的態度，自然與梅鷟迥異。閻若璩謂孔壁《古文尚書》與張霸《百兩篇》，乃是各自獨立不應混爲一談。梅鷟則認定漢代《古文尚書》爲僞，張霸乃是責無旁貸的始作俑者，因此梅鷟一口咬定「孔僖紹孔安國以下，世傳《古文尚書》，實即十六篇張霸等所作之《古文》」，這當然是極端漠視史實的推論，這裡顯示出梅鷟仍未完全跳出孔穎達的窠臼。閻若璩接續提到：

又按孔壁《書》出於景帝初，而武帝天漢後孔安國始獻。遭巫蠱倉卒之難，未及施行。則其相去已六十餘年，而安國之壽必且高矣。

及考〈孔子世家〉，安國爲今皇帝博士，至臨淮太守，蚤卒。則孔壁之《書》

> 出，安國固未生也。故《大序》亦云，悉以書還孔氏，科斗書廢已久，時
> 人無能知者。愚意書藏屋壁中，不知幾何年。書出屋壁之外，又幾六十餘
> 年，孔安國始以隸古字更寫之，則其錯亂摩滅弗可復知，豈特〈汨作〉、〈九
> 共〉諸篇已也？

> 即安國所云，可知者二十五篇，亦必字畫脫誤，文勢齟齬。而乃明白順易，
> 無一字理會不得，又何怪吳氏、朱子及草廬輩切切然議之哉？

能從時間點的落差，推算出孔壁《古文》與孔安國之間不盡然有關係，閻若璩
的考據功力可謂細密之極。再者，同樣是面對《隋書‧經籍志》，閻若璩的研究進路
與梅鷟迥然不同，《疏證》卷一，第二「言《古文》亡於西晉，故無以證晚出之偽」
條下謂：

> 嘗疑鄭康成卒於獻帝時，距東晉元帝尚百餘年。《古文尚書》十六篇之亡，
> 當即亡於此百年中。後讀《隋書‧經籍志》，晉世祕府所存有《古文尚書》
> 經文，今無有傳者。及永嘉之亂，歐陽、大小夏侯《尚書》並亡。濟南伏
> 生之傳，唯劉向父子所著《五行傳》是其本法，而又多乖戾。

> 至東晉豫章內史梅賾始得安國之傳，奏之。予然後知《古文尚書》自鄭康
> 成註後，傳習者已希。而往往祕府有其文，亦猶西漢時安國止傳其業於都
> 尉朝、司馬遷數人，而中祕之《古文》固具在也。

對於同樣的史實卻有截然不同的解釋，追根究底就是因為梅鷟與閻若璩，對於
考辨《古文尚書》「邏輯基點」不同所造成的必然結果。這兩個人的論述雖然都是視
梅賾本《古文尚書》為偽作，然而卻存在根本性的不同。這兩種大相逕庭的思路，
反映出「邏輯基點」的確立，乃是從事《古文尚書》相關考辨最重要的關鍵。

三、程廷祚的考辨立基

關於《古文尚書》的考辨，我們不能忽略與惠棟同時的程廷祚。程氏《晚書訂
疑》成，惠棟為之序，並以自身《古文尚書考》相比擬，惠棟說：

> 棟自少疑之，稍長，反覆于《堯典‧正義》，見所載鄭氏二十四篇之目，
> 恍然悟孔氏逸《書》具在，因作《古文尚書攷》二卷。

> 及讀縣莊之書，宛如閉門造車，不謀而合轍。蓋後人尊信偽孔氏者，以周、
> 秦所引逸《書》盡在二十五篇之內，而不知其偽，正坐是耳。縣莊既糾其
> 謬，又為分疏其出處，使偽造者無遁形，可謂助我張目者矣！

程氏《晚書訂疑》的書寫體例與惠棟《古文尚書考》確實相仿。以下我們將以
程廷祚就相關史籍的意見，說明關於《晚書訂疑》「考辨方法」的邏輯基點：

1. 「《史》、《漢》載《古文尚書》之由」

程廷祚首先承認《史記》、《漢書》記載的真實性：

> 漢室初興，伏生求其藏《書》，得二十九篇，《史》、《漢》所載具有明文。
> 然以今攷之，尚缺其一未能詳也（說見卷中）。孔安國於伏《書》外又得
> 十六篇，《漢・藝文志》有《尚書古文經》四十六卷（孔《書》合《序》
> 應得十七卷，合伏《書》之二十九篇爲此數），內有安國所得《書》，後人
> 或以張霸僞《書》當之。案：張霸，成帝時人，其書名《百兩篇》，文意
> 淺陋，尋見罷黜，不宜復藏於中祕。
>
> 《史記・儒林傳》云：「孔氏有《古文尚書》，而安國以今文讀之，因以起
> 其家，逸《書》得十餘篇，蓋《尚書》滋多於是矣。」《漢書・儒林傳》同
> （劉歆〈移太常博士書〉與《藝文志》幷云十六篇），《正義》云：「古文者，
> 倉頡舊體，周世所用之文字。」秦人所制篆隸諸體而行於漢代者，則曰「今
> 文」。
>
> 案：伏《書》初出屋壁，亦古文也。其後口授屢錯，而錯寫以今文。安國
> 所得，則以今文通其讀，而未改壁中之字，（今世於〈二王淳化〉等帖，
> 必以《釋文》通其讀，亦類此。）故當時皆目曰「古文」。然漢代祕府仍
> 自有《古文尚書》。《藝文志》所謂「劉向以中《古文》校歐陽、大、小夏
> 侯三家經文者」，是也，或即安國之所獻與？

程氏對於《史記》、《漢書》的理解，顯然與梅鷟有異，相形之下較爲接近閻若璩。
事實上無論是惠棟《古文尚書考》，或是程廷祚《晚書訂疑》，他們二人都表明都是在
著作成稿後才閱覽到閻氏《疏證》。惠棟得閱《疏證》的緣由前章已述及，程氏得《疏
證》則見於《青溪文集・卷四》：「山陽儒者潛丘閻氏有《尚書古文疏證》一書，余嘗
爲《晚書訂疑》，求之弗穫。丙子季夏（乾隆二十一年，1756 年），家畝園（程晉芳）
始攜自金陵，時予書已成四載矣。」程氏並且提到：「快哉斯書！使得見于前，則《訂
疑》之作，可以已也。」由此可見，程廷祚對於閻氏《疏證》的推崇。

2. 「安國十六篇不傳」

在承認司馬遷與班固具備良史之德的前提下，程廷祚接續論證何以「安國十六
篇不傳」：

> 《隋志》云：「晉世祕府所存有《古文尚書》經文，今無有傳者。」
>
> 案：此必漢世所遺而十六篇亦在其內者也，然則安國之《書》至晉猶存，
> 而東京學者無一語及之，何邪？竊疑安國雖嘗以今文攷定于錯亂磨滅之

中，而所得之書則遠遜伏氏，不爲儒者所重。是以更歷二漢，咸置勿論，以至「絕無師説」而遂亡也。

案：《史記》所載有〈湯征〉、〈湯誥〉諸篇，劉歆《三統歷》有引〈伊訓〉、〈武成〉、〈畢命〉等文，〈王莽傳〉有引逸〈嘉禾篇〉語。夫司馬遷之時無他僞《書》，《百兩》出於漢末而旋廢，劉歆篤信孔氏之古文，則彼三人所稱引，其爲十六篇之《書》無疑也。

以今觀之，視伏《書》何如邪？其乍明而復晦，殆無足惜。然使獲存于永嘉之後，則梅賾、姚方興等又無所售其僞，而免于千載之下之爭論矣。其亦可憾哉！或曰：十六篇之亡猶有他證，可得聞乎？曰：有。《史記》所載〈湯誥〉，全與今異，《律歷志》所引〈伊訓〉、〈武成〉、〈畢命〉亦與今不同。使孔《書》不亡，則馬、班所載所引，必爲十六篇之《書》無疑。使十六篇而存，則此數篇必不能出于今二十五篇之外。然則十六篇之存亡與今二十五篇之眞僞，執此以辨之，有餘矣！

就是因爲漢代眞《古文尚書》存而復亡，才讓梅賾之輩僞作的《古文尚書》有機可乘。程氏認爲考辨《古文尚書》，在史籍方面必須要多方查找足夠的證據，在這個前提下，除非刻意漠視，不然漢代眞《古文尚書》的曾經存世，確然有跡可尋。程廷祚並且從《古文尚書》的傳承系譜著手，「二漢《尚書》之學」條下謂：

案：二漢傳《尚書》者，歐陽、大、小夏侯三家而已。自伏生授歐陽生，歐陽生授兒寬，寬復授歐陽生之子，世世相傳。至後漢歐陽歙八世，皆爲博士。伏生又授張生，張生授夏侯都尉，都尉授族子始昌，始昌傳勝，勝又事兒寬門人簡卿。至若歐陽有平當、陳翁生之學，大夏侯有孔霸、許商之學，小夏侯有鄭寬中、張無故，秦恭、假倉、李尋氏之學。展轉相傳，支流餘裔，蔓延于數百年之間。故〈儒林傳〉云：「歐陽、大、小夏侯氏學，皆出於兒寬，寬則始事歐陽生，而繼受業于孔安國者也。」是兩漢《尚書》之業，安國與伏生共之矣！使安國誠有未傳之《書》，寬豈不知？寬知之，而三家豈能無言而終於此？又何必疑都尉朝之有異聞邪？宜司馬遷之從安國問者，又不過如彼而已也。

《古文》之絕續顯晦，又當攷之。東京范史云：「肅宗特好《古文尚書》，詔高材生授之。」是上有好者矣。又云：「扶風杜林，傳《古文尚書》，林同郡賈逵作《訓》，馬融作《傳》，鄭玄《註解》；由是《古文尚書》遂顯于世。」又云：「孔僖自安國以下，世傳《古文尚書》。」又云：「賈逵父徽，受《古文尚書》於塗惲。」塗惲即西京歷傳安國之《書》者。〈儒林傳〉傳《古

文》有：尹敏、周防及衛宏、徐巡、孫期等，其他不可枚舉。

又楊倫師事司徒丁鴻，以《古文尚書》講授大澤中，弟子至千餘人。是《古文》之在東漢，幾于家傳戶習，非若往時，遭巫蠱事，未立於學官者矣！

然諸儒不聞，以其出於安國而名之孔《傳》，以安國後世子孫亦然，其曰：「《古文》云者，不過以字體，訓詁不侔於歐陽、大、小夏侯焉爾。」

由此推之，當日安國以授都尉朝者，本與伏生之篇第未嘗稍異，此又東京之鑒然可攷者也。然則所謂得多十餘篇者，亦《史》、《漢》無足重輕之言，況二十五篇與孔《傳》乎？而論者不察，何也？

程氏並自道：「晚《書》二十五篇，自謂出于孔安國，而安國之《書》，實則亡于永嘉。余與《疏證》合者，此一言而已。」程廷祚用了相當精準的語言指出他與閻若璩之間考辨《古文尚書》方面不謀而合的「邏輯基點」。

四、惠棟的考辨立基

在上述篇章，筆者已經約略舉要關於明代梅鷟《考異》、惠棟之前的閻若璩《疏證》、以及與惠棟同時的程廷祚《晚書訂疑》，在考辨《古文尚書》方面運用的邏輯基點。可以發現同樣隸屬於考辨《古文尚書》作偽的組別，卻有兩種不同的立場。惠棟自身則已然意識到考辨《古文尚書》在「邏輯基點」方面的重要性，惠棟〈序〉程氏《晚書訂疑》曰：

> 宋元明諸儒斥偽孔氏者不少，然皆惑于二十四篇偽《書》之說，不能得真《古文》要領。于是學者紛如，或以鄭氏爲今文，以偽孔氏爲古文。或以二十八篇爲今文，以二十五篇爲古文，樊亂莫所折衷。

惠棟所謂的「不能得真《古文》要領」的「要領」，我們可以將之類同於閻氏《疏證》的「根柢」，或今人所使用的「邏輯基點」，惠棟理解準確，可見慧心所在。總而言之，這是惠棟考辨《古文尚書》研究方法的自覺。惠棟撰之《古文尚書考・自序》，可謂此種思維方式的積極運用：

> 孔安國《古文》五十八篇，漢世未嘗亡也。三十四篇與伏生同，二十四篇增多之數，篇名具在。劉歆造《三統曆》、班固作《律曆志》、鄭康成注《尚書序》，皆得引之。特以當日未立於學官。故賈達、馬融等雖傳孔學，不傳逸篇。融作《書序》亦云：「逸十六篇，絕無師說。」（十六篇內，〈九共〉九篇，故二十四。）
>
> 蓋漢重家學，習《尚書》者皆以二十九篇爲備。（伏生二十八篇，〈太誓〉後得，故二十九。）劉歆〈移書太常〉曰：「抑此三學，以《尚書》爲備。」

臣讚〔註 1〕曰：「當時學者，謂《尚書》唯有二十八篇，不知本有百篇也。」學謂《逸禮》、《尚書》、《左傳》。）于時雖有孔壁之文，亦止謂之逸《書》，無傳之者。（服虔《左傳解誼》，以《毛詩·都人士》首章爲逸詩，以未立於學官故也。）然其書已入中秘，是以劉向校《古文》，得錄其篇，著于《別錄》。至東京時，唯亡〈武成〉一篇，而《藝文志》所載，五十七篇而已（劉向《別錄》，五十八篇）。其所逸十六篇，當時學者咸能案其篇目，舉其遺文，雖無章句訓故之學，翕然皆知爲孔氏之逸《書》也。或曰：「《古文》出于晉世，若兩漢先嘗備具，何以《書傳》所引〈太甲〉、〈說命〉諸篇，漢儒群目爲逸書歟？」曰：「今世所謂《古文》者，乃梅賾之《書》。非壁中之文也，賾采摭傳記作爲《古文》，以紿後世。後世儒者，靡然信從，于是東晉之《古文》出，而西漢之《古文》亡矣。」孔氏之《書》，不特文與梅氏絕異，而其篇次亦殊。愚既備著其目，復爲條其說于左方，以與識古君子共證焉。

漢代眞《古文尚書》存在與否的問題，顯然可以視惠棟考辨《古文尚書》的邏輯基點類同於閻氏《疏證》與程廷祚《晚書訂疑》，而異於梅鷟《考異》視漢代《古文尚書》爲張霸僞作的觀點。再者，晉時行世的《古文尚書》作者爲誰？惠棟顯然認定非梅賾莫屬。惠棟此處觀點與閻氏《疏證》與梅鷟《考異》〔註 2〕相同，而迥異於程氏所提出的「東晉不見有晚《書》」與「晚《書》見於宋元嘉以後」的相關論述。筆者先前有提到閻若璩考辨《古文尚書》，對於「根柢」重要性的強調，身爲清代考辨《古文尚書》的大家，《疏證》最重要的貢獻，在於閻氏所提出的「根柢」概念。在閻若璩之前的《古文尚書》考辨，自朱子以降，僅得零星殘篇，明代雖有梅鷟《考異》問世，由於《考異》對於論證《古文尚書》的眞僞，並沒有取得相對而言爭議較少的邏輯基點，因此梅鷟除了無法釐清漢代《古文尚書》的眞僞，連帶也造成論述晉世《古文尚書》爲何造僞與如何造僞，許多根本性問題的諸多矛盾。閻氏《疏證》「根柢」概念的提出，無疑的讓考辨《古文尚書》的課題產生更深刻的論述。其後不論是惠棟《古文尚書考》或程氏《晚書訂疑》，他們都在沒有先看過《疏證》的情形下，不約而同的運用了閻若璩考辨《古文尚書》的研究方法。在這個前提下，惠棟衍生出他考辨《古文尚書》的研究進路，惠棟首先排比出「孔氏《古文尚書》五十八篇」的篇目次序：

〈堯典〉（梅氏分出〈舜典〉）、〈舜典〉、〈汩作〉、〈九共〉一、〈九共〉二、

〔註 1〕按：「讚」當爲「瓚」。惠棟《易漢學》卷五作「瓚」。
〔註 2〕按：梅鷟《尚書譜》認爲《古文尚書》十六篇乃是孔安國的僞作。

〈九共〉三、〈九共〉四、〈九共〉五、〈九共〉六、〈九共〉七、〈九共〉八、〈九共〉九、〈大禹謨〉、〈皋陶謨〉（梅氏分出〈益稷〉）、〈棄稷〉、〈禹貢〉、〈甘誓〉、〈五子之歌〉、〈胤征〉、〈湯誓〉、〈湯誥〉、〈咸有一德〉（梅氏次〈太甲〉）、〈典寶〉（梅氏次〈湯誓〉）、〈伊訓〉（梅氏次〈湯誥〉）、〈肆命〉、〈原命〉、〈盤庚上〉、〈盤庚中〉、〈盤庚下〉、〈高宗肜日〉、〈西伯戡黎〉、〈微子〉、〈太誓上〉、〈太誓中〉、〈太誓下〉、〈牧誓〉、〈武成〉（建武之際亡）、〈洪範〉、〈旅獒〉、〈金縢〉、〈大誥〉、〈康誥〉、〈酒誥〉、〈梓材〉、〈召誥〉、〈雒誥〉、〈多士〉、〈毋逸〉、〈君奭〉、〈多方〉、〈立政〉、〈顧命〉〈康王之誥〉、〈同命〉（當作〈畢命〉）、〈費誓〉（梅氏次〈文侯之命〉）、〈呂刑〉、〈文侯之命〉、〈秦誓〉。

桓譚《新論》云：「《古文尚書》，舊有四十五卷，爲五十八篇。」

惠棟之所以選擇桓譚《新論》的說法佐證孔安國《古文尙書》的篇數，筆者認爲原因在於惠棟有意的要與《隋書・經籍志》的訛誤論點劃清界線。由於桓譚《新論》僅登錄《古文尙書》「卷」與「篇」的總和，惠棟接著必然要說明所謂的「孔氏《古文尙書》五十八篇」他是如何得出：

蓋賈、馬《尚書》三十四篇，益以孔氏逸篇二十四篇爲五十八。內〈盤庚〉三篇同卷，〈太誓〉三篇同卷，〈顧命〉、〈康王之誥〉二篇同卷，實二十九篇。逸《書》〈九共〉九篇同卷，實十六篇，合四十五卷之數（篇即卷也）。

與桓君山說合。（《藝文志》四十六卷，兼〈序〉言之。）

所謂賈逵、馬融《尙書》「三十四篇」，乃是「〈盤庚〉、〈太誓〉皆析爲三篇，分〈顧命〉「王若曰」以下爲〈康王之誥〉，故三十四。」〔註3〕扣除賈逵、馬融析離的篇目，則仍可還原爲漢初伏生的二十九篇《尙書》。因此二十九卷《尙書》與逸《書》十六卷相加則爲四十五卷，若再加上《書序》，則符合《漢書・藝文志》「四十六卷」的說法。若分別析離，則三十四篇《尙書》與逸《書》二十四篇相加則爲五十八篇。既然「賈、馬《尙書》三十四篇」其來有自，那麼，惠棟又是如何考察鄭玄所謂「古文逸《書》二十四篇」？「鄭氏述古文逸《書》二十四篇」條下謂：

〈舜典〉、〈汨作〉、〈九共〉一、〈九共〉二、〈九共〉三、〈九共〉四、〈九共〉五、〈九共〉六、〈九共〉七、〈九共〉八、〈九共〉九、〈大禹謨〉、〈棄稷〉、〈五子之歌〉、〈胤征〉、〈湯誥〉、〈咸有一德〉、〈典寶〉、〈伊訓〉、〈肆命〉（名陳政教所當爲也）、〈原命〉、〈武成〉、〈旅獒〉、〈同命〉（當作〈畢

命〉）。《藝文志》云：「《古文尚書》出孔子壁中。孔安國者，孔子後也。
悉得其書，以考二十九篇，得多十六篇，安國獻之，遭巫蠱事，未列於學
官。」所謂十六篇者，即鄭氏所述逸《書》二十四篇也。《正義》曰：「以
〈九共〉九篇共卷，除八篇，故爲十六。」

這些篇目首見孔穎達《尚書正義・堯典篇》所轉引的「鄭注《書序》」，其後宋
代魏了翁《尚書要義》亦有提及，只是魏氏舉證目的是爲了說明「鄭氏《古文尚書》
二十四篇」乃爲僞《書》，明代梅鷟亦持是說，前已述。惠棟接續提出孔穎達所謂「孔
氏十六篇爲張霸僞《書》」的四個質疑：

孔沖遠以孔氏十六篇爲張霸僞《書》，其說之可疑者有四焉：《漢書・儒林
傳》云：「孔氏有《古文尚書》，以今文字讀之，因以起其家，逸《書》得
十餘篇。蓋《尚書》茲多于是矣。世所傳《百兩篇》者，出東萊張霸，分
析合二十九篇以爲數十。又采《左氏傳》、《書敘》爲作首尾。凡百二篇，
篇或數簡，文意淺陋。成帝時，求其古文者，霸以能爲《百兩》徵，以中
書校之非是。」
案：《傳》先述晚《書》，後稱《百兩》，明逸《書》非《百兩》，其疑一
也。《經典序錄》曰：「百二篇，文意淺陋，成帝時，劉向校之非是，後
遂黜其書。」夫校《古文》者，向也。識《百兩》之非《古文》者，亦
向也。豈有向撰《別錄》仍取張霸僞《書》者乎，其疑二也。成帝之時，
百篇具在，向、歆父子領校秘書皆得見之。歆撰《三統曆》，述〈伊訓〉、
〈武成〉、〈畢命〉諸篇，悉孔氏逸《書》之文也。（觀歆〈移太常書〉，
知孔氏《古文》具在。）其後〈武成〉亡於建武之際，至東漢之末，〈胤
征〉、〈伊訓〉猶有存者，故鄭康成注《書》間一引之（注〈禹貢〉引〈胤
征〉；注〈典寶〉引〈伊訓〉。）若《百兩》之篇傳在民間（王充《論衡》
曰：「百二篇《書》，傳在民間。」）與壁中古文眞僞顯然，當時學者咸能
辨之（《論衡》十八卷引《百兩篇》云：「伊尹死，大霧三日。」）豈有識
古如劉子駿、篤學如鄭康成，以民間僞《書》，信爲壁中逸典者耶？其疑
三也。
《律曆志》載〈伊訓篇〉曰：「惟元年，十有二月乙丑，伊尹祠于先王。」
〔註4〕〈武成篇〉曰：「惟一月壬辰，旁死魄（古文魄、霸通。）若翌日

〔註4〕按：「讀經樓定本」與「皇清經解本」均作：「惟元年，十有一月乙丑，伊尹祀于先
王。」文淵閣本《律歷志》作「惟元祀，十有二月乙丑，伊尹祠于先王。」

癸巳，王迺朝步自周，于征伐商。」〔註5〕〈畢命〉曰：「惟十有二年，
六月庚午朏。云云」。

案：其文與梅氏所載略同，後人指之爲張霸僞《書》者也。愚考王充《論
衡》曰：「霸造《百二篇》，成帝出秘《尚書》以校考之，無一字相應者。」
夫霸《書》不與《古文》相應，何後出《古文》獨與之同？其疑四也。（孔
沖遠又言：「僞作者傳聞舊語，得其年月，不得以下之辭。」此說謬耳。
《百二篇》與秘《尚書》無一字相應，安得如沖遠所云！且《律曆志》
所據逸《書》皆本《三統曆》，子駿親見《古文》，豈可以僞《書》指之？）

　　惠棟這個部分所要處理的，是關於「孔安國《古文尚書》十六篇」與是否爲
張霸僞作的相關性，以及劉向、歆父子與鄭玄等學者，作爲歷史見證人的誠信。
既然班固已明述孔氏《古文尚書》與張霸《百兩篇》各有出處，則兩者本不應混
爲一談。再者，史籍文獻從無張霸僞造《古文尚書》十六篇之事，今日若強將張
霸與《古文尚書》十六篇畫上等號則不免無稽。惠棟並據劉歆《三統曆》、鄭玄注
《書》引語，舉證張霸《百兩篇》與孔氏《古文尚書》內容上的各行其是。後人
據梅賾本《古文尚書》與張霸《百兩篇》語有所契合，反指《古文尚書》十六篇
爲張霸僞造，不免本末倒置。惠棟的四個質疑可謂是鮮明表達了關於《古文尚書》
考辨方法的「邏輯基點」。因此個人認爲考辨《古文尚書》不能不進行溯源，而整
個事件的源頭，必然是因爲亡佚了一部眞的《古文尚書》；後起者也才會有以假亂
眞的著力點。

五、結　語

　　將惠棟考辨《古文尚書》所運用相關方法的邏輯基點，有次第地與梅鷟、閻
若璩、程廷祚等學人排比，我們會發現《古文尚書》的考辨運動有其規律，「邏輯
基點」的確立，似乎特別體現在閻、惠、程三位辨僞大家身上。梅鷟《考異》與
此三家相比，雖然四人同屬於傾向認定梅賾本《古文尚書》爲僞作，然而梅鷟考
辨《古文尚書》，就「邏輯基點」的嚴整性相對來說不夠深密，以致梅鷟對諸多經、
史文獻矜愼不足疑信相參。閻、惠、程與之相較，則在考辨《古文尚書》的「邏
輯基點」部分勝出不少，由於三人思維較爲周全，對於梅鷟所忽略的諸多經、史
文獻便能進行較爲深入的考究。

〔註 5〕按：「讀經樓定本」與「皇清經解本」均作：「惟十月壬辰，旁死霸，若望日癸巳，
　　　　武王迺朝步自周，于征伐紂。」文淵閣本《律曆志》作：「惟一月壬辰，旁死魄，越
　　　　翼日癸巳，王朝步自周，于征伐商。」

第二節　考辨方法的推理辨證

一、辨《正義》四條

筆者在論述惠棟《古文尚書考‧卷上》對於孔穎達《尚書正義》的辨正，必須先略述梅鷟、閻若璩、程廷祚諸家對於孔穎達《尚書正義》的意見。由於孔穎達不認為梅賾本《古文尚書》為偽造，因此孔穎達與考辨《古文尚書》的「辨偽舉證」便鮮少干係。以下論述筆者將只就《古文尚書》「考辨方法」的推理辨證發聲；若仍有牽涉到《古文尚書》的「辨偽舉證」，留待第四章專門討論。

1. 梅鷟《考異》對於《尚書正義》的相關考辨

在此暫且不論梅鷟《考異》，對於梅賾本《古文尚書》二十五篇的「辨偽舉證」，與孔穎達《尚書正義》的關連。純就梅鷟《考異》整體的「考辨方法」而論，筆者並沒有搜尋到任何梅鷟《考異》在回顧歷史文獻時，對於孔穎達《尚書正義》的直接辨正檢討。

筆者退而求其次，接續考察梅鷟《考異》整體的「考辨方法」與孔穎達《尚書正義》的間接關係，發現在論斷執者為「孔壁《古文尚書》」的作者時？兩人皆口徑一致地提到「張霸」。孔穎達《尚書正義‧尚書序》條下注：「前漢之時有東萊張霸，偽造《尚書百兩篇》，而為緯者附之。」孔穎達明確指出張霸乃是《尚書百兩篇》的造偽者，孔穎達於《毛詩正義‧小雅‧鹿鳴》也提到：「鄭不見《古文》，而引張霸《尚書》。」孔穎達在此提出張霸與《古文尚書》二十四篇之間存在作者與作品的關係。「張霸」二字，孔穎達既將其與《尚書百兩篇》連結，又與「孔壁《古文尚書》」勾連。筆者推斷極有可能是因為孔穎達另有二處提及「張霸之徒」，因此存在爭議：

> （1）終前漢諸儒，知孔本有五十八篇，不見孔《傳》。遂有張霸之徒，於鄭《注》之外，偽造《尚書》凡二十四篇，以足鄭《注》。《尚書正義‧堯典注》
>
> （2）但此先有張霸之徒，偽造〈泰誓〉，以藏壁中，故後得而惑世也。《尚書正義‧尚書序注》

所以後人極易混淆孔穎達對於「張霸」與「張霸之徒」這兩個名詞各自的指稱意義。而梅鷟《考異‧隋書經籍志》對於「孔壁《古文尚書》」作者的理解就直指作者為「張霸」：

> 又不知都尉朝、庸生、兒寬、尹敏、蓋豫、周防、孔僖、杜林、賈逵、馬

融、鄭玄所傳《古文》，同一張霸所作者，遂誤以都尉朝、庸生所傳者爲東晉梅賾所上，而以杜、賈、馬、鄭所傳者，然後爲張霸僞《書》故也。

夫《隋‧志》徒知都尉朝、庸生爲《尚書》古文學未得立者爲即梅賾所上，而不知孔僖紹孔安國以下，世傳《古文尚書》，實即十六篇張霸等所作之《古文》，而非二十五篇之《古文》，然則《隋‧志》之失昭昭矣。

我們並不能從文獻推斷明代梅鷟《考異》，有受到唐代孔穎達《尚書正義》論點的影響。只能說梅鷟的認知實有天馬行空之嫌。

2. 閻若璩《疏證》對於《尚書正義》的相關考辨

閻氏《疏證》關於《古文尚書》「考辨方法」的推理辨證與孔穎達《尚書正義》的交集約莫鎖定在張霸、梅賾兩端。與此同時，不能忽略惠棟於《古文尚書考‧附閻氏若璩「疏證」》所附十五則「閻君之論」的相關論述，閻氏《疏證》卷一與孔穎達《尚書正義》有所交涉處，計有三則：

（1）梅氏所上之孔《傳》，凡傳記所引言《書》語，諸儒並指爲「逸《書》」者，此書皆采輯掇拾，以爲證驗。而其言率依于理，世無劉向、劉歆、賈逵、馬融輩之鉅識，安得不翕然信之，以爲眞孔壁復出哉！《疏證》第二條，《古文尚書考》「閻君之論」第一〉

（2）鄭所注《古文》篇數，上與馬融合，又上與賈逵合，又上與劉歆合。歆嘗典校秘書，得《古文》十六篇。傳聞民間，則有安國之再傳弟子膠東庸生者，學與此同。逵父徽實爲安國之六傳弟子，逵受父業，數爲帝言《古文尚書》與經傳《爾雅》詁訓相應，故《古文》遂行，此皆載在史冊，確然可信者也。孔穎達不信漢儒授受之《古文》，而信晚晉突出之《古文》，且以〈舜典〉、〈汨作〉、〈九共〉二十四篇爲張霸之徒所僞造，不知張霸所僞造乃《百兩篇》，在當時固未嘗售其欺也。〈儒林傳〉云：「文義淺陋，篇或數簡，帝以中《書》校之，非是。」曾爲馬融、鄭康成諸大儒而信此等僞《書》哉？大抵孔穎達纂《經》翼《傳》，不爲無功。而第曲狗一說，莫敢他從。如《毛詩》、《戴記》，則惟鄭義之是從。至於《尚書》，則又黜鄭而從孔，是皆唐人萃章句爲義疏，欲定爲一是者之弊也。《疏證》第三條，《古文尚書考》「閻君之論」第二〉

（3）張霸《書》見于王充《論衡》，所引者尚有數語曰：「伊尹死，大霧三日。」此何等語，而可令馬、鄭諸儒見邪？張霸之《書》甫出即敗，王充淺識，亦知其未可信，而馬、鄭諸儒，識顧出王充下邪？然則〈汨作〉、

〈九共〉二十四篇，必得之于孔壁，而非采《左傳》、案《書敘》者之所能作也。《疏證》第三條按語，《古文尚書考》「閻君之論」第三〉

「張霸在漢代究竟作了什麼事？」這個命題將閻若璩與孔穎達這兩人緊緊扣住，從閻若璩的說法，可以發現所謂的「張霸」與「張霸之徒」兩者的分別，閻若璩顯然坐實了孔穎達所說的「張霸」就是「張霸之徒」，閻氏並沒有更精細判準孔穎達說過的話。閻氏《疏證》卷二與孔穎達《尚書正義》有所交涉處計有二則：

（1）雖奏上得立于學官。然南、北兩朝，猶遞相盛衰。或孔行而鄭微；或鄭行而孔微；或孔鄭並行。至唐初貞觀，始依孔爲之《疏》。而兩漢專門之學，頓以廢絕。是使此書更信于世者，孔穎達之過也。《疏證》第十七，《古文尚書考》「閻君之論」第九〉

（2）永嘉時，始亡失也。一謂〈舜典〉、〈汩作〉、〈九共〉等篇，爲張霸僞作。不知此乃孔穎達之妄說也。《疏證》第十七，《古文尚書考》「閻君之論」第十〉

閻若璩雖然認爲孔穎達「纂《經》翼《傳》，不爲無功」，然而孔穎達將梅賾本《古文尚書》以假亂眞一事，閻若璩則以「孔穎達之過」與「妄說」概括之。

3. 程廷祚《晚書訂疑》對於《尚書正義》的相關考辨

程廷祚對於《尚書正義》的相關考辨，在研究進路方面與梅鷟、閻若璩存在差異，程廷祚以《隋書·經籍志》與《尚書正義》的排比表達他的看法，「《隋志》與《正義》之誣」條下謂：

《隋書·經籍志》云：「安國得二十五篇。」又云：「爲五十八篇作《傳》。」其言本于安國僞《序》，然不能遠稽前古，而甘與誣罔同歸，亦甚愧良史之學識矣。又孔穎達《正義》述《古文》始末尤詳，謂晉舊史載太保鄭冲授扶風蘇愉，愉授天水梁柳，柳授城陽臧曹，曹授汝南梅賾（一作梅頤）。賾于前晉奏上其書，而施行焉。又云：「梁柳，皇甫謐之外弟也，謐從柳得《古文》，故作《帝王世紀》，往往載五十八篇之《書》。」穎達既修諸經《正義》，又預修《隋史》，故二書之言，若出一口如此。至陸德明《經典釋文》，則居然以孔《序》削除《漢·志》，且引《漢·志》作安國獻《尚書傳》矣。其謬妄又不待言。夫梅賾之奏孔《傳》，吾不敢謂無其事也，若二十五篇者，似又出於梅賾之後。史家既失其年歲，世儒莫究其由來。至開皇購募遺典之時，僞手繁興，劉光伯等方倚爲古籍晚出之屏藩，其孰從而問之邪！況《隋·志》與穎達、德明，既敢於追改《史》、《漢》舊文，

則同時之人又何難增竄《帝王世紀》及《晉史》諸書以實其說？而謂所言授受源流，有一可信乎（斯時書籍俱係手抄，鋟板未行，易於改竄故耳）又案：《隋·志》有欲蓋而彌章者。永嘉之亂，歐陽、大、小夏侯《尚書》並亡，以四百學士肄業之書，且不能存於此日，則十六篇之亡必矣。十六篇既亡，而又安所得二十五篇者？以理揆之，梅賾所奏安國之《傳》，其時蓋因三家之《書》既亡，而偽造此《傳》，以明今學亡，而古學尚存也。至二十五篇，則出于賾之後，其實未可得知。而在南朝，疑別為卷帙，不與伏《書》、鄭《注》相混。何以知之？以〈志〉云：「梁、陳所講有孔、鄭兩家，至隋，亦孔、鄭並行。」與孔穎達所謂鄭《注》篇數，與夏侯、歐陽三家並同者知之。蓋伏《書》幾少孔《書》之半，其不能並講並行，理之易明者也。殆因孔《傳》初出，篇數本與鄭氏不相遠，而其餘二十五篇之《書》，又學者肄業所不及，故鄭之與孔得以並講並行，直至唐代而後廢邪？此《隋·志》欲蓋其誣而不能揜焉者也，而穎達乃云「江左學者咸祖皇甫謐之傳」，其自欺欺人，曷至此哉！

所謂孔穎達「預修《隋史》」事，典源有二，一為：《舊唐書·孔穎達傳》卷七十三：「與諸儒議曆及明堂，皆從穎達之說，又與魏徵撰成《隋史》。」二為：《舊唐書·敬播傳》卷一百八十九：「敬播，蒲州河東人也。貞觀初，舉進士。俄有詔，詣秘書內省，佐顏師古、孔穎達修《隋史》。」程氏欲辨《尚書正義》之誣，舉出孔穎達同時具有撰述《隋史》與《尚書正義》的作者身分，認為孔穎達極有可能因此壟斷了經典的論述。這樣的連結當然迥異於梅鷟與閻若璩單獨處理《尚書正義》的作法，在此筆者所要關注的是，程廷祚的《古文尚書》考辨策略所反映的文獻深耕現象。

關於兩漢《尚書》的文獻脈絡，幾乎已經被閻若璩等考辨真《古文尚書》的學者釐清殆盡。而自隋迄晉的文史資料，多數考辨真《古文尚書》的學者們著重的，仍是在於梅賾本《古文尚書》的偽作時間與文本內容的相容性，以及與兩漢文獻的連結。因此程廷祚將孔穎達《隋史》與《尚書正義》屬於同一作者的操作策略納入討論，顯然具有補足考辨《古文尚書》諸家相關論述未及的價值。

4. 惠棟《古文尚書考》「考辨方法」的推理辨證與梅鷟、閻若璩、程廷祚的異同

惠棟《古文尚書考》對於孔穎達《尚書正義》的推理辨證計有四則，這四則論述都集中在《尚書正義》所記錄的漢代《古文尚書》篇數：

（1）《正義》曰：「伏生本二十八篇。〈盤庚〉出二篇，加〈舜典〉、〈益稷〉、

〈康王之誥〉，凡五篇，爲三十三篇。加所增二十五，爲五十八。」

案：漢元以來，《尚書》無所謂三十三篇者。二十八篇者，伏生也。三十一卷者，歐陽也（蓋〈盤庚〉出二篇，加〈太誓〉一篇，故三十一。一說：二十八篇之外，加〈太誓〉析爲三篇。）。二十九篇者，夏侯也（依伏生篇數，增〈太誓〉一篇）。三十四篇者馬、鄭也（〈盤庚〉、〈太誓〉皆析爲三篇，分〈顧命〉「王若曰」以下爲〈康王之誥〉，故三十四）。梅氏去〈太誓〉三篇（梅既去〈太誓〉，則止有三十一篇）。而分〈堯典〉、〈皋陶謨〉，爲〈舜典〉、〈益稷〉二篇，于是有三十三篇之文，是其謬耳。且五十八篇既因於《別錄》，其中增多二十五篇，又不與班氏《藝文志》相應（《藝文志》止十六篇，出〈九共〉八篇爲二十四，此鄭氏《書》也）。進退皆無據也。

從兩漢文獻對照孔穎達《尚書正義》對於《尚書》總篇數的記錄，惠棟整理出漢代今文《尚書》有伏生的二十八篇，歐陽生的三十一篇、夏侯本的二十九篇、馬融、鄭玄的三十四篇。惠棟據此指出孔穎達《尚書正義》所載的《尚書》「三十三篇」，並不見於任何兩漢文獻。再者，孔穎達《尚書正義》五十八篇的《尚書》總篇數，乃是由三十三篇的今文《尚書》，加上梅賾本《古文尚書》二十五篇而來。既然前述今文《尚書》「三十三篇」已不見經傳；後者《古文尚書》「二十五篇」，分別也與班固的「十六篇」與鄭玄的「二十四篇」不相符應。惠棟所謂的「進退無據」，所指即是孔穎達既然選擇沿襲劉向《別錄》「五十八篇」《尚書》的說法，卻又無法兜攏同屬漢世文獻記錄的今文《尚書》與《古文尚書》的篇數所造成的矛盾。

（2）《正義》曰：「前漢諸儒，知孔本有五十八篇，不見孔《傳》。遂有張霸之徒，于鄭《注》之外僞造《尚書》，凡二十四，以足《鄭注》三十四篇爲五十八篇。」案：霸所撰《百兩篇》，無僞造二十四篇之說。二十四篇之文，（〈九共〉同卷，實十六篇。）劉歆、班固皆以爲孔安國所得逸《書》，非張霸《書》也。自東晉二十五篇之文出，始以二十四篇爲僞《書》。信所疑而疑所信，此後儒所以不能無辨也。（梅氏僞《書》，如吳才老、朱晦庵、陳直齋、吳草廬、趙子昂，皆能辨之。但不知鄭氏二十四篇爲孔氏眞《古文》耳。）

孔穎達《尚書正義》所提及的「張霸」與「張霸之徒」等相關問題，顯然是諸家考辨《古文尚書》必然要進行議論的題目。惠棟解析這個問題的思維顯然比梅鷟與閻若璩更加清楚。值得注意的是，惠棟再次強調考辨《古文尚書》關於「邏輯基點」的重要性，相較於前述的「眞《古文》要領」的提出，所謂「但不知鄭氏二十四篇爲孔氏眞《古文》耳」，則說明了兩件事，其一是交代了惠棟考辨《古文尚書》

的文獻基礎的來源，並且說明此條目成文之時，惠棟猶未得見閻氏《疏證》。其二則是讓我們更加確信惠棟考辨《古文尙書》在「邏輯基點」的覺察非常強烈。

（3）《正義》曰：「鄭氏于伏生二十九篇內，分出〈盤庚〉二篇、〈康王之誥〉，又〈太誓〉三篇爲三十四篇，更增益僞《書》二十四篇爲五十八，以此二十四篇爲十六卷，以〈九共〉九篇共卷，除八篇故爲十六卷。《藝文志》：『劉向《別錄》云：五十八篇。』」《藝文志》又云：「孔安國者，孔子後也，悉得其《書》。以《古文》又多十六篇，篇即卷也，即是僞《書》二十四篇也。劉向作《別錄》、班固作《藝文志》，並云此言，不見孔《傳》也。」

案：壁中《尙書》，安國家獻之，劉向從而校之，故知現行之《書》，文字異者七百有餘。增多之篇，〈舜典〉巳下一十有六，康成撰次，篇目皆仍孔氏之舊，如以十六篇爲僞《書》，則當日秘府所藏，亦難深信。而梅氏五十八篇之文，又何所據以傳於後邪？

惠棟此則辨正相當程度的補強了第一則辨正的說法。劉向曾任典校秘書，亦曾取中《古文》對校孔安國家獻的《古文尙書》，孔穎達則認爲多出的十六篇《古文尙書》乃是「張霸之徒」所僞作。惠棟在此想問的是，既然劉向著錄於《別錄》五十八篇《尙書》的篇目自中《古文》而來，若十六篇《古文尙書》如孔穎達所言作僞成立，那麼所謂的中《古文》，其眞實性就會受到相當的質疑，畢竟只有眞的中《古文》，也才能對校出眞的十六篇《古文尙書》。也就是說孔穎達對於十六篇《古文尙書》的單一質疑，卻會造成複雜的連動關係。

（4）《正義》曰：「案伏生所傳三十四篇，謂之今文。則夏侯勝、夏侯建，歐陽和伯等三家所傳，及後漢末蔡邕所勒石經是也。孔所傳者，膠東庸生、劉歆、賈逵、馬融等所傳是也。」鄭玄《書贊》云：「我先師棘下生子安國，亦好此學。自世祖興，後漢衛、賈、馬，二三君子之業，雅材好博，旣宣之矣。」又云：「歐陽氏失其本義，今疾此蔽冒，猶復疑惑未悛。」是鄭意師祖孔學，傳授膠東庸生、劉歆、賈逵、馬融等學，而賤夏侯、歐陽等。何意鄭注《尙書》亡逸，並與孔異。

案：漢世儒者，惟鄭氏篤信《古文》，故于《易》傳費氏、于《書》傳孔氏、于《詩》傳毛氏，皆古文也。許愼亦從賈逵受古學，其所撰《說文解字》，稱「《書》孔氏」、「《詩》毛氏」。由是言之，鄭祖孔學，又何疑乎？蓋《古文》自膠東庸生以下，代有經師。扶風杜林又得西州漆《書》互相考證，衛、賈、馬諸君，皆傳其學，故有「雅材好博」之稱。平帝立《古文》，而十六篇不著於錄，以故「絕無師說」。沿自建武，〈武成〉之篇，間有亡者。

尹敏、孫期、丁鴻、張楷皆通《古文》，然闕幀傳講，二十九篇而已（〈太誓〉後得《古文》，實二十八篇）。由西漢俗儒（夏侯勝、師丹輩），信今疑古，撥棄內學，抑而不宣。至康成注《書》，〈胤征〉、〈伊訓〉僅有存焉。然猶能舉其篇章，辨其亡逸者。此炎漢四百年，古文經師之力也。

迄乎永嘉，師資道喪，二京逸典，咸就滅亡（具《隋‧經籍志》）。于是梅賾之徒（僞《書》當作俑于王肅。王肅好造僞書，以詆康成。《家語》，其一也），奮其私智，造爲《古文》，傳記逸書，掎摭殆盡（詳《下卷》）。若拾遺秉而作飯；集狐腋以爲裘（二語本朱錫鬯）。雖于大義無乖，然合之鄭氏逸篇，不異《百兩》之與中《書》矣。蓋孔氏既有《古文》，而梅復造之。鄭自與梅異，非與孔異也。

由於孔穎達《尚書正義》對於《尚書》的認知，乃是建立在鄭注《尚書》爲假；並以梅賾本《尚書》爲眞的基礎，因此當孔穎達深信梅賾本《尚書》就是道道地地的漢孔安國眞《古文尚書》，則與梅賾本《尚書》有所牴牾者，孔穎達便不加思索地採取否定的立場。據此，孔穎達在這個命題即以梅賾本《尚書》爲標準本，並且衍生出鄭玄注《書》間引眞孔安國《古文尚書》的篇目，只要是與梅賾本篇目相同而內文互異者，都可以作爲證成鄭玄曾有造假記錄的依據。針對孔穎達《尚書正義》所謂：「鄭注《尚書》亡逸，並與孔異」的說法，惠棟的回應主要就是藉由詳述鄭玄與《古文》具有深厚的淵源，增加鄭玄注《書》時徵引文獻的可信度。

這裡有一點必須注意的是，惠棟言「造爲《古文》」時，用了「梅賾之徒」，從王肅僞造《孔子家語》一事，輔助說明魏、晉之際造僞典籍絕非個案。從漢代的「張霸」到「張霸之徒」；再從晉世的「梅賾」到「梅賾之徒」，說明惠棟似乎以一種連類及之的立場在建構他的《古文尚書》考辨系統。我們再從「孔氏既有《古文》，而梅復造之。鄭自與梅異，非與孔異也」一語，更可以看出在惠棟心中，孔穎達《尚書正義》的說法是如何的本末倒置。

二、證孔氏逸《書》九條

1. 「〈舜典〉、〈棄稷〉、〈九共〉的澄清

孔君、伏生傳《書》，雖有古今之異，皆信以傳信，疑以傳疑，默相契合。如伏生《書》有〈堯典〉無〈舜典〉，有〈皋陶謨〉無〈棄稷〉，以二篇本闕也。而孔氏逸《書》，別有〈舜典〉、〈棄稷〉二篇，正可補伏生之闕。又《書大傳‧虞傳》有〈九共〉篇云：「予辨下土，使民平平，使民無傲。」（薛宣曰：「伏生稱〈九共〉，以諸侯來朝，各述其土地所生美惡，人民好

惡，為之貢賦政教，略能記其語云。」）今逸《書》亦有是篇，伏生見之，

孔氏傳之，此信而有徵者。

惠棟〈堯典〉、〈舜典〉、〈九共〉的辨證，包含兩個推理步驟：

（1）孔氏逸《書》〈堯典〉、〈舜典〉≠梅本〈堯典〉、〈舜典〉

（2）《書大傳‧虞傳》〈九共〉＝孔氏逸《書》〈九共〉

　　既然孔穎達《尚書正義》視「鄭注《書序》」的二十四篇古文逸《書》篇目為偽作，惠棟的首要任務當然就是要舉證鄭玄之前的典籍關於孔氏逸《書》存世的文獻記錄。

　　惠棟的推理辨證可以分為兩個部分，第一：據今古文篇目互校，《古文尚書考‧自序》提到：「孔安國《古文》五十八篇，漢世未嘗亡也。三十四篇與伏生同，二十四篇增多之數，篇名具在。劉歆造《三統曆》、班固作《律曆志》、鄭康成注《尚書序》，皆得引之。」惠棟經由伏《書》與孔《書》的互校，認定〈舜典〉、〈棄稷〉即為伏《書》闕佚，而為孔《書》存目。加諸「鄭注《書序》」與孔《書》同出一脈，故〈舜典〉、〈棄稷〉確實存在。

　　第二：惠棟以《書大傳》有〈九共篇〉與「鄭注《書序》」合，加諸西漢薛宣這位歷史的在場者與見證者，亦曾轉引「伏生稱〈九共〉」，據此，〈舜典〉、〈棄稷〉為「孔氏傳之」，〈九共〉則為「伏生見之」，據此論斷孔氏逸《書》的存世乃是一件「信而有徵」之事。這些當然是惠棟設定「孔氏《古文尚書》五十八篇」與「鄭氏述古文逸《書》二十四篇」皆為真的前提下所得出的結論。惠棟在此並沒有就何以梅本的〈堯典〉、〈舜典〉並非是孔氏逸《書》的〈堯典〉、〈舜典〉，作出所以然的澄清。

2. 梅本〈五子之歌〉背反漢儒

　　王氏應麟曰：「五子述大禹之戒以作歌，仁義之人，其言藹如，豈朱、均、管、蔡之比〔註6〕（楚士妮〔註7〕以「五觀」〔註8〕，比於朱、均、管、蔡）。」

　　愚案：《墨子‧非樂篇》云：「于〈武觀〉曰：『啟乃淫溢康樂〔註9〕（「啟乃」

〔註6〕引言出自（宋）王應麟撰：《困學紀聞》卷二。《國語》：「堯有丹朱，舜有商均，啟有五觀，湯有大甲，文王有管、蔡。」

〔註7〕文淵閣本《國語》作「臺」。

〔註8〕「五觀」釋義：「后傳嗣子啟，啟子太康，仲康更立兄弟，五人皆有昏德，不堪帝事，降頒洛汭，是謂『五觀』。」語出（漢）王符撰《潛夫論》卷八。又韋昭注「五觀」：「啟，禹子也。五觀，啟子大康昆弟也。觀洛汭之地。《書序》曰：『大康失國，昆弟五人，須于洛汭。』」

〔註9〕文淵閣本《墨子‧非樂》作：「殷乃淫溢康樂」。屈萬里據孫星衍《尚書今古文注疏》所作之《尚書集釋》為「啟乃淫溢康樂」。與「讀經樓定本」同。

當作「啓子」，「溢」與「佚」同）。野于飲食，將將〔註10〕銘莧磬以力，湛濁于酒（「湛」與「耽」同。「耽」：淫。「濁」：亂也），渝食于野。萬舞翼翼，章聞于大（當作天），天用弗式。故上者天鬼弗戒，下者萬民弗利。』」

〔註11〕此逸《書》敘〈武觀〉之事，即《書序》之〈五子〉也。

《周書·嘗麥》曰：「其在夏之五子（今本訛「夏」作「殷」）〔註12〕，忘伯禹之命，假國無正，用胥興作亂，遂凶厥國，皇天哀禹，賜以彭壽，思正夏略。」五子者，武觀也。彭壽者，彭伯也。《汲郡古文》云：「帝啓十一年，放王季子武觀于西河。十五年，武觀以西河畔（漢東郡有畔觀縣），彭伯壽帥師征西河，武觀來歸。」〔註13〕注云：「武觀，即五觀也。」〔註14〕《楚語》士娓〔註15〕曰：「啓有五觀。」《春秋傳》曰：「夏有觀扈。」〈五子之歌〉，《墨子》述其遺文。《周書》載其逸事（《楚辭》云：「啓九歌與九辨兮，夏康娛以自縱。」即《墨子》所云：「淫溢康樂，萬舞翼翼」是也。又云：「不顧難以圖後兮，五子用失乎家巷。」即〈周書〉所云：「忘伯禹之命，遂凶厥國」是也），與《內》、《外》傳所稱無殊。且孔氏逸《書》，本有是篇。漢儒習聞其事，故韋昭注《國語》，〔註16〕王符撰《潛夫論》，皆依以爲說。〔註17〕安有淫佚作亂之人，述戒作歌以垂後世者乎？梅氏之誣，不待辨而明矣！

惠棟關於梅本〈五子之歌〉的辨證包含幾個推理步驟：

（1）梅本〈五子之歌〉≠《墨子·非樂》〈武觀〉

（2）梅本〈五子之歌〉≠《周書·嘗麥》「五子」

（3）梅本〈五子之歌〉≠《汲郡古文》「武觀」

（4）梅本〈五子之歌〉≠《楚語》「五觀」

〔註10〕 文淵閣本《墨子·非樂》作：「將銘莧磬以力」。屈據孫說爲：「將將銘莧磬以力」，與「讀經樓定本」同。

〔註11〕 文淵閣本《墨子·非樂》引文斷句止於「故上者天鬼弗戒，下者萬民弗利。」與「「讀經樓定本」」本同。屈據孫說無此二語。

〔註12〕 文淵閣本《逸周書》作：「其在殷之五子」。

〔註13〕 文淵閣本《竹書紀年》作：「彭百壽」。

〔註14〕 注出（梁）沈約。（明）周嬰《卮林》卷七轉引。

〔註15〕 文淵閣本《國語》作「疊」。

〔註16〕 按：今考韋昭注《國語》卷十七作：「五觀，啓子大康昆弟也。觀洛汭之地。《書序》曰：『大康失國，昆弟五人，須于洛汭。』《傳》曰：『夏有觀扈。』」

〔註17〕 按：今考王符《潛夫論》卷八作「兄弟五人，皆有昏德，不堪帝事，降頒洛汭，是謂五觀。」

（5）梅本〈五子之歌〉≠《春秋傳》「夏有觀扈」

（6）梅本〈五子之歌〉≠韋昭注《國語》「五觀」

（7）梅本〈五子之歌〉≠王符《潛夫論》「五觀」

（8）梅本〈五子之歌〉≠古文逸《書》〈武觀〉

《古文尚書考・卷上》「辨梅氏增多《古文》之繆十五條」第六條下並云：

> 《史記・夏本紀》云：「帝太康失國，兄弟五人，須于洛汭。」《索隱》曰：
> 「皇甫謐云：『號五觀也。』」謐從梁柳得《古文尚書》，作《帝王世紀》，
> 往往載孔氏二十五篇之文，至其稱「五子」爲「五觀」，且與梅氏相刺謬。
> 然則謐所據《古文》，又安可盡信乎？（《帝王世紀》曰：「有苗氏負固不
> 服，禹請征之。舜曰：『我德不厚。而行武非道也。吾前教由未也。』乃
> 修教三年，執干戚而舞之。有苗請服。」其說本《韓非子》，與〈大禹謨〉
> 不合。謐既以「五子」爲「五觀」，其《紀・冀州》引〈五子之歌〉「惟彼
> 陶唐」。蓋謐作《世紀》雜引，初無定見也。）

孔本《尚書》與梅本《尚書》都有的〈五子之歌〉，惠棟考察相關文獻，得出「五觀」、「武觀」、「五子」，雖然可能有其各別的指稱意義，卻也具有同篇異名的關係。就惠棟論述所及的篇章，暫且不論「五子」是否爲「五人」，就篇章內容而論，所指均爲其人「淫溢康樂」之事。對比在梅本《尚書》的〈五子之歌〉，梅本〈五子之歌〉反映的似乎不是典冊所言止於「忘伯禹之命，遂凶厥國」，而是其國已滅，作歌垂誡。梅本〈五子之歌〉的內容與漢儒的說法大相逕庭。按常理而論，若梅本《尚書》眞是繼承自漢代孔本《尚書》譜系，則此處理不應互異。

3. 證〈胤征〉與張霸《尚書》無涉

> 《書・正義》〔註18〕云：「鄭氏注〈禹貢〉引〈胤征〉〔註19〕云：『厥篚
> 玄黃，昭我周王。』」《詩・鹿鳴》云：『承筐是將。』鄭《箋》曰：『承』，
> 猶『奉』也。《書》曰：『厥篚玄黃。』（《興國建安》本作『篚厥玄黃』，
> 訛）。《正義》云：「今〈禹貢〉止有『厥篚玄纁』之文。而鄭注〈禹貢〉
> 引〈胤征〉曰：『厥篚玄黃。』則此所引亦〈胤征〉文，鄭誤也。當在古
> 文〈武成〉篇矣。鄭不見《古文》，而引張霸《尚書》，故不同耳。」
> 愚案：孔氏逸《書》，有〈胤征篇〉，漢末猶存。故鄭氏引之。孔沖遠必
> 欲黜鄭扶梅，使梅氏僞《書》得以行世。豈非周鼎而寶康瓠與！

〔註18〕按：此《書・正義》，係孔穎達於《毛詩正義・小雅・鹿鳴》卷十六所徵引的《書・正義》。

〔註19〕文淵閣本《毛詩正義・小雅・鹿鳴》卷十六作：「鄭〈禹貢〉注引。」

（1）《尚書正義》辨證包含兩個推理步驟：

（1.1）鄭氏注〈禹貢〉引〈胤征〉≠孔氏逸《書》〈胤征〉

（1.2）鄭氏注〈禹貢〉引〈胤征〉＝張霸《尚書》

（2）惠棟〈胤征〉的辨證包含兩個推理步驟：

（2.1）鄭氏注〈禹貢〉引〈胤征〉＝孔氏逸《書》〈胤征〉

（2.2）鄭氏注〈禹貢〉引〈胤征〉≠張霸《尚書》

孔穎達藉由鄭玄注解〈禹貢〉所引〈胤征〉語，不見於梅本《尚書》的〈胤征〉，而見於梅本《尚書》的〈武成〉，因此論斷鄭玄之所以會誤書引言出處，原因在於鄭玄不識真《古文尚書》（孔穎達所指為梅本《尚書》），孔穎達並且認為鄭玄的錯誤源自張霸的《尚書》。孔穎達在此並沒有說明何以「甫出即敗」的張霸偽《書》會受到鄭玄青睞。而惠棟僅以「孔氏逸《書》，有〈胤征篇〉，漢末猶存。故鄭氏引之」來回應孔穎達。嚴格來說，惠棟這一則論據的說服力相當薄弱。

4.〈湯誥〉與〈湯誓〉的錯置

孔氏逸《書》有〈湯誥篇〉。司馬遷從安國問故，採入〈殷本紀〉。今梅氏別撰一篇，如「敢用玄牡，敢昭告於于上天神后云云。」此〈湯誓〉之文也。孔安國注《論語·堯曰篇》，亦言：「《墨子》載〈湯誓〉，其辭若此。」〔註20〕明〈湯誥〉無此文也。〈湯誥〉之文，安國尚不得而知之，況馬、鄭乎！

惠棟〈湯誥〉的辨證包含幾個推理步驟：

（1）梅本〈湯誥〉≠《史記·殷本紀》〈湯誥〉

（2）梅本〈湯誥〉＝《墨子》〈湯誓〉

（3）梅本〈湯誥〉＝孔氏逸《書》〈湯誓〉

《史記·殷本紀》作：「既絀夏命，還亳，作〈湯誥〉。」梅本《尚書》以「敢用玄牡，敢昭告於于上天神后」為〈湯誥〉。而何晏轉引孔安國注《論語》，卻道《墨子》有同樣的引文，卻是自〈湯誓〉而來。據此，惠棟認為司馬遷雖從孔安國問故，〈湯誥〉僅有篇名，故〈湯誥〉並無傳承於司馬遷與鄭玄之事，既然如此，則梅本《尚書》何以能全篇著錄？

5.〈伊吉〉、〈太甲〉、〈咸有一德〉的關係

〈緇衣〉引〈尹吉〉曰：「惟尹躬及湯，咸有一德。」鄭《注》云：「『吉』當為『告』，古文『誥』字之誤也。〈尹告〉，伊尹之告也。《書序》以為〈咸

〔註20〕按：此為何晏《論語集解》轉引孔安國語。

有一德〉，今亡。」（逸《書》有此篇，當康成時已亡。）〈緇衣〉又引云：
「惟尹躬天見于西邑夏。自周有終，相亦惟終。」注云：「『天』當爲『先』
字之誤。伊尹言：『尹之先祖，見夏之先君臣皆忠信以自終。今天絕桀者，
以其自作孽。伊尹始仕於夏，此時就湯矣。』」鄭爲此言者，據孔氏逸《書》
爲說。

蓋古文《書序》，〈咸有一德〉次〈湯誥〉後。（《書・正義》云：「孔以〈咸
有一德〉次〈太甲〉後，第四十。鄭以爲在〈湯誥〉後，第三十二。」〈殷
本紀〉于〈湯誥〉之下即云：「伊尹作〈咸有一德〉，咎單〔註21〕作〈明居〉。」
〔註22〕鄭傳賈逵之學，馬遷從孔安國問，皆得其實。今僞孔氏以〈咸有一
德〉次〈太甲〉後者，妄也。）

故鄭以〈伊告〉爲伊尹告成湯，即《書序》之〈咸有一德〉也。又當克夏
之後，故云：「始仕於夏，此時就湯。」皆《古文》說也。今梅氏以〈尹吉〉
一篇之文，分屬〈太甲〉，又以〈咸有一德〉爲陳戒太甲之辭，失之遠矣。

惠棟的這一段辨證包含六個推理步驟：
（1）〈緇衣〉引〈尹吉〉＝鄭注《書序・尹告》＝《書序・咸有一德》
（2）古文《書序》→〈湯誥〉、〈咸有一德〉
（3）《書・正義》→〈太甲〉、〈咸有一德〉
（4）鄭注《書序》→〈湯誥〉、〈咸有一德〉
（5）梅氏《尚書》：
　　　（5.1）〈尹吉〉＝〈太甲〉
　　　（5.2）〈咸有一德〉＝「伊尹戒太甲」
（6）惠棟《古文尚書考》：
　　　（6.1）梅氏〈尹吉〉≠〈太甲〉
　　　（6.2）梅氏〈咸有一德〉≠「伊尹戒太甲」

惠棟從資料的溯源，排比出梅氏《尚書》關於〈太甲〉割裂眞《古文尚書》的
〈尹吉〉，並且錯置〈咸有一德〉的文義，殊不知《禮記・緇衣》所引〈尹吉〉，即
鄭注《書序》的〈尹告〉，亦即《書序》的〈咸有一德〉。也就是這三篇實則同文異
題。這個個案，相當程度的說明了先秦時期，《尚書》篇題尚未完全底定的情況。

〔註21〕　（唐）孔穎達《尚書注疏》卷七：「馬融云：『咎單爲湯司空，傳言主土地之官，蓋
　　　　亦爲司空也。』」
〔註22〕　（宋）夏僎撰。《夏氏尚書詳解》卷十一：「民之法，故其書曰：〈明居〉。此亦因字
　　　　而求義：經亡而意度之也。未敢以爲然矣！」

6. 證〈伊訓〉漢末猶存

> 劉歆《三統曆》載〈伊訓篇〉（《律曆志》同。）曰：「惟太甲元年，十有
> 二月，乙丑朔，伊尹祀于先王，誕資有牧方。明言雖有成湯、太丁、外丙
> 仲壬之服，〔註23〕以冬至，越茀祀先王于方明，以配上帝。」歆以「方明」
> 爲「明堂」。「配天越茀」者，「祭上帝越茀行事也」。「方明」見〈覲禮篇〉。
> 《汲郡古文》曰：「太甲十年，大饗於太廟，初祀方明。」此商家一代禘
> 祭，惜其書不與〈堯典〉並傳（周因殷禮，故〈覲禮〉有「方明」）。康成
> 注〈典寶〉引〈伊訓〉云：「載孚在亳。」又曰：「征是三朡。」則此篇漢
> 末猶存也。（崔寔〔註24〕《政論》曰：「皋陶陳謨而唐虞以興；伊箕作訓而
> 殷周用隆。」則〈伊訓〉之篇，子眞曾見之矣。」）

惠棟〈伊訓〉的辨證包含兩個推理步驟：

（1）劉歆《三統曆》＝班固《律曆志》→具引〈伊訓〉

（2）康成〈典寶〉引〈伊訓〉＝崔寔《政論》引〈伊訓〉

第一個推理其實是自《古文尚書考》考辨《古文尚書》的「邏輯基點」演繹而出。第二個推理，則是舉出與鄭玄同爲東漢時人的崔寔《政論》，說明確有伊尹作〈訓〉之事，只是惠棟自此坐實崔寔確見〈伊訓〉卻稍嫌牽強，畢竟，《政論》所言有可能僅止於用典，而並非是〈伊訓〉的文理陳述，更遑論惠棟遽解其意爲「子眞曾見之」。在此我們僅能確定康成注〈典寶〉有〈伊訓〉的逸文。因此個人認爲康成〈典寶〉引〈伊訓〉，並不等於崔寔《政論》知道〈伊訓〉。

7. 〈旅獒〉訓當依馬、鄭說

> 〈旅獒序〉云：「西旅獻獒。太保作〈旅獒〉。」「獒」，馬融作「豪」，「酋
> 豪」也。康成曰：「獒，讀爲豪。西戎無君名，強大有政者，爲『酋豪』。
> 國人遣其酋豪來獻，見於周。」此孔氏逸《書》之說。馬季長傳《古文》
> 而得之。康成受學于馬，故述其說如此。孔沖遠據梅氏〈旅獒〉爲「高四
> 尺之獒」，斥馬君爲不見《古文》妄爲此說，何言之悖歟！

惠棟〈旅獒〉的辨證包含三個推理步驟：

（1）馬融〈旅獒〉注＝鄭玄《書序》「旅獒」注

（2）鄭玄《書序》「旅獒」注 ≠ 梅本〈旅獒〉

（3）梅本〈旅獒〉≠ 古文逸《書》〈旅獒〉

〔註23〕按：文淵閣本《律歷志》作：「明言雖有成湯、太丁、外丙之服。」無「仲壬」二字。
〔註24〕崔寔：東漢官吏。字子眞。涿郡安平（今河北涿縣）人。曾官拜太守。著《太醫金
　　　　 箴》、《四民月令》，均佚。

孔穎達《尚書正義》據梅本〈旅獒〉訓「旅」為西戎國名，訓「獒」為大犬。其義明顯與馬融、鄭玄等人的理解截然不同。惠棟以為〈旅獒〉此篇，除逸《書》與梅《書》篇名相同，另外關於篇名的理解與內容的鋪陳，可以說這兩篇文章已毫無干係。

8. 鄭注《書序》〈冏命〉當為〈畢命〉說

> 逸《書》有〈冏命〉。愚謂「冏」當作「畢」，字之誤也。劉歆《三統曆》云：「〈畢命豐刑〉曰：『惟十有二年六月，庚午朏，王命作策〈豐刑〉。』」（一云：作策書〈豐刑〉。）」康成〈畢命序〉注云：「今其逸篇有冊命霍侯之事，不同與此序相應。」〔註25〕蓋亦據孔氏逸《書》為說。

惠棟對於鄭注《書序》的〈冏命〉當為〈畢命〉說，有三個推理步驟：

（1）劉歆《三統曆》〈畢命豐刑〉＝孔氏逸《書》〈畢命〉

（2）孔氏逸《書》〈畢命〉＝鄭注《書序》〈畢命〉（字誤為〈冏命〉）

（3）鄭注《書序》〈畢命〉≠梅本〈畢命〉、〈冏命〉

漢代鄭玄所見孔氏逸《書》之〈畢命〉有「冊命霍侯」事，惟不與《書序·畢命》相應，梅本〈畢命〉又不與孔氏逸《書》〈畢命〉相應，足見二本不同。細察馬融、鄭玄本《尚書》三十四篇與「鄭注《書序》」二十四篇之篇目，均僅列〈冏命〉而不見〈畢命〉。今惠棟據劉歆《三統曆》言古文逸《書》有「〈畢命豐刑〉」，再據「鄭注《書序》」有〈冏命〉而不見〈畢命〉，遂斷定「鄭注《書序》」之〈冏命〉當為古文逸《書》〈畢命〉，古文逸《書》應無〈冏命〉。

三、梅氏增多《古文》二十五篇

「梅氏增多《古文》二十五篇」，乃是惠棟《古文尚書考·卷上》關於考辨《古文尚書》在「邏輯基點」層面的第三組推理辨證。惠棟在經過「辨《正義》四條」、「證孔氏逸《書》九條」等步驟證成漢代孔氏逸《書》確實存世。與此同時，惠棟接續所要處理的就是針對「梅氏增多《古文》二十五篇」等相關問題。惠棟首先臚列「梅氏增多《古文》二十五篇」的篇名為：

> 〈大禹謨〉、〈五子之歌〉、〈胤征〉、〈仲虺之誥〉、〈湯誥〉、〈伊訓〉、〈太甲上〉、〈太甲中〉、〈太甲下〉、〈咸有一德〉、〈說命上〉、〈說命中〉、〈說命下〉、〈泰誓上〉、〈泰誓中〉、〈泰誓下〉、〈武成〉、〈旅獒〉、〈微子之命〉、〈蔡仲之命〉、〈周官〉、〈君陳〉、〈畢命〉、〈君牙〉、〈冏命〉。

〔註25〕 按：惠棟弟子江聲《尚書集注音疏·尚書敘》卷四百〈畢命〉條下謂：「蓋漢世別有〈畢命篇〉，鄭君亦及見之，故據以為言也。云『不同與此序相應』者，必引者之誤也。當云『不與此序相應』，《正義》引之，誤，多『同』字，抑或不同。」

惠棟對此認爲：

> 案：《藝文志》：「《古文尚書》出孔壁中，安國悉得其書，以考二十九篇，得多十六篇，內〈九共〉九篇，故分之爲二十四，合之爲十六。」今梅氏增多篇數，分之爲二十五，合之爲十九，與《藝文志》不合。

惠棟所認知的是這樣的：

（1）孔氏逸《書》十六篇＝《藝文志》「孔氏逸《書》二十四篇」

（2）孔氏逸《書》二十四篇≠梅本《尚書》二十五篇

（3）梅本《尚書》二十五篇≠孔氏逸《書》十六篇

這一條論證可與惠棟「辨《正義》四條」第一的「兩漢《尚書》流傳篇數」相互參看，據此並可探索惠棟《古文尚書考·卷上》關於推理辨證之間，各個篇章的層遞與互補的關係。惠棟在此選擇了若干篇章作爲他兩個質疑的命題：

1. 關於梅賾析離歐陽《尚書》三十一篇為三十三篇

惠棟曰：

> 又因劉向《別錄》：「《古文尚書》有五十八篇。」乃遂分〈堯典〉「慎徽」以下爲〈舜典〉，分〈皋陶謨〉「帝曰：『來禹』」以下爲〈益稷〉。以合《別錄》之數。於是見行之《書》爲三十三篇，漢、魏以前未有此目。

惠棟的理解包含幾個推理步驟：

（1）《別錄》《古文尚書》五十八篇＝伏生《書》二十九篇＋孔氏逸《書》二十四篇＋〈盤庚〉、〈太誓〉各析爲三與〈顧命〉析出〈康王之誥〉。

（2）梅本《尚書》五十八篇＝梅本《尚書》二十五篇＋歐陽《尚書》三十一篇＋梅氏析〈堯典〉爲〈舜典〉、析〈皋陶謨〉爲〈益稷〉。

（3）《別錄》《古文尚書》五十八篇≠梅本《尚書》五十八篇。

1.1 「乃遂分〈堯典〉『慎徽』以下為〈舜典〉」

由於惠棟在此僅以一語作結，因此必須參照其他學者的說法，幫助了解惠棟此語的實際意義。值得一提的是，惠棟於《古文尚書考·卷上·附錄》的「閻君之論」第十一，舉出閻氏《疏證》關於〈舜典〉的說法爲自身「張目」：

> 《孟子》：「帝使其子九男二女。」趙歧注曰：「〈堯典〉：『釐降二女』、『不見九男』，孟子時《尚書》凡百二十篇，逸《書》有〈舜典〉之敘，亡失其文。《孟子》諸所言舜事，皆〈堯典〉及逸《書》所載。」則可證其未嘗見古文〈舜典〉矣！
>
> 蓋古文〈舜典〉別自有一篇，與今之《尚書》析〈堯典〉而爲二者不同，

故《孟子》引：「二十有八載，放勳乃殂落」，爲〈堯典〉，不爲〈舜典〉。
《史記》載「慎徽五典」至「四罪而天下咸服」于〈堯本紀〉，不于〈舜
本紀〉。孟子時典、謨完具，篇次未亂，固的然可信。馬遷亦親從安國問
《古文》，其言亦未爲謬也。

余嘗妄意「舜往于田」、「祇載見瞽瞍夔夔齊栗」、「以政接于有庳」等語。
安知非〈舜典〉之文乎？又「父母使舜完廩」一段，文辭古崛，不類《孟
子》本文，《史記‧舜本紀》亦載其事，其爲〈舜典〉之文無疑。然要可
爲心知其意者道耳。（《疏證》第十八）

而閻、惠之前的明代梅鷟，對此則提出「三可疑」之說：

《古文》分「慎徽五典」以下爲〈舜典〉，而姚方興者云得此二十八字於
大航頭，上之。自今觀之，蓋倣〈堯典〉首章而爲之也。幸其間紕繆顯然，
有可得而指言者，何也？堯吁驩兜之薦共工而未去也，其後曰：「流共工」，
「放驩兜」〔註26〕，所以終此文意；堯咈僉之薦鯀而未去也，其後曰：「殛
鯀於羽山」，所以終此文意；堯曰：「我其試哉。」，其後歷試諸難，又所
以終此文意。舜大功二十，堯大功一。舜之功，皆堯之功也。《孟子》曰：
「堯、舜之知不徧知，仁不徧愛，急先務，急親賢。」可謂深知堯、舜者。
此可見虞夏史臣之善觀堯、舜也，以堯、舜爲一體也。離而二之，不見史
臣之本意矣，一可疑。

又篇首即曰：「允恭克讓」，而「克讓」之實，正在「三載汝陟帝位」之言
及「受終文祖」之事。離而二之，則「克讓」之言爲無徵虛設，受終之事
爲無首突出矣，二可疑。

依《古文》分之，則篇名〈堯典〉，而訖於戒二女「欽哉」之語，於堯不
得考其終。篇名〈舜典〉，而首「慎徽五典」之語，於舜不得考其始。依
伏生《書》讀之，至「二十有八載，放勳乃殂落」，而後堯之終，血脉貫
於前，而不可截「欽哉」以上爲〈堯典〉矣。起「有鰥在下曰虞舜」，而
後舜之始文理通於後，而不可截「慎徽以下」爲〈舜典〉矣。其文理接續，
首尾一事，如此則堯、舜誠爲一人，〈舜典〉不必〔註27〕別出矣。且既曰
「虞舜」，而改曰「帝舜」，既曰「帝舜」，而猶未陟帝位，非經文簡質之
體，三可疑。（《考異》卷二）

綜合閻若璩與梅鷟的說法，我們發現閻若璩的立論中心爲：「蓋古文〈舜典〉別

〔註26〕姜按：「流共工」、「放驩兜」，文淵閣抄本作「流共工於幽洲」。
〔註27〕姜按：平津館刻本原作「必不」，而文淵閣抄本作「不必」，今據後者校改。

自有一篇，與今之《尚書》析〈堯典〉而爲二者不同。」閻氏據此以先秦儒家文獻《孟子》與漢代《史記》，佐證晉本〈舜典〉，實非先秦迄漢的古文〈舜典〉。梅鷟則單從文理內容推論晉本〈舜典〉有誤。顯然誰能擁有較爲周全的邏輯基點，也才能更有效積極的運用文獻進行推理辨證的工作。

　　1.2 「分〈皋陶謨〉帝曰：『來禹』以下爲〈益稷〉」

　　惠棟於「分〈皋陶謨〉帝曰：『來禹』以下爲〈益稷〉」條仍是直接具結，並無相關考辨，對此筆者以閻若璩《疏證》的看法輔助說明：

> 今試取〈皋陶謨〉、〈益稷〉讀之，語勢相接，首尾相應，其爲一篇，即蔡氏猶知之。但謂古者以編簡重大，故厘而二之，非有意於其間，則非通論也。自「曰若稽古皋陶」至「往欽哉」，凡九百六十九字，比〈禹貢〉尚少二百二十五字，〈洪範〉少七十三字，何彼二篇不憚其重大，而獨於〈皋陶謨〉厘而二乎？說不可得通矣。
>
> 且〈益稷〉據《書序》，原名〈棄稷〉。馬、鄭、王三家本皆然。蓋別爲逸《書》，中多載后稷之言，或契之言，是以揚子雲親見之，著《法言·孝至篇》。或問：「忠言嘉謨」。曰：「言合稷契之謂忠，謨合皋陶之謂嘉。」不然。如今之〈虞書〉五篇，皋陶矢謨固多矣。而稷與契曾無一話一言流傳於代？揚子雲豈鑿空者耶？胡輕立此論。蓋當子雲時，〈酒誥〉偶亡，故謂〈酒誥〉之篇俄空焉，今亡。夫賴劉向以中《古文》校，今篇籍具存。當子雲時，〈棄稷〉見存，故謂「言合稷契之謂忠」，以篇名無「謨」字，僅以「謨」貼皋陶。惜永嘉之亂亡失，今遂不知「中」作何語。凡古人事或存或亡，無不歷歷有稽如此。（《疏證》第六十六）

　　閻若璩顯然認爲考辨《古文尚書》，應當自典籍所載人事著手，除了細心考據之外，掌握「根柢」，從而開枝散葉，仍是不二法門。

2. 關於梅賾《古文尚書》二十五篇與《書傳》不合

　　惠棟於此，計有推論四則，除了第四則：「辨證『惟尹躬先見于西邑夏』，〈咸有一德〉文也，而以爲〈太甲〉。」已見前章提及之《古文尚書考·卷上》「證孔氏逸《書》九條」第五：「〈伊吉〉、〈太甲〉、〈咸有一德〉關係的推理辨證。」以下筆者將就其餘三則進行進行相關討論。

　　2.1 「征苗」、「誓師」，〈禹誓〉文也，「往于田，日號泣于旻天」，〈舜典〉文也，而皆以爲〈大禹謨〉

　　關於〈禹誓〉，惠棟《古文尚書考·卷上》「辨梅氏增多《古文》之謬十五條」

第二提到：

> 墨子〈兼愛篇〉載〈禹誓〉云：「禹曰：『濟濟有眾，咸聽朕言，非惟（「惟」一作「台」。）小子，敢行稱亂。蠢茲有苗，用天之罰，若予既率爾羣（「羣」猶「君」也。〈周書〉王子晉云：「侯能成羣，謂之君。」〈堯典〉言「羣后」又作「羣」，古文通。淳于長《夏承碑》兼攬「郡藝」義作「羣」。），對諸羣以征有苗。』」

據此言之，〈夏書〉當有〈禹誓〉之篇。荀卿子曰：「『誥』、『誓』不及五帝。（《穀梁傳》同。）「誓」始於禹，則舜時未有也（〈皋陶謨〉言：「苗頑弗即功。」則舜陟後，禹當復有「征苗」、「誓師」之事）。今梅氏采入〈大禹謨〉，屬之〈虞書〉（偽孔氏以〈益稷〉以上為〈虞書〉），顯然與先儒相悖，其說非也（《百篇》文，荀子猶及見之，說當有據。）

關於〈征苗〉、〈誓師〉，惠棟《古文尚書考・卷上》「辨梅氏增多《古文》之謬十五條」第三提到：

> 《荀子・議兵篇》曰：「舜伐有苗。」此梅氏所據也。案：上下文云：「堯伐讙兜、禹伐共工云云。」此即堯、舜誅四凶事。《國語》所謂「大刑用甲兵」，故稱「伐」。不必有誓師、逆命之事也。

> 顧氏棟高《尚書・有苗論》曰：「案：《經》言『有苗』凡七見。〈舜典〉言：『竄三苗于三危。』又曰：『分北三苗。』〈皋陶謨〉言：『何遷乎有苗。』〈禹貢〉言：『三苗丕敘。』〈益稷〉言：『苗頑弗即功。』（此亦見〈皋陶謨〉，非〈益稷〉也。）〈呂刑〉言：『遏絕苗民，無世在下。』與偽經『禹徂征』之事，凡七。」

> 元儒王耕野（充耘）之言曰：「謂之『分北』，則非止一人，謂其『丕敘』，則非止一君，謂之『遷有苗』、謂之『過絕苗民』，則不特遷徙其君長，必併其國人俱徙之，又何來『徂征逆命』之事邪？三苗既非在廟之臣，舜必將執其君而竄之。舜執其君而無所難，禹征以六師，而反不服，迨至『來格』，既革心向化矣，又從而追其既往而『分北』之，豈『叛則討之，服則舍之』之義？」又曰：「舜以耄期倦勤而授禹，禹豈宜舍朝廷之事而親征有苗？舜又安能以倦勤之餘而誕敷文德？若果能之，則亦不必授禹矣！」

> 案：耕野之言深合事理。竊意偽經勦襲《孟子》之語以聲瞶一世，益贊之言猶多謬戾。瞽瞍為舜之父，而禹、益皆其臣也。以瞍為天子之父，而斥之為「有苗」之不若，此在後世為大逆不道，豈宜竄入經典？愚因耕野之言，類聚所書「有苗」之事，謹以一言斷之曰：若說「竄」與「分北」在

「徂征」之後，則苗以「逆命」而班師；以「來格」而遭竄，則有苗當自悔其來。若說在「徂征」之前，則三苗已「丕敘」于「三危」流竄之地，即有「不即功」者，亦使「皋陶施象刑」，威之足矣，不勞興師動眾也。

梅鷟對於「誓體」與「謨體」的相互混淆，則以「變亂聖經」為切入點：

變亂聖經之體者，〈大禹謨〉是也。凡伏生《書》，典則典，謨則謨，誓則誓，典、謨、誓雜者，未之有也。今此篇自篇〔註28〕首至「萬世永賴，時乃功」，謨之體也；自「帝曰：格，汝禹」至「率百官，若帝之初」，典之體也〔註29〕；自「帝曰：咨，禹，惟時有苗弗率」至「七旬有苗格」，誓之體也。混三體而成一篇，吾故曰「變亂聖經之體者，〈大禹謨〉是也」。雖然，不惟變亂之而已，而又反易之焉。〈皋陶謨〉禹之戒帝曰：「毋若丹朱傲」，舜〔註30〕之命禹曰：「汝無面從，退有後言」，交相儆戒如此。而此篇禹以「六府三事」自述，而帝以「地平天成，萬世永賴」歸功，是反易謨之體也。〈堯典〉曰：「乃言底可績」，「可」之一言，豈以舜之功為有餘哉？正天子告臣之體，默寓儆勉之意。今此篇曰「惟汝賢懋，乃德嘉，乃丕績」，則諛禹之詞也。曰「人心惟危，道心惟微，惟精惟一」，則少禹之詞也。至於「詢事考言」，以為慎重。受禪之實事，曾無片語。是反易典之體也。古者誓師而出，無敵于天下，今會後誓師，歷三旬之久，而苗民逆命，是苗之誓，茫無成算，猶在〈甘〉、〈湯〉、〈太〉、〈牧〉之下也，而可乎？是反易誓之體也。吾故曰：「不惟變亂之而已，而又反易之焉。」此之謂也。
（《考異》卷二）

梅鷟對於「征苗」的看法則以「會萃諸書，蹈襲而成文」概括之，無涉〈禹誓〉之事：

耕野王先生曰：「〈禹謨〉一篇出，殊與餘篇體製不類，又說者〔註31〕……其征苗之事，亦不可信」。

今按：「征苗」一段，雖為篇長句多而設，然亦宜見此人之會萃諸書，蹈襲而成文。今畧舉一二：《戰國策》曰：「禹袒入裸國。」《史記》吳起曰：「昔者三苗氏，左洞庭，右彭蠡，修政不德，禹滅之。」遂以為禹有「征苗」之事。文王伐崇，「三旬弗降」，遂有「三旬苗民逆命」之事。然禹決非輕

〔註28〕姜按：文淵閣抄本無「自篇」二字。
〔註29〕姜按：文淵閣抄本無此「也」字。
〔註30〕姜按：舜，文淵閣抄本作「帝」。
〔註31〕姜按：「殊與餘篇體製不類，又說者」數字，文淵閣抄本作「於僞作」。

於「奉辭伐罪」也，遂有益贊於禹之事。文王有「退修教而復伐之，因壘而降」，遂有「誕敷文德，舞干羽於兩階，七旬有苗格」之事。《僖十九年》子魚曰：「文王聞崇德亂而伐之，軍三旬而不降，退修教而復伐之，因壘而降。」宋子魚勸襄公退師，無闕而後動。〔註32〕（《考異》卷二）

閻若璩則推論「往于田，日號泣于旻天」爲〈舜典〉之文：

> 余嘗妄意「舜往于田」、「祗載見瞽瞍與不及貢」、「以政接于有庳」等語。安知非〈舜典〉之文乎？又「父母使舜完廩」一段，文辭古崛，不類《孟子》本文，《史記‧舜本紀》亦載其事，其爲〈舜典〉之文無疑。（《疏證》第十八）

從上述三位學者考辨《古文尚書》所選擇「邏輯基點」，可以知道當學人之間考辨問題的「邏輯基點」愈接近，他們對於問題的推理辨證過程的相似度也就愈高。這些不約而同的文化現象反映出閻若璩與惠棟，對於考辨《古文尚書》眞僞問題的研究進路同質性相當一致。

2.2 「葛伯仇餉」，〈湯征〉文也，而以爲〈仲虺之誥〉

今據屈萬里先生《尚書集釋‧尚書逸文》彙整，可知《墨子‧非命中》、《荀子‧堯問篇》、《左傳‧襄十四年》均存〈仲虺之誥〉逸文，然皆不見於梅本〈仲虺之誥〉。〔註33〕加諸《孟子‧滕文公下》對於「葛伯仇餉」的解詁：

> 湯居亳，與葛爲鄰。葛伯放而不祀。湯使人問之曰：「何爲不祀？」曰：「無以供犧牲也。」湯使遺之牛羊，葛伯食之，又不以祀。湯又使人問之曰：「何爲不祀？」曰：「無以供粢盛也。」湯使亳衆往爲之耕，老弱饋食。葛伯率其民，要其有酒食黍稻者奪之，不授者殺之。有童子以黍肉餉，殺而奪之。《書》曰：「葛伯仇餉。」此之謂也。

可知「葛伯仇餉」隸屬於〈湯征〉，實與〈仲虺之誥〉了無干係。故惠棟方言：「『葛伯仇餉』，〈湯征〉文也，而以爲〈仲虺之誥〉」。

〔註32〕姜按：平津館刻本「今按」以下一段，行文較亂，語意不清，不若文淵閣抄本爲優。茲錄之如下：

今按：征苗一段，雖爲欲廓長其篇句而設，然此人之會萃諸書，蹈襲而成文，亦不可不知也。今畧舉一二：《戰國策》曰：「禹袒入裸國。」《史記》吳起曰：「昔者三苗氏，左洞庭，右彭蠡，修政不德，禹滅之。」遂有禹「徂征」之事。《僖十九年》子魚曰：「文王聞崇德亂而伐之，軍三旬而不降，退修教而復伐之，因壘而降。」又因文王伐崇「三旬弗降」，遂有「三旬苗民逆命」之事；因子魚有勸襄公退師，無闕而後動，遂有益贊於禹之事；因文王有「退修教而復伐之，因壘而降」遂有「誕敷文德，舞干羽於兩階，七旬有苗格」之事。

〔註33〕按：請參看屈萬里先生《尚書集釋‧尚書逸文》頁273相關舉證。

2.3 「聿求元聖，與之戮力」、「萬方有罪，在予一人」，皆〈湯誓〉文也，而以為〈湯誥〉

惠棟此則，可與前述《古文尚書考・卷上》「證孔氏逸《書》九條」第四參看，同時又可以用「辨梅氏增多《古文》之謬十五條」第六條合併說明：

> 〈湯誓〉非全書也。〈湯誥〉非《古文》也。何以知之？以〈湯誥〉多采〈湯誓〉之言，而《古文》別有〈湯誥〉之篇也。

> 《論語・堯曰篇》：「予小子履，敢用玄牡，敢昭告于皇皇后帝，有罪不敢赦。帝臣不蔽，簡在帝心。朕躬有罪，無以萬方；萬方有罪，罪在朕躬。」孔安國注云：「此伐桀告天之文。……《墨子》引〈湯誓〉其辭若此。」（今在〈兼愛篇〉）〈周語〉內史過曰：「在〈湯誓〉曰：『余一人有罪，無以萬夫；萬夫有罪，在余一人。』」又《墨子・尚賢篇》云：「〈湯誓〉曰：『聿求元聖，與之戮力。』」今〈湯誓〉皆無此言，而〈湯誥〉有之，以此知〈湯誓〉非全書也。《史記・殷本紀》云：「既絀夏命，還亳，作〈湯誥〉：『維三月，王自至於東郊，告諸侯羣后，毋不有功於民，勤力乃事，予乃大罰殛女，毋予怨！』曰：『古禹、皋陶久勞於外。其有功乎民，民乃有安。東為江，北為濟，西為河，南為淮，四瀆已修，萬民乃有居。后稷降播，農殖百穀，三公咸有功於民，故后有立。（一作「土」。）昔蚩尤與其大夫作亂百姓，帝乃弗予有狀，先王言不可不勉。』曰：『不道，毋之在國，女毋我怨。』」此孔氏所傳十六篇之文也。

> 今〈湯誥〉之文，與《史記》絕不相類，以此知〈湯誥〉非《古文》。

惠棟的推理辨證包含幾個步驟：

（1）梅本〈湯誥〉≠孔氏逸《書》〈湯誥〉

（2）梅本〈湯誥〉＝孔氏逸《書》部分〈湯誓〉

基本上惠棟此則的推理辨證後續仍是以《史記・殷本紀》〈湯誥〉與《墨子》〈湯誓〉為主，與「證孔氏逸《書》九條」第四的差異不大。實際上就前後兩條觀之，惠棟辨證的重點就是梅賾本〈湯誥〉自孔氏逸《書》部分〈湯誓〉而來。

四、辨梅氏增多《古文》之謬十五條 [註34]

1. 釋梅氏〈大禹謨〉「九歌」

惠棟此章命題，以辨〈大禹謨〉「戒之用休，董之用威，勸之以九歌，俾勿壞」，

〔註34〕此文原稿係末學發表於《華梵大學 2008 年東方人文思想研究所學術叢書第二輯・儒家思想與儒學文獻研究專刊》的單篇論文，承蒙何廣棪老師密加訂證，謹此申謝。

是否爲眞是「禹告舜之詞」。

　　《左傳》引〈夏書〉曰：「戒之用休，董之用威，勸之以〈九歌〉，勿使壞。」
　〔註35〕〈離騷〉云：「啓〈九辨〉與〈九歌〉。」〈天問〉云：「啓棘賓商，
　〈九辨〉、〈九歌〉。」則〈九歌〉乃啓樂，猶九鼎爲啓鑄也。

　　伏氏《尚書‧虞夏傳》云：「惟十有四祀，還歸二年，而廟中苟有歌〈大
　化〉、〈大訓〉、〈六府〉、〈九原〉，而夏道興。」

　　康成注：「四章皆歌禹。」獨無〈九歌〉，明〈九歌〉乃啓樂也。今後出《古
　文》，以爲禹告舜之詞，則似虞時已有此歌，恐未然。

　　惠棟的立論有幾個推理步驟：

　　(1)《左傳》引〈夏書〉「〈九歌〉」＝〈離騷〉「啓……〈九歌〉」、〈天問〉「啓……
　　〈九歌〉」

　　(2)伏氏《尚書‧虞夏傳》鄭注「四章皆歌禹」→「〈九歌〉爲啓樂」

　　《左傳》引〈夏書〉的語境，係指晉文公七年，「郤缺言於趙宣子曰：『日衞不
睦，故取其地；今已睦矣，可以歸之。叛而不討，何以示威；服而不柔，何以示懷。
非威非懷，何以示德。無德，何以主盟。子爲正卿，以主諸侯。而不務德，將若之
何？』」郤缺藉由強調務「德」首重「威懷並施」，徵引〈夏書〉諸語輔助己說。惠
棟首先指出梅本〈大禹謨〉「戒之用休」三語，當是《左傳》引〈夏書〉而來。惠棟
並且進一步考辨「〈九歌〉」的典源，他提出〈離騷〉、〈天問〉，俱將「〈九歌〉」視爲
與「啓」相關。伏生《書大傳‧虞夏傳》，鄭玄認爲歌「禹」之四章，其中即不見「九
歌」。據此，惠棟考辨「〈九歌〉」年分當隸屬於「啓」，惠棟以此非難梅本〈大禹謨〉
將「〈九歌〉」置於「禹告舜」實屬無稽。針對惠棟的考辨觀點，閻若璩《疏證》則
切入不同，其書第七十九條下謂：

　　今更論之，引《書》者，必以《書》辭不甚明，方從下詮釋，一層未已，
　復進一層。若本辭已明，其事實盡臚陳於下，聞者自了，引者奈何復屋上
　架屋乎？兹且見〈大禹謨〉之於《左氏》矣。……僞作〈大禹謨〉者，將
　援「戒之用休」三語，自不得如缺作釋辭。又恐〈九歌〉終未明也。遂
　倒裝于前曰：「水、火、金、木、土、穀，惟修；正德、利用、厚生，惟
　和；九功，惟叙；九叙，惟歌；戒之用休」云云。此在尋常《書》篇亦無
　不可。特與左氏引古例不合耳。

　　閻氏認爲郤缺所引〈夏書〉當止於「俾勿壞」。「俾勿壞」以下之辭，純爲郤缺

〔註35〕按：(唐)孔穎達《尚書注疏》卷三作：「戒之用休，董之用威，勸之以〈九歌〉，俾
　　　　勿壞。」

申述〈夏書〉，並非〈夏書〉原文。果如其然，則閻若璩又是如何斷定「戒之用休三語」以下，皆為釋《書》之辭？閻氏曰：

> 或曰，據子言〈夏書〉，僅「戒之用休三語」，終竟不知「〈九歌〉」何指矣……
> 余曰：……作〈夏書〉時，「〈九歌〉」字面，人所通曉，無煩註明。下及郤缺時，便不得不費辭。亦所謂「周公而下，其說長」。曾謂作〈夏書〉者，置身三代首，而即如後代之饒舌哉？

閻氏通過郤缺所引〈夏書〉，企圖證成梅本〈大禹謨〉的顛倒矛盾，可以從拆解梅本〈大禹謨〉的偽作思維得知。閻若璩的考辨方法並非獨樹一格，梅鷟也有觀點相當接近的論述，《考異·大禹謨》卷二謂：

> 此一節全宗《左傳》。《文六年》邾文公曰：「命在養民。」《文〔註36〕七年》，郤缺言於宣子，引〈夏書〉，止曰：「戒之用休，董之用威，勸之以九歌，勿使壞。」而無上文一段。但其下釋之曰：「『九功』之德，皆可歌也，謂之『〈九歌〉』。『六府三事』，謂之『九功』。『水、火、金、木、土、穀』，謂之『六府』；『正德、利用、厚生』，謂之『三事』。」今修飾其文於上如此。「惟修」，「修」字見〈禹貢〉。
>
> 今按：此章果有如上文數語，則郤缺決不訓釋於下，觀郤缺訓釋於下，則上文決無此長語。王耕野云：「『戒之』一句，誘之以賞也。『董之』一句，懼之以刑也。『勸之以〈九歌〉』，和之以樂也。三者並用，所以能使治功久而不壞也。」《襄二十八年》晏子曰：「夫民生厚而用利，於是乎正德以副之。」

如前章多次提到，關於考辨《古文尚書》「邏輯基點」的確立，與決定後續考辨《古文尚書》的「推理辨證」能否深邃考掘實在息息相關。從這個觀點平議梅鷟，我們會發現梅鷟戛然而止的意見，缺乏不知為何而論與不知所論為何的主體性。惠棟對於〈大禹謨〉「戒之用休三語」的考辨，所提出的相關論據，相較於專注商榷文本語意的閻若璩與梅鷟，惠棟的搜證似乎是更具體的還原「〈九歌〉」的歷史座標。

2. 釋梅氏〈胤征〉「威克厥愛，允濟；愛克厥威，允罔功」

惠棟此章命題，以辨〈胤征〉「威克厥愛，允濟；愛克厥威，允罔功」，「愛」與「威」的施加順序。

> 《唐太宗李衛公問對》〔註37〕曰：「臣案《孫子》曰：『卒未親附而罰之，

〔註36〕姜按：文淵閣抄本無此「文」字。

〔註37〕按：《唐太宗李衛公問對》，蘇軾與朱熹皆以為偽書。《朱子語類·雜類》卷一百三十八曰：「《七書》所載，《唐太宗李衛公問答》，乃阮逸偽書。逸，建陽人。文中子《元（玄）經》、關子明《易》，皆逸所作。」

則不服……辛〔註38〕已親附而罰不行，則不可用。』此言凡將先有愛結於
士，然後可以嚴刑也。若愛未加而獨用峻法，鮮克濟焉！」太宗曰：「《尚
書》云：『威克厥愛，允濟；愛克厥威，允罔功。』何謂也？」靖曰：「愛
設於先，威設於後，不可反是也。若威加於前，愛救於後，無益於事矣！
《尚書》所以慎戒其終，非所以作謀於始。故孫子之法萬代不刊。」

　　案：胤侯掌六師以討義和，不識兵法安能制勝？且垂諸訓典以誤後人，必
　　不然矣。衛公不知《書》之爲僞，故不直斥其非。然則《左傳》作「事威
　　克其愛」一語，乃臨戰制勝之語，非如僞《尚書》所云也。

惠棟引《唐太宗李衛公問對》與《左傳》有幾個推理步驟：

（1）李靖→《孫子》「愛」先「威」後

（2）唐太宗→梅本〈胤征〉「威」先「愛」後

（3）《左傳》「事威克其愛」→「威」先「愛」後

（4）《左傳》「威」先「愛」後≠梅本〈胤征〉「威」先「愛」後

（5）《左傳》「事威克其愛」≠梅本〈胤征〉

　　《左傳》吳公子光曰：「諸侯從於楚者衆，而皆小國也。畏楚而不獲已，是以來。
吾聞之曰：『作事威克其愛，雖小必濟。』」惠棟之所以認爲《左傳》語境與梅本〈胤
征〉截然不同，在於前者爲「臨戰制勝之語」，後者的「威」先「愛」後則有失眞《尚
書》王道。據此，惠棟指出梅本〈胤征〉對於《左傳》「威克其愛」的不求甚解。

　　惠棟的說法有幾點值得我們注意，首先，《唐太宗李衛公問對》若眞是宋代僞書，
則問答人物當與李靖、唐太宗無涉，這個部分只是突顯阮逸已有辨正梅本〈胤征〉
之心。因此重點還是應回歸《左傳》文本與梅本〈胤征〉，關於典源與語意的相容性。
所謂的「吾聞之」，吳公子光是否眞引自〈胤征〉？惠棟顯然不加思索的坐實了兩者
的關係。再者，《左傳》「威克其愛」的語境與梅本〈胤征〉「威克厥愛」是否背馳？
我們則可以參考閻氏《疏證》引「姚際恒曰」的說法，幫助我們推求惠棟「非如僞
《尚書》所云」的可能底蘊，《疏證》第一百二十一引「姚際恒曰」：

　　論「威克厥愛，允濟」四句。曰：此襲《左傳》，吳公子光曰……任威滅愛
　　之言，必是祖述桀、紂之殘虐而云者。且又出亂臣賊子口，其不可爲訓，
　　明甚。光所與處者，鱄諸之輩；所習謀者，弑逆之事，焉知《詩》、《書》
　　者耶？……《衛公問對》，亦繫假託，然尚知辨正《尚書》之非，可爲有識。

　　姚氏除了點出「《衛公問對》，亦繫假託」的疑僞問題，更將《左傳》「吳公子光」

〔註38〕按：《古文尚書考》「讀經樓定本」、「經解本」、「世楷堂本」均闕「辛」字。今據《孫
　　　　子》「文淵閣本」校改。

諸言斷為出於「亂臣賊子口」，故梅本〈胤征〉引用「威克厥愛，允濟」四句，正好凸顯梅本〈胤征〉「其不可為訓」的荒謬。姚際恒所言乃惠棟所未言，也代表了視真《尚書》為聖經，不可能含有侮慢思想的衛道思維，偽《尚書》造偽則不加詳考。事實上惠、姚二氏對於「威克厥愛，允濟」四句的推理辨證，都趨向想當然爾的主觀意識，缺乏客觀中性的舉證效力。

3. 釋梅氏〈伊訓〉「臣下不匡，其刑墨」

惠棟此章命題，間接認同朱彝尊對於〈伊刑〉「臣下不匡，其刑墨」的制定時程。

> 朱氏彝尊曰：「墨、劓、剕、宮、大辟，非舜之五刑也。舜以命皋陶者，流也、鞭也、扑也、贖也、賊也。象以典刑，五者是已。〈甫刑〉〔註39〕曰：『苗民勿用靈，制以刑：惟作五虐之刑曰法。』斯則劓、剕、椓、黥之謂。肉刑之始矣。」……荀卿云：「治古無肉刑，而有象刑。」斯言是也。……愚考肉刑，夏莫之用，商亦無明徵，〈伊訓〉：「臣下不匡，其刑墨。」出梅氏《尚書》，未足深信。至〈周官〉分職，乃掌之司刑，則「肉刑」昉于周歟？〔註40〕

惠棟分析朱彝尊的立論存在幾個推理步驟：

（1）梅本〈呂刑〉「五虐之刑」→墨、劓、剕、宮、大辟→苗民

（2）梅本〈堯典〉「五刑」流、鞭、扑、贖、賊→中原

（3）〈甫刑〉「五虐之刑」→大辟、劓、剕、椓、黥→苗民

（4）〈周禮‧秋官〉「五刑」→墨、劓、剕、宮、大辟→中原

〈伊訓〉「臣下不匡，其刑墨」的用語，朱彝尊認為「刑墨」之名，不應出現在商代背景的〈伊訓〉，「刑墨」屬於「肉刑」之一，較有可能始於周代。也就是說朱彝尊認為梅本〈呂刑〉（甫刑）所言，「五刑」的施用對象是苗民，因為「苗人勿用靈（令）」，故「制以刑」。而苗民的「五虐之刑」屬於「肉刑」性質，與中原皋陶的「五刑」屬於「象刑」的性質應有所區隔。加上《荀子》的「治古無肉刑，而有象刑」說，讓朱彝尊更加坐實了〈伊訓〉「刑墨」之名的錯亂時序。當然孰為「象刑」，猶有爭議；〔註41〕惠棟顯然是從「五刑」與「五虐之刑」的行使對象作為劃分判準。

〔註39〕按：〈呂刑〉或名〈甫刑〉。據屈萬里先生《尚書集釋》頁250，釋〈呂刑〉曰：《禮記》（〈表記〉、〈緇衣〉）、《孝經》（〈天子章〉）、《尚書大傳》、《史記》（〈周本紀〉）：《墨子》（〈尚賢中〉）及《書序》皆作〈呂刑〉。蓋作〈呂刑〉者，乃古文本：作〈甫刑〉者，則今文家本也（暑本馬瑞辰《毛詩傳箋通釋》說）。

〔註40〕按：「朱彝尊曰」，出自《曝書亭記》，卷五十八，釋「原刑」。

〔註41〕按：屈萬里先生《尚書集釋》頁22，注〈堯典〉「象以典刑」謂：「今儒者多據《大傳》，以『象刑』說之，恐非是。」

對照惠棟的解釋，閻若璩則是對於「其刑墨」的「墨」字多所關注，《疏證》第一百二十一條下謂：

> 又按論蔡《傳》之誤曰：「臣下不匡，其刑墨」。安國《傳》：「墨刑，鑿其額，涅以墨」。穎達《疏》：「犯顏而諫，臣之所難，故設不諫之刑，以勵臣下」。此特據偽孔《傳》杜撰，別無所出。蔡氏引劉侍講曰：『墨』，即叔向所謂〈夏書〉『昏、墨、賊、殺，皋陶之刑，貪以敗，官爲墨』，案《左》引〈夏書〉，謂『昏、墨、賊』三者，皆當殺，非刑名也。」此云「其刑墨」，乃五刑涅額之名也。且此非貪罪，作偽者原自不引《左傳》，其意欲以爲「不諫者有刑」。然又以「不諫之刑」，本無所出。因之姑從輕典云爾。劉氏以《左傳》「宜殺之墨」解偽《書》「涅額之墨」。是偽《書》之「墨」，本是刑名者，反不謂之刑名。《左傳》之「墨」，本非刑名者，反謂之刑名矣。何兩誤也。

閻氏藉著「《左傳》引〈夏書〉」，對照梅本〈伊訓〉對於「墨」字的運用，指出梅本〈伊訓〉的「其刑墨」，就是肉刑的「墨刑」。我們再回顧惠棟考據「墨刑」，可能出現於中原周代的歷史時間，朱彝尊所指乃是梅本〈伊訓〉「其刑墨」在時間點部分的根本性錯誤；閻若璩所摘乃是「偽《書》之『墨』，本是刑名者，反不謂之刑名」。兩者顯然具有相互彰顯的作用。

4. 釋梅氏〈咸有一德〉「七世之廟」說

惠棟此章命題，以辨〈咸有一德〉「七世之廟」說的訛誤。

> 「七廟」之制，始於晚周。周公制禮以前，未之有也。
>
> 〈喪服小記〉曰：「王者禘其祖之所自出，以其祖配之，而立四廟。」鄭《注》云：「高祖以下，與始祖而五。」漢永始四年，[註42] 詔議毀廟事。丞相韋元（玄）成等四十四人，皆主〈小記〉之說。蓋周公制禮時，文、武尚在「四廟」之中。穆其以下二廟當毀，以其爲受命之主而不毀。《穀梁》、〈王制〉、〈祭法〉、〈禮器〉並云「七廟」。荀卿、劉歆、班彪父子、王肅、孔晁、虞喜、干寶之徒咸以爲然。
>
> 《穀梁》、〈王制〉、〈祭法〉、〈禮器〉皆晚周之書。荀卿「法後王」，又《穀梁》之徒故主「七廟」。劉歆創「三宗不毀」之說。班氏父子從而和之。王肅又從其說以駁鄭。于是造偽《古文》者，改《呂氏春秋》所引〈商書〉「五世之廟」爲「七世」。孔晁、虞喜、干寶皆在偽《古文》已出之後。故亦宗「七廟」之說，而不知其叛經而離道也。

〔註42〕即漢成帝年號。B.C.13。

惠棟的立論有幾個推理步驟：

（1）鄭注〈喪服小記〉→「五廟說」

（2）《穀梁》→「七廟說」

（3）〈祭法〉、〈禮器〉→「七廟說」

（4）荀子→「七廟說」

（5）劉歆父子→「七廟說」

（6）班彪父子→「七廟說」

（7）王肅→「七廟說」

（8）孔晁→「七廟說」

（9）虞喜→「七廟說」

（10）干寶→「七廟說」

惠棟釋〈咸有一德〉的「七世之廟」說，顯然認爲除了鄭《注》「五廟說」可信，餘者概不足論。首先，何謂「七廟」，即《禮記‧王制篇》：「天子七廟，三昭三穆，與大祖之廟而七。」又〈祭法篇〉亦云：「是故王立七廟。」惠棟對於晚周「七廟說」始盛行的解釋是「荀卿『法後王』，又《穀梁》之徒故主『七廟』」。《荀子‧禮論篇》曰：「所以別尊者事尊，卑者事卑。宜大者巨，宜小者小。故有天下者事十世。」楊倞注曰：「『十』當爲『七』，《穀梁傳》作『天子七廟』」。按照《荀子》在前，《穀梁傳》書成漢代的時間排序，惠棟所說荀卿「七廟說」顯然自此而來。

今再據《上海博物館藏戰國竹書第六冊‧天子建州》簡一作：「凡天子七世，邦君五世，大夫三世，士二世」，若訓「世」爲「廟」，則此條「天子七世之廟」說，與《荀子》可謂同時。既然「七廟說」如此確鑿，何以惠棟堅持〈咸有一德〉應是鄭《注》「五世之廟」爲是呢？惠棟所著眼的就是《呂氏春秋‧諭大篇》，指出「〈商書〉曰：『五世之廟，可以觀怪。』」，高誘並注明此〈商書〉乃爲逸《書》。再加上鄭玄注〈喪服小記〉所云「高祖以下，與始祖而五」（按：即指始祖、高祖、曾祖、祖、父）。因此惠棟斷定戰國時期方始成形的「七廟說」，絕不可能出現在〈商書〉的〈咸有一德〉。對照梅鷟《考異》卷三的說法，「七世之廟」條下謂：

> 《呂氏春秋》〔註43〕引〈商書〉曰：「五世之廟，可以觀怪。萬夫之長，可以生謀。」高誘曰：「逸《書》。」今以「德」字易「怪」字；以「觀政」易「生謀」字；以「七世」字〔註44〕易「五世」字。按《禮》：「祖有功，宗有德。」《漢書‧韋賢傳》王舜、劉歆議曰：「《禮記‧王制》及

〔註43〕姜按：文淵閣抄本於此後有「第十三卷」數字。

〔註44〕姜按：文淵閣抄本無此「字」字。

《春秋穀梁傳》，天子七廟，諸侯五，大夫三，士二。……其文曰：天子，三昭三穆，與太祖之廟而七。諸侯，二昭二穆，與太祖之廟而五。故德厚者流光，德薄者流卑。七者，其正法數，可常數者也。宗不在數中，宗，變也。苟有功德則宗之，不可預爲設數。故於殷太甲爲太宗，大戊曰中宗，武丁曰高宗。周公爲〈無逸〉之戒，舉殷三宗以勸成王。由是言之，宗，無數也。然則所以勸帝者之功德博矣。今因其後有論殷三宗之説，遂約爲此二句〔註45〕。又《孟子》：「子貢曰：『見其禮而知其政，聞其樂而知其德。』」

兩相比較，惠棟的推理論證顯然有憑有據，梅鷟的推理論證則略顯不知所云。

5. 釋梅氏〈武成〉「丁未祀於周廟」

惠棟此章命題，間接認同朱彝尊對於〈武成〉「丁未祀於周廟」說的辨證。〔註46〕

朱氏彝尊曰：「〈武成〉：『丁未祀於周廟』，之後〔註47〕乃云：『越三日庚戌。』律以〈召誥〉、〈顧命〉書法，則當云越四日矣。史臣繫日，一代不應互異若此。吾不能不疑于〈武成〉也！」

朱彝尊的立論有包含幾個推理日期的步驟：

（1）〈武成〉「丁未越三日庚戌」

1	2	3	4
丁未	戊申	己酉	庚戌

（2）〈召誥〉「丙午越三日戊申」

1	2	3
丙午	丁未	戊申

（3）〈顧命〉「丁卯越七日癸酉」

1	2	3	4	5	6	7
丁卯	戊辰	己巳	庚午	辛未	壬申	癸酉

從〈召誥〉、〈顧命〉若干條例的干支推算，明顯可見〈武成〉「丁未越三日」，當爲「己酉」，若言「庚戌」者，則應是「越四日」。朱彝尊《曝書亭記・讀「武成篇」書後》的論證，確實與惠棟《古文尚書考》審查梅本《尚書》歷史紀錄的考辨

〔註45〕姜按：「約爲此二句」，文淵閣抄本作「勤入此四句」。
〔註46〕按：「朱彝尊曰」，出自《曝書亭記》，卷四十二，〈跋「毛詩李氏句解」〉條。
〔註47〕按：朱彝尊《曝書亭集》卷四十二作：「之下」。

方法相當符應，無怪乎惠棟會將朱氏此辨證條目著錄於《古文尚書考》。

6. 釋梅氏〈武成〉「壹戎衣」

惠棟此章命題，專以考辨〈武成〉「壹戎衣」用語的訛誤。

> 《禮記・中庸》曰：「壹戎衣。」「壹」，讀爲「殪」。「戎」，大也。「衣」讀爲「殷」，言周殪滅大殷也。康成注云：「齊人言『殷』，聲如『衣』。虞、夏、商、周，氏者多矣！今姓有衣者，殷之胄歟？」高誘《呂覽注》云：「今兗州人謂『殷』氏皆曰『衣』。」蓋古「衣」字，作㐆从反身。「殷」字从殳㐆聲，故讀爲衣。是則《中庸》之「壹戎衣」，即〈康誥〉之「殪戎殷」也。梅氏不知「衣」即「殷」字。而于〈武成篇〉仍用《中庸》之語，云：「壹戎衣，天下大定。」斯爲贅矣。(《國語》引〈太誓〉曰：「戎商必克。」「戎商」即「戎衣」也。)

惠棟的立論存在幾個推理步驟：

(1)《禮記・中庸》「壹戎衣」＝〈康王之誥〉「殪戎殷」

(2)《禮記・中庸》「壹戎衣」＝梅本〈武成〉「壹戎衣」

(3) 梅本〈武成〉「壹戎衣」≠〈康王之誥〉「殪戎殷」

(4)《國語》引〈太誓〉「戎商必克」→梅本〈太誓中〉「戎商必克」

《禮記・中庸》曰：「武王纘大王、王季、文王之緒。壹戎衣，而有天下。」《中庸》所言確爲周武王滅商之事。回歸惠棟將「壹戎衣」解爲「周殪滅大殷」，確然符應。惠棟藉由鄭《注》與高誘《呂覽注》，舉證《禮記・中庸》「壹戎衣」係爲「殪戎殷」之聲誤。惠棟的辨證之法首從聲韻入手，並舉出〈康誥〉作「殪戎殷」，梅本〈武成〉用語顯然與其兩異。

筆者先前提及，惠棟考辨《古文尚書》的第一義，是建立在漢代眞《古文尚書》曾經存世的「邏輯基點」，與此同時附帶的弦外之音，當然是伏生《書》的傳世殆無可疑。因此惠棟以〈康誥〉證梅本〈武成〉之僞，並不令人訝異。惠棟更連帶的舉出梅本〈太誓〉的「戎商必克」自「《國語》引〈太誓〉」而來，並指出「戎商」就是「戎衣」，也就是「衣」等於「殷」，也等於「商」。據此，惠棟所極力廓清的就是「壹」與「殪」，以及「衣」、「殷」、「商」之間的關係。

惠棟的舉證値得注意的是《禮記・中庸》的創作年代，今據王鍔先生《禮記成書考》對於〈中庸〉作者的考述，王鍔先生認爲「〈中庸〉應該是戰國前期子思著作」，〔註 48〕子思爲孔子之孫。由於《史記》爲著錄〈中庸〉最早的載體，又《漢書・藝文

〔註 48〕見《禮記成書考》頁 79。

志‧禮類》著錄〈中庸說〉二篇，筆者推測〈中庸〉由魯國始傳，而齊人傳抄時，由於齊、魯地近，確實可能會存在由「殪戎殷」，一變而成「壹戎衣」的聲誤，這個現象並且成為東漢〈中庸〉的定本，這既是鄭玄、高誘箋注「壹戎衣」的緣由，同時也成為惠棟考辨《古文尚書》，坐實了梅賾造偽〈武成〉不識古今語言流變的有力憑證。事實上惠棟這番論述有其家學傳承，惠棟的父親惠士奇撰《禮說》，〈春官一〉條下注謂：

> 高誘曰：「郼」讀如「衣」。今兗州人，謂「殷」氏，曰「衣」。〈中庸〉「壹戎衣」，注云「衣」，讀如「殷」，齊人言「殷」聲如「衣」。今有「衣」姓者，「殷」之冑歟？愚謂古文「殪」作「壹」。方言「殷」作「衣」。「壹戎衣」者，「殪戎殷」也。說者謂「壹著戎衣」，誤矣。

惠棟確實繼承了父親惠士奇的研究成果，並且更有策略的應用在《古文尚書》的考辨工作，此條從音韻學上考辨《古文尚書》應屬有力。

7. 釋梅氏〈蔡仲之命〉「率乃祖文王之遺訓」

惠棟此章命題，間接認同朱彝尊關於〈蔡仲之命〉「率乃祖文王」的考辨。〔註49〕

> 朱氏彝尊曰：「成王之命蔡仲，『王若曰：胡！無若爾考之違王命也。』」見于《春秋左氏傳》。而梅賾《書》增益其文云：『率乃祖文王之遺訓。』異哉斯言也。〈盤庚〉曰：『古我先王暨乃祖乃父。』又曰：『我先后綏乃祖乃父。』此誥臣民之辭則然。若成王命康叔則曰：『惟乃丕顯考文王。』又曰：『乃穆考文王。』周公告成王則曰：『承保乃文祖受命民，越乃光烈考武王。』若是其莊重也。而成王命仲曰：『率乃祖文王。』乃祖者，伊誰之祖與？吾不能不疑于〈蔡仲之命〉也。」

朱彝尊的立論有包含了幾個推理的步驟：

(1)《春秋左氏傳》→「成王之命蔡仲，『王若曰：胡！無若爾考之違王命也。』」

(2) 梅氏〈蔡仲之命〉→「成王之命蔡仲，『王若曰：胡！率乃祖文王之遺訓。無若爾考之違王命也。』」

(3)〈盤庚〉→「古我先王暨乃祖乃父。」又曰：「我先后綏乃祖乃父。」

(4)〈康誥〉→「惟乃丕顯考文王」又曰：「乃穆考文王。」

(5)〈洛誥〉→「承保乃文祖受命民，越乃光烈考武王。」

朱彝尊認為梅氏〈蔡仲之命〉「王若曰：胡！無若爾考之違王命也。」襲用自《春秋左氏傳》，其中並多衍「率乃祖文王之遺訓」一句。朱彝尊認為既然蔡仲為蔡叔之子，蔡叔是周成王的叔父，就輩分序列而言，當周成王欲命姬胡（按：蔡仲名）「踐

〔註49〕按：「朱彝尊曰」，出自《曝書亭記》，卷四十二，〈讀「蔡仲之命篇」書後〉條。

諸侯位」，既然「周文王」本就是成王與姬胡的共同祖父，則〈蔡仲之命〉，成王用了「乃祖」，意謂「你的祖父」，不就表明周成王與姬胡沒有血緣宗法關係。

朱彝尊繼續考察伏《書》篇章，指出伏《書》中不管是第幾人稱的代名詞都表達的相當清楚，因此他認為〈蔡仲之命〉的文理，在「率乃祖文王之遺訓」的地方，實在是大有問題。關於朱彝尊的看法，惠棟雖然沒有下按語，然而閻若璩卻有觀點完全相反的論述，《疏證》第八十條下謂：

> 或謂「予無若爾考之違王命」出《左氏》。「率乃祖文王之彝訓」，無所出。
> 試問成王、蔡仲同為文王之孫。而此一孫向彼一孫，呼其祖為「乃祖」，
> 其可通乎？胡不摘出。余曰武王、康叔同為文王之子。而此一子向彼一子。
> 〈康誥〉則曰：「惟乃丕顯考文王，克明德慎罰。」〈酒誥〉則曰：「乃穆
> 考文王，肇國在西土。」亦從而「乃」之，武豈自外于文考乎？

朱彝尊與閻若璩面對相同的文本，前者表達出「吾不能不疑于〈蔡仲之命〉」的決心；後者引用之〈酒誥〉，不管是《史記》作「周公申告康叔」，還是蔡氏《集傳》作「武王封康叔」，「文王」身為父親的身分顯然並沒有爭議。因此閻氏謂〈酒誥〉「乃穆考文王」，雖然武王也稱呼康叔的父親文王為「你的父親」，閻氏認為這並不代表武王就自外於與文王的親子關係。

惠棟的《古文尚書考》單引朱彝尊而未引閻若璩，除了代表惠棟所見的第五卷抄本《疏證》，此條極有可能並不存在。另外，閻若璩「或謂」的意義，也有可能就是針對朱彝尊而來。既然惠棟《古文尚書考》會引用了朱彝尊的話來證明「梅氏增多《古文》之謬」，就表示惠棟相當認同朱彝尊。也就是惠棟並沒有看到朱彝尊的推論中疏漏的部分。至於閻若璩的說法，不妨將它視為閻氏考辨《古文尚書》思維細密的表現。

8. 釋梅氏〈蔡仲之命〉「慎厥初，惟厥終，終以不困」

惠棟此章命題，專以考辨〈蔡仲之命〉「慎厥初，惟厥終，終以不困」有關梅賾的錯誤。

> 杜氏預注《左傳》，凡引《書》在「二十九篇」之外者，曰：「逸《書》」。
> 見《逸周書》者，則云「《周書》」。惟《襄·二十五年傳》云：「《書》云：
> 『慎始而敬終，終以不困。』」此《周書·常訓篇》文也。杜氏偶不照，
> 而云「逸《書》」，于是梅氏遂採入〈蔡仲之命〉云：「慎厥初，惟厥終，
> 終以不困。」意自謂「二十九篇」之外逸《書》也。徐幹《中論》云：「《書》
> 云：『慎始而敬終，終以不困。』」蓋《逸周書》漢人皆見之。

惠棟的立論存在幾個推理步驟：

（1）杜預注《左傳》引「《書》」→「愼始而敬終，終以不困」

（2）徐幹《中論》引《書》→「愼始而敬終，終以不困」

（3）「《逸周書》」→「愼微以始而敬終，乃不困」

（4）梅本〈蔡仲之命〉→「愼厥初，惟厥終，終以不困」

惠棟從上述的推理步驟重建了梅賾的造僞軌跡。在《古文尚書考》之外，惠棟於《惠氏春秋左傳補註》卷四亦云：

> 《書》曰：「愼始而敬終，終以不困。」注：「逸《書》。」
>
> 案：《周書‧常訓解》云：「愼微以始而敬終，乃不困。」《正義》以〈蔡仲之命〉云云。證之此晉時僞《古文》襲《左傳》而爲之者也。（徐幹《中論》引《書》云：「愼始而敬終，終以不困。」）

值得注意的是杜預所引用的《周書》，並非晉代汲塚的《逸周書》，而是《漢書‧藝文志》所著錄「《周書》七十一篇」的兩漢傳本，所以杜預所引《周書‧常訓》才會與晉代《逸周書》有所殊異。惠棟以此作爲「晉時僞《古文》襲《左傳》」的最大憑據。唐代孔穎達作《正義》，孔穎達嘗試著給予這個現象一個合理的解釋：

> 《正義》曰：《尚書‧蔡仲之命》云：「愼厥初，惟厥終，終以不困。」此所引者，蓋是彼文學者各傳所聞。而字有改易，或引其意，而不全其文故不同也。

可以理解孔穎達是爲了圓成梅本〈蔡仲之命〉與《逸周書》重出的現象故作此語。孔穎達的考量顯然是刻意忽略「《逸周書》」的文獻爭議。梅鷟則對於孔穎達的意見顯然不予認同，《考異》卷四〈蔡仲之命〉條下謂：

> 《太甲》又曰：「終始愼厥與。」〔註50〕又《左〔註51〕‧襄二十五年》太叔文子曰：〔註52〕「《書》曰：『愼始而敬終，終以不困。』」杜註：「《逸書》。」《正義》曰：「〈蔡仲之命〉云：『愼厥終，終以不困。』，此所引者蓋是彼文學者各傳所聞而字有改易，或引其意而不全其文，故不同也。」蓋「愼厥初」即「愼始」；「惟厥終」，即上文「思其終」。故爲謬亂，何不同之有？〔註53〕

可以說兩漢時確有「《周書》」，卻無法析離兩漢「《周書》」與晉代「《周書》」在

〔註50〕姜按：文淵閣抄本無「又《太甲》曰終始愼厥與」一句。

〔註51〕姜按：文淵閣抄本無「又左」二字。

〔註52〕姜按：文淵閣抄本於此下有「君子之行，思其終也，思其復也」數語。

〔註53〕姜按：自「杜註」至「何不同之有」，見於文淵閣抄本。

細微文句這個部分的差異，因此這個命題極容易落入各說各話的窠臼。

9. 釋梅氏〈說命上〉「爰立作相」與〈周官〉「論道經邦」

惠棟此章命題，專以考辨顧炎武〈說命〉「爰立作相」與〈周官〉「論道經邦」的說法。〔註54〕

> 顧氏炎武謂「相」之名不見于經。而〈說命〉有「爰立作相」之文。（《外傳》止云：「升以為公。」《墨子》亦云：「傅說庸築乎傅巖，武丁得之，舉以為三公。」無作「相」之事。）劉氏颺謂：「《論語》以前，經無『論』字。」而〈周官〉有『論道經邦』之語（閻若璩注《困學記聞》云：「若璩案：『論道經邦。』乃本《考工記》，或坐而論道來。」
>
> 棟案：六經「論」字，皆讀為「倫」。《易·屯象》：「君子以經論。」《詩·大雅》：「於論鼓鍾。」〈王制〉：「必即天論。」《中庸》：「經論，天下之大經是也。」〈公食大夫禮〉注云：「古文『倫』或作『論』。」）皆梅氏之漏義也。（鄭氏《書序》：「〈立政〉在〈周官〉後。」梅氏置〈周官〉前，以〈立政〉官名與〈周官〉矛盾故耳。明邵氏寶謂：「〈立政〉圖任人，而未定官制，此未考《古文書序》，而妄為之說也。」）

惠棟的第一則立論有幾個推理步驟：

（1）〈說命上〉「爰立作相」

    （1.1）《國語·楚語》（《春秋外傳》）→「升以為公」

    （1.2）《墨子·尚賢中》→「傅說庸築乎傅巖，武丁得之，舉以為三公」

關於〈說命上〉「爰立作相」，究竟傅說是否有「相」名之事，惠棟以為太甲時僅有「公」、「三公」，不見「相」名。惠棟據此論斷梅本〈說命上〉「爰立作相」係偽增。然而惠棟持論「三公」為是的觀點卻是存在爭議。

惠棟的說法，可以參看梅鷟對此條的問題意識作為比較，《考異》卷四〈說命上〉，條下謂：

> 今按：「恭默思道」，乃「諒闇」之注釋，晉人誤以為經，且以為高宗自言，尤非。「其代予言」一句，《國語》、《禮記》及《呂氏春秋》皆無之。晉人蓋因《論語》「聽于冢宰三年」之語，而造此一言也。觀下之「爰立作相」，蓋以此相當冢宰也。其他悉皆攘竊之辭。《昭六年》叔向曰：「《書》曰：『聖

〔註54〕 按：自「顧炎武謂」至「作相之文」，出自《日知錄》卷二十四，釋「相」。自「劉氏颺」至「之語」，則是出自《日知錄》卷二十四，釋「司業」。惠棟所徵引的顧氏考辨有兩個特點，一者，非全文轉引。二者非系出同則條例。至於「梅氏之漏義」，則不見於《日知錄》。竊疑此語恐是惠棟所增益。此處錄以存疑，以待識者。

作則。』」杜注：「逸《書》。」〔註55〕

梅鷟將「爰立作相」類擬於「冢宰」，顯見是以《周禮‧天官》「乃立天官，使帥其屬，而掌邦治，以佐王，均邦國」釋「相」。也就是說梅鷟某個程度也承認了商代武丁時並無「相」名，否則何須以周制「冢宰」釋「相」。而閻若璩對此則持「未有知其所由來」的看法，《疏證》第六十二條下謂：

> 按一代有一代之官制，各不相蒙……又按一代有一代之官名，與其職任不得相混……有君則有相，百王之所同，未有知其所由來者也。然其名亦隨在而異。在周曰「冢宰」，在商曰「阿衡」，又曰「保衡」。若唐虞則不可的知矣。

雖然《疏證》此條是專釋〈周官〉「百揆四岳」而發，旁涉所及，「相」名的意義亦在閻氏囊括之內。回到惠棟認為商代武丁時僅有「三公」，閻氏則持「阿衡」、「保衡」的名稱。加諸梅鷟亦持無有之論。閻若璩的見解在三人之中顯然是較為務實。再者，惠棟以顧炎武指出劉勰所言：「《論語》以前，經無『論』字。」欲證明〈周官〉「論道經邦」一語的訛增。惠棟的第二則立論有幾個推理步驟：

（2）《考工記》「坐而論道」→〈周官〉「論道經邦」

　　（2.1）〈周官〉「論道經邦」

　　（2.2）《易‧屯象》：「君子以經論。」

　　（2.3）《詩‧大雅》：「於論鼓鍾。」

　　（2.4）《禮記‧王制》：「必即天論。」

　　（2.5）〈中庸〉：「經論，天下之大經是也。」

　　（2.6）〈儀禮‧公食大夫禮〉注云：「古文『倫』或作『論』。」

惠棟此則論證分為兩個部分，首先藉由閻若璩所注之《困學紀聞》，舉證梅氏〈周官〉「論道經邦」的出處。再者以聲韻解釋〈周官〉「論道經邦」的去聲「論」字必不存在。關於第一個考辨，僅能確定《考工記》大概成書於春秋末期，今本《考工記》輾轉至劉向、歆父子方成定本，但是這並不代表梅氏〈周官〉「論道經邦」一定是就是自《考工記》而來。因此就必須審查惠棟第二個舉證的證據效力。如果惠棟能證明「論」字在五經中皆作「倫」字解釋，則梅氏〈周官〉「論道經邦」的訛增自然可以被破解。因此我們必須先確認「論」的文字聲韻意義。今據段玉裁（1735～1815）《說文解字注》，「論」字條下謂：

> 「論」，「議」也。（……「於論鼓鍾」，毛曰：「論」，「思」也。此正許所本。

〔註55〕姜按：自「今按」至「逸《書》」，為文淵閣抄本所無。

《詩》於「論」，正「侖」之假借。凡言語，循其理，得其宜，謂之「論」。
孔門師弟子之言，謂之《論語》。皇侃依俗，分去聲、平聲，異其解。不知
古無異義。亦無平、去之別也。〈王制〉：「凡制五刑，必即天論。」《周易》：
「君子以經論。」〈中庸〉：「經論，天下之大經是也。」皆謂言之有倫有脊
者。許云：「論」者，「議」也。「議」者，「語」也。似未盡。）

　　惠棟在此即是就「論」字的「平、去」，及其衍生義「論述」發聲。惠棟並表明
《論語》之前「五經」中「論」與「侖」二字字形的通假關係。回歸惠棟對於劉勰
所言的甄別，顯然由「去聲」「論」所衍生的「論述」語義，與《易》、《詩》、《禮》
諸經皆訓「論」爲平聲「侖」的語義截然兩異。則同是諸經之一的《尚書》，又焉能
有所不同？

　　綜上所述，筆者認爲惠棟的第二個舉證其證據效力遠大於第一個舉證。第一個
舉證缺乏歷史座標，並不能解決究竟是誰抄誰的問題。第二個舉證則從語言流變的
規律入手，惠棟至少點出了如果梅氏的〈周官〉「論道經邦」是眞的《古文尚書》，
則「論」字當訓爲「侖」，只是何謂「『侖』道經邦」？這顯然就是惠棟所說的「梅
氏之漏義」。另外，惠棟在此也商榷了〈周官〉與〈立政〉的篇次順序：

　　（1）梅本《尚書》次序→〈立政〉、〈周官〉

　　（2）鄭本《尚書》次序→〈周官〉、〈立政〉

　　那麼爲何惠棟會以「矛盾」二字概括梅賾將〈周官〉置〈立政〉後的作法呢？
我們必須先理解〈周官〉與〈立政〉二篇各自的實質意義。「〈周官〉、〈立政〉」者，
據《史記‧魯世家》言：「成王在豐，天下已安，周之官政未次序，於是周公作〈周
官〉。官別其宜，作〈立政〉，以便百姓。」顯見《史記》的排序與鄭本相同，從〈周
官〉的「官序未定」，到〈立政〉的「官別其宜」，《史記》點出〈周官〉與〈立政〉
的層遞關係。

　　對比梅本的孔《傳》：〈周官〉作「言周家設官、分職、用人之法」；〈立政〉作
「周公既致政成王，恐其怠忽。故以君臣立政爲戒」。《史記》所載的〈周官〉「官序
未定」，顯然與梅本〈周官〉的「官序已定」有所不同。而《史記》所載的〈立政〉
「官別其宜」，也顯然與梅本孔《傳》注〈立政〉爲「君臣相戒」迥異。

　　細審今本〈立政〉，可以發現今本〈立政〉的文理，實與《史記》所敘「官別其
宜」較爲接近，〈立政〉謂：「任人、準夫、牧，作三事；虎賁、綴衣、趣馬、小尹，
左右攜僕，百司庶府；大都、小伯、藝人、表臣、百司、太史、尹伯、庶常吉士；
司徒、司馬、司空、亞、旅；夷、微、盧、烝、三亳、阪尹……」，所敘俱爲官職名
稱。〈立政〉後續則衍其職司應行之事。

　　今本〈立政〉行文以「周公若曰」與「周公曰」等稱謂組成，暫且不論〈立政〉的作者是否爲周公，「周公」顯然就是貫穿〈立政〉的主軸。而〈立政〉「周公」所言，非但不是梅本孔《傳》的「致政」，反而是「設官」的成分居多。雖然惠棟解釋梅氏次〈立政〉於〈周官〉之前，惠棟揣測梅氏的理由是怕兩者的「官名」會產生衝突，所以作此安排。事實上不管梅氏怎麼編排兩者的順序，必然都會矛盾叢生。當梅本〈周官〉創生的同時，已然與〈立政〉的關係完全割裂，不管梅本孔《傳》如何自圓其說，〈周官〉與〈立政〉本應續衍推進的敘事思維至此已不復見。惠棟也據此反駁了明人邵寶《簡端錄》卷五所言之〈立政〉「未定官制」的說法。

　　由此看來，梅賾本《尚書》所排列由〈立政〉而〈周官〉的敘事邏輯，只會造成官上加官，並且不知伊於胡底的窘境。

10. 釋梅氏〈周官〉「業廣惟勤」

　　惠棟此章命題，間接認同顧炎武以聲韻文字考辨梅氏〈周官〉的「業廣惟勤」。〔註56〕

> 顧氏炎武曰：「《詩》云：『虡業惟樅。』傳曰：『業，大板也。』所以飾栒爲縣。捷業如鋸齒，或白畫之。《爾雅》：『大板謂之業。』《左氏》：『學人舍業。』《禮記》：『大功廢業。』並謂此也。〔註57〕懸者常防其墜，故借爲『敬謹』之『業』。《書》之『兢兢業業』、《詩》之『赫赫業業』、『有震且業』是也。凡人所執之事亦當敬謹，故借爲『事業』之『業』。《易傳》之『進德修業』、『可大則賢人之業』、『盛德大業』，《禮記》之『敬業樂羣』是也。然三代《詩》、《書》之文，並無此義。而『業廣惟勤』一語，乃出於梅賾所上之《古文尚書》。其不可信也明矣！」

顧炎武的立論有包含了幾個推理的步驟：

（1）「業」的本義

　　（1.1）《詩》：「虡業惟樅。」

　　（1.2）《爾雅》：「大板謂之業。」

　　（1.3）《左氏》：「學人舍業。」

〔註56〕按：「顧炎武曰」，出自《日知錄》，卷二十四，釋「司業」。

〔註57〕按：「自顧炎武曰……並謂此也」，文淵閣本《日知錄》略有不同。顧氏炎武曰：「按《靈臺之詩》曰：『虡業維樅。』即此『業』字。《傳》曰：『業，大版也。』所以飾栒爲縣也。捷業如鋸齒或白畫之。《爾雅》：『大版謂之業。』《左氏昭九年傳》：『辰在子卯謂之疾日。君徹宴樂學人舍業』。《禮記・檀弓》：『大功廢業』，並謂此也。」

（1.4）《禮記》：「大功廢業。」

（2）「業」的「敬謹」引申義

（2.1）《書》：「兢兢業業。」

（2.2）《詩》：「赫赫業業」、「有震且業」。

（3）「業」的「事業」引申義

（3.1）《易傳》：「進德修業」、「可大則賢人之業」、「盛德大業」。

（3.2）《禮記》：「敬業樂羣」。

《詩‧周頌‧靈臺》「虡業惟樅」的「業」字，其義爲「古代樂器架橫木上掛鍾磬的大板」。顧炎武認爲三代時，「業」義惟作此解。對照梅氏〈周官〉「業廣惟勤」，「業」作「事業」。顧炎武認爲梅賾於此暴露造僞行跡。個人推測惠棟之所以會徵引顧氏之說，應該是與此考辨方法的所見略同大有關係。

11. 釋梅氏〈君陳〉「惟孝友于兄弟」

惠棟此章命題，專以考辨〈君陳〉「惟孝友于兄弟」的改讀訛誤。

> 蔡邕《石經論語》曰：「《書》云：『孝于惟孝，友于兄弟。』」何晏《集解》，引包咸〈注〉云：「『孝于惟孝』，美大孝之辭。」華嶠《漢後書》〈劉平、江革等傳序〉云：「（引見《御覽》。）此殆所謂『孝于惟孝，友于兄弟，施于有政，是亦爲政也。』」自晉世〈君陳〉出，始以「惟孝」二字屬下讀。後之傳《論語》者，改「孝于」爲「孝乎」。以《書》云：『孝乎』絕句。陸氏《釋文》云：「『孝于』，一本作『孝乎』。」唐石經從定爲「乎」，蓋依〈君陳〉爲說，非《論語》本眞也（朱氏彝尊云：「《書正義》謂《古文尚書》，鄭沖所授。」
>
> 案：沖嘗與孔邕、曹羲、荀顗、何晏共集《論語》訓注，今《論語》雖列何晏之名，沖實主之。其時若孔《書》既得，則或謂孔子章引《書》，即應證以〈君陳〉之句，不當復用包咸之訓矣。竊疑沖亦未見《古文尚書》也）。

惠棟的立論有包含了幾個推理的步驟：

（1）蔡邕《石經論語》：「《書》：『孝于惟孝，友于兄弟。』」

（2）何晏《集解》引包咸注：「『孝于惟孝，美大孝之辭。』」

（3）華嶠《漢後書》〈劉平、江革等傳序〉：「此殆所謂『孝于惟孝，友于兄弟，施于有政，是亦爲政也。』」

惠棟以梅本〈君陳〉「惟孝，友于兄弟」句法的改變，作爲問題意識的開端。惠棟舉出梅本〈君陳〉之前，凡是「友于兄弟」句前，均有「孝于惟孝」。直至梅本〈君

陳〉面世，「孝于惟孝，友于兄弟」，遂成爲「惟孝，友于兄弟」。相對於惠棟的論述，閻若璩的推理辨證更是不遑多讓，《疏證》第十，條下謂：

> 書有句讀，本宜如是。而一旦爲晚出《古文》所割裂，遂改以從之者，《論語》「《書》云：『孝乎惟孝，友於兄弟，施於有政』」，三句是也。何晏《集解》引漢包咸註云：「『孝乎惟孝』，美大孝之辭。」是以「《書》云」爲一句；「孝乎惟孝」爲一句；「友於兄弟」爲一句。《晉書》夏侯湛〈昆弟誥〉：「古人有言『孝乎惟孝，友於兄弟。』」潘岳〈閒居賦序〉：「孝乎惟孝，友於兄弟。此亦拙者之爲政也。」是其證也。僞作〈君陳篇〉者，竟將「孝乎」二字讀屬上，爲孔子之言。
>
> 歷覽載籍所引《詩》、《書》之文，從無此等句法（姚際恒立方曰：「古人引用《詩》、《書》，未有撮取《詩》、《書》中一字先爲提唱者」）。然則載籍中亦有「孝乎惟孝」句法耶？余曰有之。〈仲尼燕居〉，子貢曰：「敢問將何以爲此中者也？」子曰：「禮乎禮，夫禮所以制中也。」「禮乎禮」，非此等句法耶？僞作《古文》者，不又於句讀間，現露一破綻耶？

又：

> 按錢尚書謙益，家藏淳熙《九經》本，點斷句讀，號稱精審。亦以「孝乎惟孝」，四字爲句。先是張耒〈淮陽郡黃氏友于泉銘〉曰：「孝乎惟孝，友于兄弟。」張齊賢承眞宗命撰〈弟子贊〉曰：「孝乎惟孝，曾子稱焉。」《太平御覽》引《論語》曰：「孝乎惟孝，友于兄弟。」唐王利貞〈幽州石浮圖頌〉曰：「孝乎惟孝，忠爲令德。」梁元帝〈劉孝綽墓志銘〉曰「孝乎惟孝。」〈與武陵王書〉曰：「友于兄弟。」則知改從〈君陳篇〉讀者，自朱子始。

閻氏並且徵引梅鷟《考異》的說法：

> 又按梅氏鷟亦謂〈君陳篇〉上，竊《國語》「令德孝恭」之文，下輯《論語》「惟孝友于兄弟」等語。以頗重復，遂去「孝乎」二字。若爲釋《書》者之辭，試思，凡引《書》云、《書》曰之下，曾有自爲語氣者乎？即如子張曰：「《書》云：『高宗諒陰，三年不言。』」竟斷「《書》云高宗」四字爲句，文理尚通乎？朱子《集註》，不聞致疑，總緣壓於古文耳。某嘗謂朱子固受校人之欺，此其一爾。

彙集閻氏對於〈君陳〉「惟孝，友于兄弟」的推理辨證，可以發現閻氏與惠棟都同樣指出梅本〈君陳〉「惟孝，友于兄弟」，在句讀錯誤方面的相關問題。基本上惠、閻二人都坐實了梅賾的粗疏造僞。然而此處的問題是，如果梅賾有意以假亂眞，那

麼他為何要這麼明顯的拼湊出一句，相對於「孝于惟孝，友于兄弟」，顯得章法不通的「惟孝，友于兄弟」？

　　同樣是從句讀下手，梅本孔《傳》對「惟孝友于兄弟」的句讀卻是「惟孝，友于兄弟」，梅本孔《傳》曰：「言善父母者，必友于兄弟。」可見單從句讀的角度，並沒有辦法有效的解決這個問題，甚至於可能會造成言人人殊的情況。值得注意的是惠棟於此命題，將「鄭冲」在梅本《古文尚書》的傳承地位與〈君陳〉「惟孝，友于兄弟」連上關係。《尚書正義·堯典》轉引《晉書》曰：「晉太保公鄭冲，以《古文》授扶風蘇愉。」此言不見唐修本《晉書》。由於唐修本《晉書》成書於貞觀二十年（646），《尚書正義》成書於貞觀十六年（642），可知孔穎達所據《晉書》，當是相對於唐修本《晉書》之前的「前後晉史十八家」的舊《晉書》。那麼這裡衍生出的問題，就是孔穎達轉引的《晉書》是否可信？惠棟顯然意識到這個問題，並且提出他的質疑。在惠棟之前，梅鷟與閻若璩對於梅本《古文尚書》的傳承譜系，各自也都有懷疑《古文尚書》「來歷不明」的論述。《考異·孔安國「尚書註」十三卷》條下謂：

> 論其時歲，則先漢之《古文》實為安國之家傳，而東晉之《古文》乃自皇甫謐而突出，何者？前乎謐而授之者曰鄭冲，曰蘇愉，曰梁柳，而他無所徵也。冲又受〔註58〕之何人哉？冲、愉等有片言隻字可考証哉？此可知其書之杜撰于謐，而非異人，一也。後乎謐而上之者曰梅賾，而賾乃得之梁柳，柳即謐之外兄，此亦可知謐之假手于柳以傳，而非異人，二也。
> 至其作《帝王世紀》也，凡《尚書》之言多創為一紀以實之，此其用心將以羽翼是書，而使之可以傳遠，則其情狀不可掩矣，尚何疑哉？然則賈逵、鄭康成所註，正安國的傳之《古文》，于《禮記》、《國語》、《左傳》、《孟子》所引《尚書》之文，悉皆不載，故諸儒疑信相半，辨駁紛然。皇甫謐窺見此意，故所杜撰特為用心；然出于一手，終不可蓋，平緩卑弱，終不可掩。

　　關於鄭冲之前，梅本《古文尚書》自何處來？顯然是個疑案。就唐修本《晉書》所載，亦僅能確認鄭冲有「及高貴鄉公講《尚書》，冲執經親授。與侍中鄭小同，俱被賞賜」之事。可知鄭冲授《書》，與鄭玄孫輩「鄭小同」並稱。今據後人輯佚鄭小同所撰《鄭志·卷中》，有「趙商問〈周官〉事」，其「三公」文，並見於梅本〈周官〉。

　　這種情況根據考辨《古文尚書》「邏輯基點」的不同，可以有多種解釋。亦即如果《鄭志》可信，就會產生兩種情況，一者，後起的梅賾剽竊此條而成〈周官〉；二

〔註58〕姜按：故宮抄本先寫「授」後改「受」，平津館刻本作「授」，而文淵閣抄本作「受」，今據後者校改。

者，鄭沖當應知梅本《古文尚書》，如此鄭沖自然可以列名於梅本《古文尚書》的傳
承譜系。從上述梅鷟所謂「沖、愉等有片言隻字可考證哉？」顯示梅鷟並沒有意識到
「包咸注《論語》」與「鄭沖」的關連。因此惠棟指出「今《論語》雖列何晏之名，
沖實主之」的論點，就可以作為審查鄭沖所授《尚書》究竟是何版本的重要參考資料。

唐修本《晉書・鄭沖傳》曰：「沖與孫邕、曹羲、荀顗、何晏，共集《論語》諸
家訓註之善者，記其姓名，因從其義；有不安者，輒改易之，名曰《論語集解》。成，
奏之魏朝，于今傳焉。」惠棟認為鄭沖當時可謂學林翹楚，領導相關學者進行《論
語》的集注工作。既然《論語集解・為政》「《書》云：『孝乎惟孝』」，鄭沖引用包咸
「孝乎惟孝，美大孝之辭」，作為注《書》之辭。惠棟要問的是，《尚書正義》既已
將鄭沖列為梅本《古文尚書》的始傳者，又何以鄭沖不以梅本〈君陳〉注《論語》，
而取漢代包咸的注解呢？可見「鄭沖以《古文》授扶風蘇愉」，此事猶有商榷的空間。
值得一提的是，筆者曾經指出惠棟於《古文尚書考・附錄》的「閻君之論」，存在著
為《古文尚書考》「張目」的作用，惠棟亦採擷閻若璩〈君陳〉「惟孝友于兄弟」的
相關見解，《古文尚書考・附錄》「閻君之論」第九條云：

> 安國《古文》之學，一傳于都尉朝，朝傳膠東庸生，生傳胡常，常傳徐敖，
> 敖傳王璜、塗惲，惲傳桑欽，惲又傳賈徽，徽傳子逵，逵為之作《訓》，
> 馬融作《傳》，康成《注解》，《古文》之說大備。康成雖云受之張恭祖，
> 然其《書贊》曰：「我先師棘下生子安國亦好此學。」則淵原于安國明矣。
> 東晉元帝時，汝南梅賾奏上《古文尚書》。其篇章之離合，名目之存亡，
> 絕與兩漢不合。賾自以得之臧曹，曹得之梁柳，皇甫謐亦從柳得之，而載
> 于《帝王世紀》。愚嘗以梅氏晚出之《書》，自東晉迄今一千三百餘年，而
> 迄與聖經賢傳並立學官，家傳人誦，莫能以易焉者，其故有三：皇甫謐高
> 名宿學，左思〈三都〉經其片語，競相讚述，況得孔《書》載于《世紀》，
> 有不因之而重者乎？是使此書首信于世者，皇甫謐也。賾雖奏上得立于學
> 官。然南北兩朝，猶遞相盛衰。或孔行而鄭微；或鄭行而孔微；或孔、鄭
> 並行。至唐初貞觀，始依孔為之疏。而兩漢專門之學，頓以廢絕。是使此
> 書更信于世者，孔穎達之過也。
> 朱子分《經》與《序》為二，以存古制。一則曰「安國偽《書》」，再則曰
> 「安國偽《書》」。而為之弟子者正當「信以傳信，疑以傳疑」，乃明背師
> 承，仍遵舊說。是使此書，終信于世者，蔡沈也。經此「三信」，雖有卓
> 識定力，不拘牽世俗趣舍之大儒，如臨川吳文正公之《尚書敘錄》，實有
> 以成朱子未成之志者，而世亦莫能崇信矣。蓋可嘆也夫！蓋可嘆也夫！

　　從這一則惠棟《古文尚書考》的「閻君之論」，可以看出閻若璩文氣的雄辨滔滔。而惠棟考辨《古文尚書》，擅長於使用歷史座標作文獻之間的層遞關係比較，兩者明顯的具有互補作用。

12. 釋梅氏〈君牙〉「亦惟先正，克左右」

　　惠棟此章命題，專以辨正顏師古（581～645）引〈君牙〉「亦惟先正，克左右」的訛誤。

> 《漢書・谷永傳》：「永上疏引《經》云：『亦惟先正，克左右。』師古曰：『《周書・君牙》之辭也。』」案：〈君牙〉出於晉世，永安得見之？唐《石經》與宋本《尚書》皆云：「亦惟先王之臣，克左右，亂四方。」無「先正」之字，蓋俗作之。鄭氏《尚書・文侯之命》云：「亦惟先正，克左右昭事厥辟永。」蓋據此篇之文。師古不考，而引〈君牙〉以證之，貽誤後學，不可不辨（今世所傳馬融《忠經》一卷。《宋・藝文志》著于錄。其書間引梅氏《古文》。案：馬季長，東漢人，安知晉以後書？此皆不知而妄作者）。

　　惠棟的立論有包含了幾個推理的步驟：

（1）顏師古《周書・君牙》：「亦惟先正，克左右。」

（2）唐《石經》《周書・君牙》：「亦惟先王之臣，克左右，亂四方。」

（3）宋本《尚書》《周書・君牙》：「亦惟先王之臣，克左右，亂四方。」

（4）鄭氏《尚書・文侯之命》：「亦惟先正，克左右昭事厥辟永。」

　　在審查惠棟相關的推理辨證之前，我們必須先就顏師古與經學的淵源進行適度的理解。顏師古係顏之推之孫。顏師古的事蹟，新、舊《唐書》皆有載錄，《舊唐書》關於顏師古「考定五經」的始末尤為詳明。《舊唐書・顏師古傳》卷七十三曰：

> 太宗以經籍去聖久遠，文字訛謬。令師古於秘書省，考定《五經》。師古多所釐正。既成，奏之。太宗復遣諸儒，重加詳議。於時諸儒傳習已久，皆共非之。師古輒引晉、宋已來古今本，隨言曉答，援據詳明，皆出其意表。諸儒莫不歡服。於是兼通直郎、散騎常侍。頒其所定之書於天下，令學者習焉。……與博士等撰定《五禮》，十一年，禮成，進爵為子。時承乾在東宮，命師古注班固《漢書》。解釋詳明，深為學者所重。承乾表上之。太宗令編之秘閣。

　　貞觀四年（630），顏師古受詔考定《五經》，其後成為孔穎達撰注《五經正義》所參考的底本。貞觀十一年（637），太子承乾命顏師古注《漢書》。這些事件都發生在孔穎達撰注《五經正義》之前。筆者之所以排列上述事件的歷史座標，目的在於檢視

顏師古與孔穎達之間，是否存在經注的因襲關係。今再據孔穎達《尚書正義‧君牙》作「亦惟先王之臣，克左右亂四方」，可知就算孔穎達參考過顏師古所考定的《五經》，必然也作了傾向以梅本《尚書》爲是的決定。考諸《史記》、《漢書》、《後漢書》，除了唐初顏師古坐實谷永援引〈君牙〉的注解外，凡諸漢世乙部，全無〈君牙〉的存世記錄。因此漢代谷永徵引的《經》云：「亦惟先正，克左右。」實如惠棟所言，與晉世梅本的〈君牙〉兩不相涉。惠棟並且指出谷永引《經》語，實是伏生今文《尚書‧文侯之命》的「亦惟先正，克左右昭事厥辟」。梅鷟《考異》雖無裁斷「谷永事」，然而亦持〈君牙〉「亦惟先正」語，自〈文侯之命〉出。〔註59〕至於馬融《忠經》的眞偽，四庫館臣已專文辨之，本文不另行贅述。〔註60〕據此，關於惠棟指出〈君牙〉漢世無有，以及顏師古注解《漢書》的張冠李戴，筆者認爲這一組推理辨證確實可以被證成。

五、辨《尚書》分篇之謬

1. 釋梅氏《尚書》訛造〈舜典〉

> 伏生《尚書》無〈舜典〉，自「粵若稽古，帝堯」至「陟方乃死」，皆〈堯典〉也。《古文尚書》原書亦如此。故司馬遷撰《史記》，鄭康成、王子雍注《尚書》，皆以「愼徽五典」以下爲「堯試舜」之文。《孟子》稱「二十有八載，放勳乃殂落」，明言〈堯典〉。梅氏本于「愼徽五典」以下別爲〈舜典〉，此其省作〈舜典〉一篇，巧于藏拙也，不顯與《孟子》相刺謬乎？
>
> （《經典序錄》曰：「齊明帝建武中，吳興姚方興采馬、王之《注》，造孔傳〈舜典〉一篇，云于大桁頭買得，上之。梁武時爲博士，議曰：『孔《序》稱伏生誤合五篇，皆文相承接，所以致誤。〈舜典〉首有『曰若稽古』，伏生雖昏眊，何容合之？』遂不行用」）。

　　由於惠棟此則論辨的根本思維，是援引他人資料作爲說明。因此筆者將選擇梅鷟與閻若璩二位學人的相關見解，間接排比出惠棟的看法有無特異之處。梅鷟《考

〔註59〕　按：姜廣輝老師所校點的梅鷟《考異》亦作：指出梅本〈君牙〉「亦惟先正」語，自〈文侯之命〉出。姜按：此語不見於《考異》文淵閣抄本。

〔註60〕　按：《四庫全書總目》卷九十五，《忠經》條下謂：舊本題「漢馬融撰，鄭玄註其文」。擬《孝經》爲十八章。《經》與《註》，如出一手。考融所述作，具載《後漢書》本。《傳》，玄所訓釋，載於《鄭志》目錄尤詳。《孝經註》依托於玄。劉知幾尚設「十二駁」以辨之。其文具載《唐會要》，烏有所謂《忠經註》哉？《隋志》、《唐志》，皆不著錄。《崇文總目》，始列其名。其爲宋代僞書，殆無疑義。《玉海》引宋兩朝《志》，載有《海鵬忠經》。然則此書本有撰人，原非贗造。後人詐題「馬、鄭」。掩其本名，轉使眞本變僞耳。

異・舜典》卷二條下謂：

　　《孟子》引〈堯典〉曰：「二十有八載，放勳乃徂落。」邾、魯相去地近，孟子生距孔子時未遠，思、曾〔註61〕又適傳。豈孟子〔註62〕所傳《尚書》顧脫「舜典」二字，必竢秦火之餘，數百年後土壁所藏之本，然後增此二字邪？且伏生年已九十，當其傳晁錯時，固在文、景世，考其生之辰，猶在秦火未燃〔註63〕之前。今馬遷《史記》，亦以「慎和五典」，接於「堯善之」之下〔註64〕，原〔註65〕未嘗分。則伏生所傳之本，正孟子所讀之本。而安國所傳之本，決非孔壁所藏之本。安國所傳之本，既非孔、孟相傳之本，則「舜典」二字決爲贗增可知矣。或曰：「科斗字難寫，故多脫誤，而引經遺忘，諒讀不精熟耳。子不《古文》之信，壁藏之據，何哉？」曰：「吾子挾《古文》以劫伏生，據壁藏而麾〔註66〕孟子似也。不曰壁藏乃東晉所上《古文》，亦宵夫譸說〔註67〕者乎？當漢之初，唯張霸僞〈泰誓〉盛行，而羣儒譁而攻之焉耳。其他《古文》，假云出於壁藏者，實豈與晉《古文》同者哉？馬遷博極羣書，考據精深，所作〈本紀〉，亦同今文《尚書》也。間或掇拾先漢《古文》耳，何有一言一字及此晉人〔註68〕《古文》耶〔註69〕？然方其造意，增此二字之時，特不過如〈皐陶謨〉之復出〈益稷〉二字，蓋曰：簡裒〔註70〕重大而〔註71〕然也。初未嘗僞爲「曰若稽古」以下二十有八字，猶有使人合前段而觀其文理血脈之意。及姚方興增「二十有八字」之後，而〈舜典〉遂與〈堯典〉抗，而分爲二篇，愈遠愈失眞矣。學者當知孔安國、皇甫謐〔註72〕等增「舜典」二字，贗也。其爲聖經之害猶淺也，至姚方興增「曰若」以下「二十有八字」，贗之贗也，則其

〔註61〕姜按：「思、曾」，文淵閣抄本作「子思、曾子」。

〔註62〕姜按：平津館刻本原作「孔子」，而文淵閣抄本作「孟子」，今據後者校改。

〔註63〕姜按：平津館刻本原作「然」，而文淵閣抄本作「燃」，今據後者校改。

〔註64〕姜按：平津館刻本原作「《史記》亦以『慎徽五典』接於『堯典』之下」。平津館刻本訛誤顯然。今據文淵閣抄本並參照《史記》原文校改。

〔註65〕姜按：文淵閣抄本無此「原」字。

〔註66〕姜按：麾，文淵閣抄本作「禽」。

〔註67〕姜按：平津館刻本原作「肖夫緩說」。而文淵閣抄本作「宵夫譸說」，意謂宵小之徒所作欺詐之說。今據文淵閣抄本校改。

〔註68〕姜按：文淵閣抄本於此後有一「之」字。

〔註69〕姜按：耶，文淵閣抄本作「邪」。

〔註70〕姜按：裒，文淵閣抄本作「冊」。

〔註71〕姜按：文淵閣抄本無此「而」字。

〔註72〕姜按：「孔安國、皇甫謐」，文淵閣抄本作「張霸、孔安國」。

爲聖經之害益以深矣。所謂「彌近理而大亂眞」者也。世之儒者何苦信此假飾之浮雲，以蔽離吾聖經之白日也邪？……雖然，此亦無難知者，弗思耳。夫得之於航頭之地者，果何所從來哉？匪從天降，匪從地出，匪龍馬所負，匪神龜所呈，非同器車忽出於山，非同白魚忽躍於舟，何所從來哉？雖出於大航頭，不過數十年之近，非有神異也，此必好事者僞作以欺世，不知者而後知。且又云：「方興伏法，未得行世。隋文帝開皇四年檢祕書，而後舉行方興所上。」則方興航頭得之之說，吾亦疑其非眞，必開皇時人僞爲之者，復杜撰方興所得，以神奇其事，使人信之云耳。袞燕石而離狄乎荊山之璞，珍魚目而混廁乎明月之珠，竊獨悲夫世儒之陋也。〔註73〕

個人先前談過梅鷟考辨《古文尚書》的「邏輯基點」，在於梅鷟抱持「孔壁《古文》」與「東晉《古文》」兩者皆僞的觀點。順應梅鷟的思路，可以發現梅鷟處理文獻存在顯而易見的錯誤。例如梅鷟將「張霸」與「〈泰誓篇〉」連上關係，我們知道張霸所造僞者乃是「《百兩篇》」，兩漢文獻並無「當漢之初，唯張霸僞〈泰誓〉盛行」的說法。回歸〈堯典〉與〈舜典〉的分篇問題，梅鷟的立論有幾個推理步驟：

（1）眞《尚書》系統

　　（1.1）孔子→孟子→伏生

（2）僞《尚書》系統

　　（2.1）孔安國孔壁《古文尚書》→梅賾《古文尚書》

（3）僞〈舜典〉傳承

　　（3.1）孔安國孔壁〈舜典〉→梅賾本〈舜典〉→姚方興〈舜典〉

梅鷟宣示了「眞《尚書》」自伏生而絕。梅鷟並據《史記》無「〈舜典〉」，斷言「〈舜典〉」二字爲西漢孔安國孔壁《古文》始訛增。孔安國孔壁《古文尚書》出，〈舜典〉的造假自彼時濫觴。東晉梅賾與南齊姚方興兩人的〈舜典〉則是「贗之贗也」。對此，閻若璩的看法則有所不同，《疏證》第六十五條下謂：

今之〈堯典〉、〈舜典〉，無論伏生，即孔安國原只名〈堯典〉一篇。蓋別有逸書〈舜典〉。故魏、晉間，始析爲二。然「慎徽五典」，直接「帝曰欽哉」之下，文氣連注，如水之流，雖有利刃，亦不能截之使斷。

惟至姚方興出，妄以「二十八字」橫安於中，而遂不可合矣。今試除去讀之，堯既嫁二女于舜矣。初而歷試，既而底績，繼而受終。次第及於齊七政，輯五瑞，肇州，封山，濬川，明刑，流放四凶。雖舜之事，何莫非帝

之事哉?至是而「帝乃徂落」,而帝之事終矣。「月正元日」以後,則舜之事也,而舜何事哉?用先帝之人,行先帝之政,則舜之事而已,如是又五十載,而舜之事亦畢矣。故以「陟方乃死」終焉。惟除去「二十八字」耳。而以「徂落」終堯;以「陟方」終舜。以為一篇可,以為一人可。以為虞史欲紀舜,而追及堯行事可,以為虞史實紀堯,而並舜行事統括之亦無不可也。

推而合之,他書又無往而不合也。再試析為二,「帝曰欽哉」,何以蹶然而止?「慎徽五典」何以突如其來?不可通者固多矣。又況「二十八字」,無一非勦襲陳言者乎?善乎,同里老友劉理(劉超宗)先生之言曰:「欲黜偽《古文》,請自二十八字始。」

又《古文尚書考・附錄》「閻君之論」第十一,即《疏證》第十八亦云:

《孟子》:「帝使其子九男二女。」趙歧注曰:「〈堯典〉:釐降『二女』、不見『九男』,孟子時,《尚書》凡百二十篇,逸《書》有〈舜典〉之敘,亡失其文。《孟子》諸所言舜事,皆〈堯典〉及逸《書》所載。」則可證其未嘗見古文〈舜典〉矣。

蓋古文〈舜典〉,別自有一篇,與今之《尚書》析〈堯典〉而為二者不同,故《孟子》引:「二十有八載,放勛乃徂落」,為〈堯典〉,不為〈舜典〉。《史記》載「慎徽五典」至「四罪而天下咸服」于〈堯本紀〉,不于〈舜本紀〉。孟子時,典謨完具,篇次未亂,固的然可信。馬遷亦親從安國問《古文》,其言亦未為謬也。余嘗妄意「舜往于田」、「祇載見瞽瞍夔夔及不及貢」、「以政接于有庳」等語。安知非〈舜典〉之文乎?又「父母使舜完廩」一段,文辭古崛,不類《孟子》本文。《史記・舜本紀》亦載其事,其為〈舜典〉之文無疑。然要可為心知其意者道耳。

前者的《疏證》論述,著重辨證梅本〈舜典〉與「姚氏二十八字」之偽;後者惠棟《古文尚書考》所徵引的「閻君之論」,則推測鄭注《書序》之真〈舜典〉,乃是別有成篇。綜觀惠、閻、梅三人的說法,問題的癥結在於我們怎麼確認〈舜典〉的真偽?傾向真〈舜典〉曾經存世者,所據文獻僅止「鄭注《書序》」,閻若璩據《史記・舜本紀》載事與〈堯典〉合者,推論「其為〈舜典〉之文無疑」,並認為這些事只能為「心知其意者道耳」。在此可以看到,就算是論證最周全的閻若璩,也只能對此作出最間接的推論,足證〈舜典〉真偽,何以聚訟紛紜。筆者認為這兩種立場的迥異,都只能從「邏輯基點」的不同作出解釋。更何況這兩種立場都缺乏直接證據,閻若璩如是,惠棟亦如是。

2. 釋梅賾《尚書》訛造〈益稷〉

> 〈皋陶謨〉「帝曰：『來，禹，女亦昌言。』」與咎繇所陳是一時之言，豈容分異？故伏生今文與馬、鄭、王本皆不分篇。直至後文「賡歌颺拜」，而後〈皋陶謨〉篇止，其外乃別有〈棄稷〉之篇，未有所謂〈益稷〉篇目者。梅氏乃以篇中有「泉益」、「泉稷」之文，遂斷自「帝曰來禹」以下，改〈棄稷〉之名爲〈益稷〉，亦其便于省造之私智也。

惠棟所接續要討論的就是關於〈皋陶謨〉的分篇問題。一言以蔽之，惠棟認爲伏生《書》有〈皋陶謨〉。梅賾從〈皋陶謨〉分出一篇，「改〈棄稷〉之名爲〈益稷〉」，原因在於「省造之私智」。對於惠棟的看法，個人認爲不妨再參照其他學人的見解輔助說明。梅鷟《考異‧原序》曰：

> 及安國《古文》既出之後，……分〈皋陶謨〉「帝曰來禹」以下爲〈棄稷〉……凡爲《書》者二十五篇，見詁訓之難通，遂改易其字；見意義之丁寧，遂刊落其語；見〈棄稷〉之不可以名篇，遂更爲〈益稷〉。

又《考異‧孔安國「尚書序」》條下謂：

> 先漢孔安國之古文曰〈棄稷〉，東晉僞孔安國之《古文》曰〈益稷〉，俱非也。

梅鷟顯然無所不疑，對於〈皋陶謨〉分篇的問題也缺乏深刻的論述。相形之下，閻若璩則就〈皋陶謨〉與〈益稷〉，兩者文體的相容性發聲。《疏證》第六十六條下謂：

> 今試取〈皋陶謨〉、〈益稷〉讀之。語勢相接，首尾相應。其爲一篇，即蔡氏猶知之。但謂古者以編簡重大，故厘而二之，非有意於其間，則非通論也。自「曰若稽古皋陶」至「往欽哉」，凡九百六十九字，比〈禹貢〉尚少二百二十五字。〈洪範〉少七十三字。何彼二篇，不憚其重大，而獨於〈皋陶謨〉厘而二乎？說不可得通矣。且〈益稷〉，據《書序》原名：〈棄稷〉。馬、鄭、王，三家本皆然。蓋別爲逸《書》，中多載后稷之言，或契之言。是以揚子雲親見之，著《法言‧孝至篇》。或問「忠言嘉謨」曰：「言合稷契之謂忠，謨合皋陶之謂嘉。」不然。如今之〈虞書〉五篇，皋陶矢謨固多矣。而稷與契，曾無一話一言流傳於代。子雲豈鑿空者耶？胡輕立此論。
>
> 蓋當子雲時，〈酒誥〉偶亡。故謂「〈酒誥〉之篇俄空焉，今亡。」夫賴劉向以中《古文》校今篇籍，具存。當子雲時，〈棄稷〉見存。故謂「言合稷契之謂忠」，以篇名無「謨」字，僅以「謨」貼皋陶。惜永嘉之亂亡失，今遂不知中作何語。凡古人事，或存或亡，無不歷歷有稽如此。

　　閻若璩舉出西漢學者揚雄（B.C53～B.C18）的著作《法言》，說明他認為揚雄當時〈棄稷〉猶存。只是閻若璩連帶提及的〈酒誥〉事，卻是有必要再作釐清。我們知道劉向（B.C77～B.C6）是劉歆（？～B.C23）的父親，而劉歆則是與揚雄同於朝中共事。揚雄這一段論述最大的問題在於，如果《法言・問神篇》所言「〈酒誥〉之篇俄空焉，今亡」屬實，則〈酒誥〉亡失的時間，顯然是在劉向《別錄》之後。也就是說今日我們所認知的兩漢《尚書》篇目，多由正史而來。從「〈酒誥〉俄空」，看民間《尚書》的流布，顯然中央與地方並不一致。揚雄此言，相當程度的為今日我們所認知的《古文尚書》傳承譜系增加必須考量的變數。

　　綜合上述，個人認為惠棟的「省造私智說」，從兩漢文獻無〈益稷〉，再到梅本《尚書》增〈益稷〉，可知此〈益稷〉的來歷。只是惠棟的「省造私智說」，畢竟也是推測大於實證。至於閻若璩雖然藉由揚雄《法言》，間接論斷〈棄稷〉存世，這也不是直接證據，揚雄《法言》畢竟沒有直標〈棄稷〉之名。惠、閻二氏惟一的共識就是漢〈棄稷〉至晉世已亡佚無存，從閻若璩所說：「今遂不知中作何語」，可知欲判別〈棄稷〉與〈益稷〉的差別，就現存文獻而言，舉證效力還是不足。

3. 釋〈顧命〉與〈康王之誥〉的語位斷句

> 伏生合〈康王之誥〉于〈顧命〉，馬、鄭本「高祖寡命」已上為〈顧命〉之篇，「王若曰」已下為〈康王之誥〉，尋經文「諸侯出廟門俟」，俟者，俟「王出」也，語勢不斷，不容于此斷章。……〈康王之誥〉實斷自「王若曰」始，不始于「王出，在應門之內」也。

　　惠棟關於〈顧命〉與〈康王之誥〉的語位斷句，以「語勢不斷，不容于此斷章」。「于此」者，係指「王出，在應門之內」。對於惠棟的看法，筆者將徵引閻若璩的相關見解作為輔助說明，《疏證》第一百五條下謂：

> 又按今文〈顧命〉、〈康王之誥〉，合為一。馬、鄭王本，以「無壞我高祖寡命」以上為〈顧命〉；下則為〈康王之誥〉。晚出《書》又斷自「王出在應門之內」，遂覺諸侯告王，王報誥諸侯，以類相從，勝真《古文書》。

又《疏證》第一百十四條下謂：

> 又按：余戊午應薦至京師。崑山顧炎武寧人，時在富平。有自富平來，傳其新論者云：「王出在應門之內。太保率西方諸侯，畢公率東方諸侯。」案：《左傳・隱元年》：「天子七月而葬，同軌畢至。」此應在葬後，則蘇氏成「王崩未葬，君臣皆冕服說」，誤。因病余相距才十日之說。余謂此證誠好，但王麻冕黼裳，卿士邦君麻冕蟻裳，敘在越七日癸酉，下距王崩

乙丑，僅九日耳，豈葬後乎？且諸侯「出廟門俟」，俟見新君，下即敘「王出在應門之內」。孔《傳》所謂「王出畢門，立應門內」，是也。正一時事，末敘王釋冕反喪服。此「冕」字直應前「王麻冕」之「冕」，非另起一「冕」字，細玩自見。或曰：「奈西方東方諸侯何？」余曰：蔡《傳》解〈堯典〉，「僉曰」，「僉」字，四岳與其所領諸侯之在朝者。又解「芮」、「彤」、「畢」、「衛」、「毛」，皆國名，入爲天子公卿者。即如上文齊侯、呂伋非東方諸侯乎？則康王報誥，庶邦侯甸男衛固有人在也。或者唯而退，附此以便他日，質諸寧人云。

所謂「戊午」，係指康熙十七年（1738），閻氏應「博學鴻儒科」赴京。閻氏除了傳達顧炎武「王出在應門之內」之說立論於此時，也同時表明閻氏與顧氏二學人，對於同樣的文本卻有截然不同的解讀。在此必須承認，關於〈顧命〉與〈康王之誥〉的語位斷句，不管是顧炎武、閻若璩、惠棟，三人所作的結論都缺乏具有證據效力的推理過程。筆者並不認爲關於這個命題，惠棟可以用：「豈知〈舜典〉、〈棄稷〉別有成篇，〈康王之誥〉實斷自『王若曰』始，不始于『王出，在應門之內』也。」作爲總結。

六、結　語

1. 《古文尚書考‧辨正義四條》，乃是惠棟爲「孔氏《古文尚書》五十八篇」與「鄭氏述古文逸《書》二十四篇」等相關考辨《古文尚書》的邏輯基點，所進行的第一組推理辨證工作。梅鷟《考異》的邏輯基點與惠棟《古文尚書考》兩不相同，更遑論梅鷟《考異》提出「張霸」僞造事端的殊乏論據。惠棟既然認爲閻若璩《疏證》的論述可「爲我張目」，則可佐證兩人立場一致，只是惠棟「惟閻是取」的考量，讓他只見其大，如「張霸」與「張霸之徒」的問題，惠棟就沒有就閻若璩的訛失作出精細析離。再者，惠棟《古文尚書考》與程廷祚《晚書訂疑》關於孔穎達《尚書正義》的辨證，雖然兩人的「邏輯基點」相同，然而關注的面向還是有所差異，原因在於程廷祚認爲晚《書》的作者並非梅賾，因此程廷祚自然不會大費周章地對「梅賾」的身分進行甄別。基於此，程廷祚不僅與惠異，更與閻異。相形之下，惠棟《古文尚書考》的「辨正義四條」，是惠棟欲證明眞《古文尚書》存在，所必然要進行甄別僞《古文尚書》的前置作業。論述至此，已經可以得出惠棟《古文尚書考》考辨《古文尚書》在邏輯基點層面初步的推理辨證。

2. 關於惠棟考辨《古文尚書》在「邏輯基點」方面的第二組推理辨證，歸納惠棟《古文尚書考》「證孔氏逸《書》九條」所開展的推理辨證步驟，可以發現惠棟選擇了若干他認爲存在問題意識的篇章提出質疑，經由證明孔氏逸《書》的存在，目

的就是要彰顯出梅本《尚書》的荒誕不經。與其說惠棟「證孔氏逸《書》九條」是爲了證明孔氏逸《書》的存在，倒不如說「證孔氏逸《書》九條」這個組別推理辨證的最終目的，還是在於作爲判準眞假《古文尚書》的依據。

3. 惠棟《古文尚書考‧卷上》「梅氏增多《古文》二十五篇」的命題，是惠棟在以認知漢代眞《古文尚書》曾經存世的「邏輯基點」所行使的第三組推理辨證。這一組辨證分別又包含兩個子題，其一爲：「關於梅賾析離歐陽《尚書》三十一篇爲三十三篇」；其二爲：「關於梅賾《古文尚書》二十五篇與《書傳》不合。」這兩個子題的部分內容又分別與上一節的「證孔氏逸《書》九條」，與接續論述的「辨梅氏增多《古文》之謬十五條」，均可相互呼應，相信這應該就是惠棟寫作「梅氏增多《古文》二十五篇」的謀篇策略。

4. 經由筆者對於惠棟《古文尚書考‧卷上》「辨梅氏增多《古文》之謬十五條」的整理，可以知道惠棟考辨《古文尚書》，擅長於復原考辨對象的歷史座標，並重新商榷考辨對象應該存在的時空環境，以及考辨對象被放置在文本中的相對正確性。惠棟此章命題，企圖證成梅賾「增多」《古文尚書》的訛謬，惠棟多數的推理辨證確實可以被成立。

5. 基本上惠棟所徵引的三則顧炎武的論證，從命題到推理過程再到辨證結果，與《古文尚書考》前章的其他論述相較，證據力顯得異常薄弱。筆者分析最大的原因在於文獻材料的不足。雖然此章命題也是從一樣的「邏輯基點」出發，一樣是在承認漢代眞《古文尚書》曾經存世的前提下開展。三個子題中的前兩個都是大範圍的考述，就「邏輯基點」而言，《古文尚書》的漢眞晉僞，已是考辨眞《古文尚書》一派的基本定調。當考辨對象時移世異至晉代，可以發現由於「鄭注《書序》」的眞〈舜典〉徒剩其名，無論其後出現諸如梅賾、姚方興等人的〈舜典〉，相對來說也都失去了可供定讞晉世之後〈舜典〉造僞的契機。梅本〈益稷〉的情況與〈舜典〉可說極爲相似。試想，在兩漢《尚書》文本缺乏〈舜典〉、〈棄稷〉片言記錄的狀況下，辨僞者對於晉世梅本《尚書》縱使心有所疑，對於舉證必然也會力不從心。至於第三個子題，無論〈康王之誥〉自〈顧命〉的何處斷句才算合理，永遠都會有對於文意理解不同意見的爭論不休。追根究底就是因爲缺乏更直接的證據所致。

第四章 《古文尚書考・卷下》的辨偽舉證

第一節 辨偽舉證的隱性重出

一、重出數據統計

這個部分筆者所要處理問題，就是關於惠棟《古文尚書考》的「辨偽舉證」，與梅鷟、閻若璩等人關於《古文尚書》辨偽條目的重出。筆者將以惠棟為主體對象，據此考察惠棟所舉證的辨偽條目，是否與梅、閻二氏有重出的情況發生。根據第一階段的彙整，得到以下的初步比對結果（以下論述皆以數據呈現，詳細的辨偽重出條目彙整，請參見附錄二、三、四）：

晚出《古文尚書》篇目	惠棟、梅鷟、閻若璩重出數目	惠棟、梅鷟重出數目	惠棟、閻若璩重出數目	三種組合的重出數目與《古文尚書考・卷下》辨偽數目百分比
〈舜典〉	1／1	0／1	0／1	1／6
〈大禹謨〉	2／28	23／28	3／28	28／72
〈五子之歌〉	3／11	8／11	0／11	11／19
〈胤征〉	3／4	1／4	0／4	4／14
〈仲虺之誥〉	3／9	6／9	0／9	9／21
〈湯誥〉	1／4	2／4	1／4	4／15
〈伊訓〉	6／12	5／12	1／12	12／24
〈太甲上〉	5／11	6／11	0／11	11／12
〈太甲中〉	3／7	3／7	1／7	7／9
〈太甲下〉	0／2	2／2	0／2	2／6

〈咸有一德〉	1／11	7／11	3／11	11／18
〈說命上〉	1／4	3／4	0／4	4／14
〈說命中〉	1／6	5／6	0／6	6／11
〈說命下〉	0／10	10／10	0／10	10／16
〈太誓上〉	3／14	5／14	6／14	14／22
〈太誓中〉	5／9	4／9	0／9	9／17
〈太誓下〉	1／9	2／9	6／9	9／15
〈武成〉	6／21	13／21	2／21	21／34
〈旅獒〉	0／6	6／6	0／6	6／12
〈微子之命〉	0／6	5／6	1／6	6／14
〈蔡仲之命〉	2／5	2／5	1／5	5／13
〈周官〉	2／14	12／14	0／14	14／38
〈君陳〉	3／10	7／10	0／10	10／14
〈畢命〉	1／5	4／5	0／5	5／20
〈君牙〉	0／10	10／10	0／10	10／13
〈冏命〉	1／4	3／4	0／4	4／7
整體重出比例	55／233	155／233	25／233	233／476
總　　　計	23／100	67／100	10／100	49／100

　　經由上述的統計資料，就《古文尚書考・卷下》的整體「辨偽舉證」來說，可歸屬於獨出惠棟「辨偽舉證」的部分約佔五成一，其餘四成九的部分，則分別與梅鷟以及閻若璩有著不同程度的重出關係，這些訊息分別都代表了不同的意義。

二、「惠棟、梅鷟」的重出現象

　　根據筆者先前爲惠棟《古文尚書考》共計十二則的「梅鷟曰」所做的統計，其中九則轉引自陳第《疏衍》，餘三則出自梅鷟《考異》，也就是說這個部分的重出現象，只能說明惠棟與梅鷟之間只有三則直接的文獻徵引關係。嚴格來說，在《古文尚書》辨偽的譜系，梅鷟、閻若璩、惠棟三者相互之間各有程度不一的舉證交集，梅鷟與閻若璩的部分，可參見許華峰先生的《閻若璩「疏證」的辨偽方法》，以惠棟《古文尚書考》爲對象，進而考察出《古文尚書考》中的「閻若璩曰」不見於今本《疏證》，反而出現在梅鷟的《考異》。只是光從這一則「顯性重出」的例子，還是不足以全盤解析惠棟與梅鷟之間可能存在的文獻徵引關係。因此就必須再就惠棟《古文尚書考》整體的辨偽條目，以「惠棟與梅鷟、閻若璩」以及「惠棟與梅鷟」，這兩

組「辨偽舉證」的重出方式進行彙整。據此，筆者得到以下的相關數據（按：由於梅鷟《考異》的「辨偽舉證」，〈舜典〉篇自卷二始，故以下不列卷一）：

《考異》卷數	「惠棟、梅鷟、閻若璩」在「惠棟與梅鷟」關於「辨偽舉證」的重出	「惠棟、梅鷟」在「辨偽舉證」的重出
卷　二	10 則	32 則
卷　三	21 則	37 則
卷　四	17 則	47 則
卷　五	7 則	39 則
總　數	55 則	155 則
共　計	210 則	

　　這個部分的數據，旨在說明惠棟《古文尚書考》在明引十二條「梅鷟曰」之外，仍存在二百一十條惠棟雖無標誌，然其「辨偽舉證」卻與明代梅鷟「辨偽舉證」的重出。這個部分的比較工作，可以幫助我們確認惠棟《古文尚書考》的「辨偽舉證」與《考異》內容重出時，可以合併檢討兩者「辨偽舉證」合理性，並且進一步說明兩者是否存在「辨偽舉證」的同中之異。

三、「惠棟、閻若璩」的重出現象

　　雖然惠棟在《古文尚書考》已經明確交代了對於閻若璩《疏證》材料的徵引，個人也已經據此推論《古文尚書考》所取材的《疏證》條文，應與在他之前的杭世駿本《疏證》，以及與他同時的沈彤本《疏證》的來源譜系不盡然相同。張穆校抄沈彤本《疏證》的〈跋〉記提到，沈彤本《疏證》有異今本《疏證》者惟第二卷多衍生的七條，其餘第一、第三、第四卷皆無大異。至於沈彤藉惠抄本《疏證》補足的卷五，張穆並未作出任何評論。今日在沈抄本《疏證》取得困難的情況下，張穆所言似乎已無法取得更即時有效的驗證，加諸惠氏所據《疏證》抄本亦已湮沒不存。因此我們必須另闢蹊徑，希望能藉此求得惠抄本《疏證》的本來面目。透過彙整「惠棟、梅鷟、閻若璩」與「惠棟、閻若璩」這兩組關於「辨偽條目」的重出整理，筆者同時發現在《古文尚書考‧卷下》的九十九條「閻若璩曰」之外，存在一種特殊的狀況，也就是惠棟所提出的「辨偽舉證」，雖然其舉證之下並無註記「閻若璩曰」，實則惠棟其時的「辨偽舉證」卻與今本《疏證》有明顯的重出。這種情況的存在，筆者認為可以更加確定惠棟所援引的《疏證》抄本在內容上確實與今本《疏證》存在差異。這個部分的文獻比對又可以通過與張穆對於沈彤《疏證》抄本所作的校跋來看，暫且不論第一、第二、第四，這三卷的同異，純粹就沈彤自惠棟《疏證》補

足的第五卷而論，在「惠棟、梅鷟、閻若璩」這個組別關於惠、閻「辨偽舉證」重出的部分計有十三則；其次「惠棟、閻若璩」這個組別關於「辨偽舉證」重出的部分計有四則。從兩組相加多達十七則的情況來看，可以初步斷定張穆確實並沒有對於惠棟與沈彤相同的第五卷《疏證》抄本作出細校的工作。再從張穆所謂：「餘三卷（趙按：指第一、三、四卷）標題之次，與今刻本略同。」可知張穆以「略同」二字，說明沈抄本《疏證》與今本《疏證》的同異，那麼非經沈彤傳抄的惠抄本《疏證》，實際的《疏證》抄本存在狀態又是如何？與今本《疏證》又有何殊異？藉由下列兩組的重出資料再作比對，可以得到以下數據（按：除第三卷始終是有目無文，故不列入表格，餘四卷的數目皆列入其中，根據筆者先前的推測，雖然惠棟所得的《疏證》抄本僅為第一、二、五共三卷，但是經由個人列出第四卷的差異，相信可以更周全惠抄本《疏證》的全貌）：

《疏證》卷數	「惠棟、梅鷟、閻若璩」在「惠棟與閻若璩」關於「辨偽舉證」的重出	「惠棟、閻若璩」在「辨偽舉證」的重出
卷　一	25 則	8 則
卷　二	3 則	3 則
卷　四	13 則	3 則
卷　五	13 則	4 則
總　數	54 則	18 則
共　計	72 則	

　　藉由數據的臚列，可以知道惠抄本《疏證》確實在內容上與今本《疏證》有著明顯的不同，否則以惠棟《古文尚書考》徵引閻氏《疏證》的手法，惠棟既然已經不憚繁瑣的徵引了多達九十九則的「間附閻說」，沒有理由在上述兩組加總多達七十二則「閻氏曰」的情況下，惠棟於《古文尚書考》「辨偽舉證」的條目之下會有闕而不徵的道理。這個部分的比較工作可以幫助我們確認當惠棟《古文尚書考》的「辨偽舉證」與《疏證》內容重出時，可以合併檢討兩者「辨偽舉證」合理性，並且進一步說明兩者是否存在「辨偽舉證」的同中之異。

四、「惠棟、梅鷟、閻若璩」的重出現象

　　「惠棟、梅鷟、閻若璩」這個分類在上述兩個組別的的分析意義，除了可以分別析離出「惠棟與梅鷟」以及「惠棟與閻若璩」對應相加的數據；另一方面「惠棟與梅鷟、閻若璩」這個組別也具備被單獨解讀的功能。立足於「惠棟與梅鷟」的重出現象，可以從中推測關於惠棟與梅鷟在「辨偽舉證」方面的文獻徵引關係；而分

析「惠棟與閻若璩」的重出現象,則可以讓我們盡最大可能的去復原惠抄本《疏證》的存在條件,並據此考察閻若璩《疏證》抄本的傳抄狀況。而「惠棟與梅鷟、閻若璩」這個分類組別最大的功能,在於可以間接補充《古文尚書考》中「閻若璩曰」七十餘條不見於今本《疏證》,卻見於梅鷟《考異》的部分。在以惠棟「辨偽舉證」為主體的前提下,發現惠棟《古文尚書考》的「辨偽舉證」有五十五則,與梅鷟、閻若璩明顯的重出:

《疏證》與《考異》	「惠棟、梅鷟、閻若璩」在「惠棟與梅鷟」關於「辨偽舉證」的重出	「惠棟、梅鷟、閻若璩」在「惠棟與閻若璩」關於「辨偽舉證」的重出
卷 一	《考異》自第二卷始	25 則
卷 二	10 則	3 則
卷 三	21 則	《疏證》卷三有目無文
卷 四	17 則	13 則
卷 五	7 則	13 則
總 數	55 則	55 則

藉由這些數據,我們除了可以知道在前述兩組的「辨偽舉證」之外,惠棟分別與梅鷟、閻若璩仍然存在五十五則的辨偽重出,也對於前述顯性的「閻若璩曰」七十餘條不見於今本《疏證》卻見於梅鷟《考異》,間接補充了「隱性重出」的部分。

五、結 語

根據筆者將惠棟《古文尚書考》的辨偽條例與梅鷟、閻若璩等人的《古文尚書》辨偽著作的相互考察,發現三者之間具有相當程度的重出關係,這樣的文獻現象反映了論述惠棟《古文尚書考》辨偽舉證的證據效力之前,必須先行比對彙整惠、梅、閻三者,關於辨偽舉證重出條例的先後差異。因此上述的組別分類,某種程度也可以代表梅、閻、惠三家的辨偽舉證,在歷史座標方面,關於「舉證發明權」的先後提出順序:

1. 「惠棟與梅鷟」辨偽舉證的重出現象:指的就是惠棟「辨偽舉證」與梅鷟《尚書》考辨《古文尚書》辨偽舉證的重出。從中除了可以檢選出惠棟「辨偽舉證」與梅鷟的重出;更可審視這些證據的效力。

2. 「惠棟與閻若璩」辨偽舉證的重出現象:這個部分是關於惠棟所徵引的《疏證》抄本異於今刊本《疏證》的再補充,並且也有必要重新審查相關的辨偽效力。

3. 「惠棟與梅鷟、閻若璩」的辨偽舉證重出現象:就是惠棟「辨偽舉證」與

梅鷟、閻若璩考辨《古文尚書》辨僞舉證的重出。除了是對於許華峰先生「梅、閻重出」條例的再補充，相關的「辨僞舉證」是否有效，仍須重新檢視。

4. 「獨出於惠棟」《古文尚書考》的辨僞舉證：在扣除上述二百三十三則的重出條例與十二則的「梅鷟曰」，以及九十九則的「閻若璩曰」，總數四百七十六條的《古文尚書考》「辨僞舉證」，共有一百三十二條屬於獨出性質。

第二節　辨僞舉證的證據效力

一、「獨出惠棟」的舉證效力

1. 釋〈舜典〉「《連叢子‧孔臧與侍中從弟安國書》」

《連叢子‧孔臧與侍中從弟安國書》曰：「〈堯典〉，說者以爲堯、舜同道。弟素常以爲雜有〈舜典〉，今果如所論。」

按：此以「僞」扶「僞」。欲欺天下後世，謂分析者果壁中本也。

筆者先前提及，惠棟考辨《古文尚書》所建立的辨僞體系，乃是建立在漢代眞《古文尚書》曾經存世，作爲後續所有推理辨證的邏輯基點。在這個基礎上，惠棟企圖證明晉代文獻有造假梅本《古文尚書》爲眞的記錄，乃是勢所必然。因此所謂《連叢子‧孔臧與侍中從弟安國書》，《四庫全書‧孔叢子提要》認爲：「《家語》出王肅依托。《隋志》既誤以爲眞，則所云《孔叢》出『孔氏』所傳者，亦未爲確證。」〔註1〕據此，我們當可理解何以惠棟會用「以僞扶僞」駁正「〈堯典〉雜有〈舜典〉

〔註1〕按：1973 年河北定縣八角廊漢墓與 1977 年安徽阜陽雙古堆漢墓，均出土《孔子家語》的簡牘，並與今本《孔子家語》的內容相近。據此，王肅本《孔子家語》的原型，應可上推至漢朝。今再據許華峰先生〈「孔子家語」引「尚書」的相關材料分析〉的三項結論：

(1)《家語》之引《尚書》，不論明引或暗引，皆顯示《家語》之作者傾向於讓相關內容與《今文尚書》一致。這表示今本《家語》應當完成於經書崇高地位已經確立的時代氣圍之中。時代上，應當不會早於漢代。故《家語》的內容雖有所本，我們在運用時，卻未必可以當作先秦的第一手史料，而不考慮後來加入的成分。而從《家語》引用今本《尚書》〈堯典〉、〈舜典〉的數量最多，表示《家語》認爲這兩篇（相當於王肅本的〈堯典〉）的重要性高於其它諸篇。

(2)《家語》與今本《尚書》（增多今文《尚書》的二十五篇）的關係，不如過去學者所認爲的密切。大多數出自今本《尚書》（增多今文《尚書》的二十五篇）的材料，應當都不是直接引自僞《古文尚書》。

(3) 王肅的注解與僞《孔傳》有同有異。這至少證明了王肅並未將僞《孔傳》作爲

說」的謬上加謬。

2. 釋〈舜典〉「曰若稽古，帝舜曰重華」

《御覽》八十一卷引《尚書中侯‧考河命》曰：『曰若稽古，帝舜曰重華，欽翼皇象。』《史記》曰：『虞舜，名重華。』」

毛甡《冤詞》曰：「〈舜典〉二十八字，漢末有引用之者，王延壽〈靈光殿賦〉有云：『粵若稽古，帝漢祖宗，濬哲欽明。』王粲〈七釋〉亦云：『濬哲文明，允恭玄塞。』云云。」〔註1〕

案：此不爲方興頌冤，乃爲立證佐成其罪也。

毛奇齡的《尚書古文冤詞》，乃是與《古文尚書》辨偽一派立場對壘的護眞代表。毛氏《冤詞》在康熙年間業已刊行，學人皆曰毛氏《冤詞》乃是針對閻氏《疏證》。《四庫全書‧冤詞提要》即言：「及閻若璩作《疏證》，奇齡又力辨以爲眞。」又毛氏《西河合集》卷二十亦有〈與閻潛丘論「尚書疏證」書〉，毛奇齡持「鄙意謂《尚書疏證》總屬難信」的態度。閻氏示於毛氏的《疏證》，究竟是幾卷本？今已不可知。毛奇齡著述《冤詞》的動機，固然與不認同於當時疑偽思潮有關，而閻氏《疏證》的刺激，固然也對毛奇齡起了相當程度的作用。然而兩者卻是不必然存在絕對的對抗關係，而後起惠棟《古文尚書考》的考辨立場，對於毛氏《冤詞》會有其見解，也在事理之中。

惠棟在此提出了毛奇齡考辨《古文尚書》邏輯錯亂的問題。惠棟引《冤詞》乃爲節錄，「云云」後作：「此二王君者，皆在王（王肅）、范（范曄）二君之前，則必《孔傳》舊本原有是文。故彼此襲用之。方興之非偽，固不足辨也。」毛奇齡顯然認爲東漢王延壽、王粲賦作，均有〈舜典〉的相關用語，就表示姚方興所上之〈舜典〉並非無中生有。惠棟反而認爲就是因爲二王賦作有〈舜典〉用語，更加突顯姚方興造偽〈舜典〉痕跡。這裡的問題是，何以面對同樣的文獻材料，卻得到截然不

《家語》刻意「宣傳」的對象。如果王肅注《家語》的目的在於與鄭學爭勝，偽《孔傳》又是鄭王相爭下的產物，似乎不應與偽《孔傳》有同有異。從這一點推測，王肅應當不是偽《孔傳》的作者。然而，就現存的資料看，王肅顯然亦未處處皆與鄭玄立異。雖然就鄭、王相異處言之，大抵與王肅企圖與鄭學爭勝的傳統說法相符，但學派的相爭，並不必然引出二人對經書注解的全然相對反。那麼，這是否也意味著，如果王肅與偽《孔傳》有關，《家語》亦不必然要處處皆與偽《孔傳》相同？

按：據此可知，今行本《孔子家語》引《尚書》，以及與王肅偽作《孔子家語》的關係，存在更精細商榷的空間。

〔註 1〕 見《冤詞》卷2。

同的解讀結果。筆者分析最大的原因在於〈舜典〉僅存「鄭注《書序》」的篇名。就惠棟的考辨立場而言，只要是在姚本〈舜典〉之前的時代，有字句重出或者相近的文獻，就是組成姚氏造偽〈舜典〉的元素，據此也就能坐實姚方興的罪責。毛奇齡雖是持相反的立場，然而研究方法卻是跟惠棟一樣，都是從命題直接跳躍至結論，過程不見任何嚴密的論證。我們不妨視〈舜典〉「曰若稽古……」條，是惠棟考辨《古文尚書》「邏輯基點」不得不如此的延伸。嚴格來說，這是一則過度解讀，並且缺乏說服力的辨偽舉證。

3. 釋〈大禹謨〉「刑期于無刑」

> 《通典》引《商鞅書》曰：「明刑之，猶至于無刑也。」
>
> 棟案：《通典》一百六十九卷曰：「秦商鞅著《刑名書》。」大畧曰：「晉文將欲明刑，於是合諸卿大夫於冀宮，顛頡後至，吏請其罪，遂斷顛頡之脊，人皆懼曰：『顛頡之有寵也，斷脊以狥，而況於我乎！』乃無犯禁者，晉國大治。昔周公誅管叔，放蔡叔，流霍叔，曰：『犯禁者也。』天下皆曰：『親屬昆弟有過不違，而況疎遠乎！』故外不用甲兵於天下，內不用刀鋸於周庭，而海內治。故曰：『明刑之，猶至於無刑也』云云。」是所謂：
>
> 刑期于無刑者，特法立誅必而然。乃申、商之學，非堯、舜之治也。

筆者先前討論過「肉刑」與「象刑」，在使用對象上的不同。惠棟認為前者是關於苗民原始部落自家的規訓懲罰；後者則是中原民族在堯、舜德澤下，溫和文明的懲誡措施。惠棟對於〈大禹謨〉「刑期于無刑」的辨偽舉證，相當程度的延續了「肉刑」與「象刑」的比較思維。只是辨證對象由苗族變成中原民族。回歸到惠棟的辨偽舉證，「顛頡」乃晉文公臣子，當初晉文公出亡，「顛頡」即為追隨者之一。雖然「顛頡」確有其人。然而「斷顛頡之脊」，確是商鞅假托之事。商鞅的目地在藉此闡揚法家刑名的重要性。筆者認為此言第一與《尚書》無涉，其次這種由極刑駭民，以達到無刑的手段，根本違背了堯、舜、禹的視民如傷。惠棟據此認為「刑期于無刑」，必然是蹈襲自《商鞅書》而來。惠棟由刑罰制度的歷史座標著手，分析先王與後王時代制定法律的差異性，筆者認為這一點相對有說服力。

4. 釋〈大禹謨〉「帝乃誕敷文德，舞干羽于兩階。七旬，有苗格」

> 《淮南子》曰：「禹執干戚舞于兩階之間，而三苗服。」高誘曰：「三苗畔，禹風以禮樂而服之。」《韓非子》曰：「當舜之時，有苗不服，禹將伐之。舜曰：『不可，德不厚而行武，非道也。』上乃修教三年，執干戚舞，有苗乃服。」皇甫謐《帝王世紀》亦云。蓋秦漢之人，皆有是說。但偽《書》

既稱『有苗格』。何〈皋陶謨〉猶云『苗頑弗即工』乎？此事亦未可信。

惠棟顯然認爲「有苗格」與「苗頑弗即工」發生的先後順序，對於鑑定梅本〈大禹謨〉的眞僞相當重要。惠棟所謂的「秦漢之人，皆有是說」，指的是《韓非子‧五蠹》與《淮南子‧繆稱訓》等秦、漢典籍。筆者在此首先要釐清的是苗族的降叛問題。前章「辨梅氏增多《古文》之謬十五條」，惠棟曾經徵引顧棟高《尚書質疑‧尚書有苗論》的「《經》言『苗』凡七見說」。顧氏文中並以元儒王耕野的論述輔助說明「苗凡七見說」，相互之間的時事亂序的矛盾叢生：

> 元儒王耕野（充耘）之言曰：「謂之『分北』，則非止一人，謂其『丕敍』，則非止一君，謂之『遷有苗』、謂之『竄絕苗民』，則不特遷徙其君長，必併其國人俱徙之，又何來『徂征逆命』之事邪？三苗既非在廟之臣，舜必將執其君而竄之。舜執其君而無所難，禹征以六師，而反不服，迨至『來格』，既革心向化矣，又從而追其既往而『分北』之，豈『叛則討之，服則舍之』之義？」又曰：「舜以亳期倦勤而授禹，禹豈宜舍朝廷之事而親征有苗？舜又安能以倦勤之餘而誕敷文德？若果能之，則亦不必授禹矣！」
>
> 案：耕野之言深合事理。竊意偽經勦襲《孟子》之語以聾瞶一世，益贊之言猶多謬戾。瞽瞍爲舜之父，而禹、益皆其臣也。以瞍爲天子之父，而斥之爲「有苗」之不若，此在後世爲大逆不道，豈宜竄入經典？愚因耕野之言，類聚所書「有苗」之事，謹以一言斷之曰：若說「竄」與「分北」在「徂征」之後，則苗以「逆命」而班師；以「來格」而遭竄，則有苗當自悔其來。若說在「徂征」之前，則三苗已『丕敍』于『三危』流竄之地，即有『不即功』者，亦使「皋陶施象刑」威之足矣，不勞興師動眾也。

兩相比較，可以發現惠棟於《古文尚書考》辨偽舉證所書「按語」的多寡，通常代表了惠棟對於這個命題的理解與舉證深入的程度。個人認爲惠棟對於〈虞書〉中「有苗」的相關問題可謂鑽研甚深。所提出的辨偽舉證確實也正是深中肯綮。

5. 釋〈湯誥〉「若有恒性」

> 《韓非子‧說林》曰：「孔子曰：『寬哉！不被于利絜哉！民性有恒。』」
>
> 王應麟曰：「〈仲虺之誥〉，言『仁』之始也。〈湯誥〉，言『性』之始也。〈太甲〉，言『誠』之始也。」
>
> 棟案：言「仁」、言「性」、言「誠」，皆見偽《尚書》，其不可據也明矣。

首先必須先審查有關於惠棟「仁、性、誠」三字，只見梅本《尚書》二十五篇的說法是否準確。經過筆者的整理，得出以下數據：

（1）「仁」四則

    （1.1）〈仲虺之誥〉：克寬克「仁」，彰信兆民。

    （1.2）〈太甲下〉：民罔常懷，懷于有「仁」。

    （1.3）〈太誓中〉：雖有周親，不如「仁」人。

    （1.4）〈武成〉：予小子既獲「仁」人，敢祗承上帝。

（2）「性」三則

    （2.1）〈湯誥〉：若有恒「性」，克綏厥猷惟后。

    （2.2）〈太甲上〉：茲乃不義，習與「性」成。

    （2.3）〈旅獒〉：犬馬非其土「性」不畜。

（3）「誠」一則

    （3.1）〈太甲下〉：鬼神無常享，享于克「誠」。

    惠棟的結論顯然是來自於精密的統計。筆者接續所要處理的問題在於惠棟指出了「仁、性、誠」，獨出於梅本《尚書》二十五篇，對於考辨《古文尚書》具有怎樣的舉證價值？惠棟行文所並舉的還有《韓非子‧說林》與王應麟《困學紀聞》。前者係惠棟指陳梅本〈湯誥〉自此蹈襲；後者則是指出王應麟的不辨真偽。惠棟前者辨偽立場的證據效力仍有待商榷，原因在於視梅氏〈湯誥〉為真者，同樣可以將《韓非子》解釋為是孔子繼承自梅氏〈湯誥〉。由此看來這個舉證對於《古文尚書》的辨偽與護真兩方都不構成證據效力。惠棟對於「王應麟曰」的引文屬於節選，《困學紀聞》卷二餘文曰：「〈說命〉，言『學』之始也。皆見於〈商書〉。『自古在昔，先民有作，溫恭朝夕，執事有恪』，先聖王之傳恭也。亦見於〈商頌〉，孔子之傳有自來矣。」由此當可知王應麟欲以孔子的地位合理化梅本《尚書》二十五篇傳承譜系的意圖。筆者推測這就是惠棟所以會下按語的最大原因。因此審查惠棟持論「仁、性、誠」三字，出於梅氏《古文尚書》二十五篇所具備的舉證效力，就顯得極其重要。梅鷟《考異》將「若有恒性」，釋為剿襲自《中庸》「天命之謂性」。閻若璩《困學紀聞注》曰：「此即天命之謂性，率性之謂道，修道之謂教也。人能知此，則知觀《書》之要。而無穿鑿之患矣（呂成公（祖謙）已有此說）。」暫且不管學人們持論梅氏《古文尚書》真偽的立場。「若有恒性」的「性」與《中庸》有所關係則是不謀而合的共識。今日關於《中庸》「性」的哲學意涵，根據出土文獻《上海博物館藏戰國楚竹書‧性情論》與《荊門郭店楚墓竹簡‧性自命出》，可知「性」已分別有所謂「道始於情，情生於性」與「性自命出……情生於性」，等等早於〈中庸〉的論述。而這些簡書的刻成年代卻仍然晚於《尚書》最晚的《周書‧秦誓》。換言之，兩種不同的《古文尚書》考辨立場，顯然是辨偽者的舉證較具優勢。因為相形之下，護真派必然無法解釋「性」字出

現在《商書‧湯誥》的突兀。至於「仁」與「誠」的哲學意涵,則分別與《論語》及〈大學〉相關,自不待言。

6. 釋〈伊訓〉「奉嗣王祗見厥祖。侯甸羣后咸在」

《唐書‧王元感傳》:張柬之曰:「《書》稱成湯既歿,太甲元年曰:『惟元祀,十有二月,伊尹祀于先王,奉嗣王祗見厥祖。』孔安國曰:『湯以元年十一月崩……〈顧命〉『四月哉生魄,王不懌』。翌日乙丑王崩,丁卯命作冊度,越七日癸酉,『伯相命士須材』。則『成王崩』至『康王麻冕黼裳』,凡十日,康王始見廟。明湯崩在十一月,比殯訖以十二月,祗見其祖。〈顧命〉『見廟』訖『諸侯出廟門俟』。〈伊訓〉言:『祗見厥祖,侯甸羣后咸在。』則『崩』及『見廟』,是周因于殷也。」)

棟:謂如張柬之說,則知梅賾竊〈顧命〉之文,明矣。

惠棟從《唐書‧王元感傳》所轉引「張柬之曰」語意並不夠完整。今據《唐文粹》,張柬之〈駁「行三年之服」議〉條下謂:

夫「三年之喪,二十五月」,不刊之典也。……《尚書‧伊訓》云:「成湯既沒,太甲元年,惟元祀。十有二月,伊尹祀于先王,奉嗣王祗見厥祖。」孔安國〈注〉云:「湯以元年十一月崩」。據此,則二年十一月「小祥」,三年十一月「大祥」。故〈太甲篇〉中云:「惟三祀,十有二月朔。伊尹以冕服奉嗣王,歸于亳。」是十一月「大祥」,訖十二月朔日加王冕服,服吉而歸亳也。是孔言「湯元年十一月」之明證。〈顧命〉云:「四月哉生魄,王不懌。」是四月十六日也。翌日乙丑王崩,是十七日也。丁卯命作冊度是十九日也。越七日癸酉,「柏相命士須材」,是四月二十五日也。則「成王崩」至「康王麻冕黼裳」,中間有十月,康王方始見廟。則知湯崩在十一月,淹停至殯訖,方始十二月,祗見其祖。〈顧命〉「見廟」訖「諸侯出廟門俟」,伊訓言「祗見厥祖,侯甸羣后咸在」。則「崩」及「見廟」。殷、周之禮並同。

此周因於殷禮,損益可知也。不得元年以前別有一年。此《尚書》「三年之喪,二十五月」之明驗也。

透過下列的干支比對表,相信可以幫助我們更清楚〈顧命〉相關時間點的排列順序:

0416 甲子 1	0417 乙丑 2	0418 丙寅 3	0419 丁卯 4	0420 戊辰 5	0421 己巳 6	0422 庚午 7	0423 辛未 8	0424 壬申 9	0425 癸酉 10

〈王元感傳〉謂「初著〈論三年之喪〉。以三十有六月，譏誑諸儒。」後來張柬之的〈駁「行三年之服」議〉，即為破除王氏之說。張柬之舉證《書》、《春秋》、《禮》等經典的事例，說明「三年之喪」止於「二十五月」。換言之，張柬之舉證《尚書》，即已認定〈伊訓〉與〈顧命〉的「三年之喪」皆為「二十五月」。張柬之論述喪制的用意，除了確認喪期的時間止迄，另外也確保了經典前後論述的一致性。張柬之釋《書》「三年之喪」不從孔穎達「二十六月」，有其歷史背景。孔穎達的《正義》成，當時學者並非皆遵信不疑。《新唐書・馬嘉運傳》曰：「（馬嘉運）以孔穎達《正義》繁釀。故掎摭其疵，當世諸儒服其精。」四庫館臣齊召南《尚書注疏・考證跋語》亦曰：「顧自有《正義》以來，讀書家又信者半，疑者半。穎達同時有馬嘉運摭其疵，後時有王元感糾其繆。然疑《疏》，不疑《傳》也。」事實上《疏》為《傳》作，《傳》為《經》作。《疏》可疑，《傳》又豈有置身事外的道理。而惠棟所謂「梅賾竊〈顧命〉之文」，顯然就是著眼於兩者喪制同異的問題。關於「三年之喪」究竟是幾個月？何以惠棟會從這個癥結點斷定梅氏〈伊訓〉之非。「三年之喪」的月數有幾個說法，《禮記・三年問》謂之「二十五月」、鄭注《儀禮》謂之「二十七月」、王肅與梅本《孔傳》皆謂之「二十六月」。其中只有梅本孔《傳》是專門為了釋《書》而作。換言之，理應只有梅本孔《傳》具有直接證據的價值。這裡的問題是，梅本孔《傳》已被《古文尚書》辨偽一派視為作假，那麼二者的《經》、《傳》關係豈不是更啟人疑寶？在此我們可以參考閻若璩的見解，《疏證》第十八條下謂：

> 王肅，魏人。孔《傳》出於魏、晉之間，後於王肅。《傳》、《註》相同者，乃孔竊王；非王竊孔也。只以一事明之。「三年之喪，二十五月而畢，中月而禫」。鄭康成以「中月」為「間月」，則二十七月而後即吉。王肅以「中月」為「月中」，則二十六月即可即吉。王肅以前未聞有是說也。今《孔傳》於〈太甲〉「惟三祀，十有二月朔」。釋曰：「湯以元年十一月，崩。至此二十六月，三年服闋」，非用王肅之說而何？凡此《書》出於魏晉間所假託者，皆歷有明驗，而世猶遵用之，而不悟惑之不可解，至矣。
>
> 又按，余因此思偽作〈太甲〉者云：「唯三祀，十有二月朔。伊尹以冕服奉嗣王，歸於亳。」非以是月為正朔，乃以是月為服闋而即吉也。服果闋於是月，則太甲之元必改於湯崩之年丁未。一年二君，失終始之義。此豈三代所宜有乎？若踰年改元，又不應至此月而後服闋。反覆推究，無一可者。蓋偽作此《書》者，不能備知三代典禮。既以崩年改元，衰季不祥之事上加盛世，又以祥禫共月。後儒短喪之制上視古人，蓋至是而其偽愈不可掩矣。

閻若璩顯然具體化了〈伊訓〉與〈太甲〉之間明確的時間縱線，並詳解了以「後儒短喪之制上視古人」的誤謬。閻氏這樣推理辨證的考辨過程，顯然比惠棟的一言以蔽之更具說服力。

綜上所述，筆者認爲惠棟關於〈伊訓〉的論證失之簡略。惠棟既然是以「如張束之說」爲立論前提，就表示惠棟必須先對張束之的論述進行驗證，既然「三年之喪」在月數上猶有未定，而變數又有可能來自「三年之喪」，在「商」與「周」分別不同的「喪制」指稱意義。則惠棟的「如」字，未免失之武斷。另外也不能忽略，惠棟提出〈伊訓〉剿襲自〈顧命〉的說法，事實上只能持論〈顧命〉隸屬於〈周書〉的範疇，〈顧命〉對於整個喪期的各個時間點，與〈伊訓〉、〈太甲〉相較，可謂表達的更爲籠統，僅能說〈顧命〉的喪制極有可能是遵循周制，然而我們不能如惠棟所言，將未有定論的〈顧命〉喪制，當作是鑑別〈伊訓〉迄自〈太甲〉喪制眞僞的考辨基準。換言之，欲別〈伊訓〉迄自〈太甲〉喪制之僞。「商代喪制」的眞相，顯然是必須先樹立的前提。假設泯滅了這個要素，則「《孔傳》」、「王肅」、「鄭玄」、「張束之」、「閻若璩」，對於〈伊訓〉迄自〈太甲〉，當然各自都會有不同的喪期起算基點，自然也就形成了三種立場各異的論述。因此當惠棟沒有考量眾多變數，就遽爾斷定眞相就是〈伊訓〉炮製〈顧命〉，不免會落入閻若璩所言之以「後儒短喪之制上視古人」的窠臼。

二、「惠棟、梅鷟」的重出舉證效力

1. 釋〈大禹謨〉「任賢勿貳，去邪勿疑」

《古文尚書考》：《戰國策》引《書》云：「去邪勿疑，任賢勿貳。」

《考異》：二句見《戰國策》：趙武靈王曰：「《書》云：『去邪勿疑，任賢勿貳。』」（卷2）

雖然《戰國策》與〈大禹謨〉二句互異，但是惠棟與梅鷟仍是坐實梅本〈大禹謨〉抄襲《戰國策》。必須先知道關於「去邪勿疑，任賢勿貳」的使用有無語境以及指稱對象的適用性。《戰國策》引《書》「去邪勿疑，任賢勿貳」的敘事語境，乃是描述趙武靈王意欲延聘周紹當太子的老師所說的一段話，原文作：

王曰：「寡人以王子爲子任，欲子之厚愛之，無所見醜。御道之以行義，勿令溺苦於學。事君者，順其意，不逆其志；事先者，明其高，不倍其孤。故有臣可命，其國之祿也。子能行是，以事寡人者畢矣。《書》云：『去邪勿疑，任賢勿貳。』寡人與子，不用人矣。」

相對於〈大禹謨〉的「任賢勿貳，去邪勿疑」，乃是出自伯益陳言於帝舜，〈大

禹謨〉所言乃是下對上。而《戰國策》所言乃是上對下。趙武靈王將「勿貳」，作出「專一信任」周紹的解釋。而〈大禹謨〉的「勿貳」，也同樣是關乎如何用人的戒詞。所以光從《戰國策》與〈大禹謨〉語句的重出，並無法確定這到底是誰抄誰。那麼如果由「任賢勿貳，去邪勿疑」的語句順序著手，能否解決這個問題？抱持梅氏《古文尚書》為真的毛奇齡，對於如何「證真」有他的解釋，《古文尚書冤詞》卷四謂：

> 或曰：《國策》：趙武靈王立周紹為王子傅，引《書》云「去邪勿疑，任賢勿貳」，今倒見，何也？此引古恒有之。〈坊記〉引《詩》「彼有遺秉，此有不斂穧」。《後漢》崔琦〈外戚箴〉引《書》「惟家之索，牝雞之晨」。

毛氏所言崔琦的〈外戚箴〉引《書》「惟家之索，牝雞之晨」，確實出於《周書・牧誓》，只是毛奇齡素長於文學，在此他顯然刻意規避了崔琦的〈外戚箴〉的文體有行文押韻的考量。〈外戚箴〉前後文云：「晉國之難，禍起於驪。惟家之索，牝雞之晨。專權擅愛，顯己蔽人。」由此看來，〈外戚箴〉引《書》的文句互異，並不等同「《戰國策》與〈大禹謨〉」的案例，因此毛氏欲對梅氏〈大禹謨〉「證真」的企圖自然也無法成立。

2. 釋〈大禹謨〉「滿招損，謙受益，時乃天道」

> 《古文尚書考》：梅鷟曰：「本《易》之謙尊而光，卑而不可逾。」
>
> 棟案：「天道虧盈而益謙」，〔註2〕漢易「盈」為「滿」，偽《古文》蓋本之此。

梅鷟《考異・大禹謨》卷二全文作：

> 《詩》曰：「致天之屆。」《易・謙》之《象傳》曰：「天道虧盈而益謙。」下文有地道、人道、鬼神，四句連類而發，所謂矢口為經，決非因襲之語。今易「盈」字為「滿」字，易「虧」字為「損」字，所以新其字也。易「虧盈」為「滿招損」，易「益謙」為「謙受益」，所以奇其句也。藏形匿跡如此，然後以「時乃天道」束之於下，與〈象傳〉繁簡順逆迥不同矣。自以為龍蛇虎豹變見出沒，人孰得而搏捕之哉？然總之不離一「天道虧盈而益謙也」。以此欺孩提乳臭者可矣，若以欺「明鏡止水」之賢人君子，烏乎可？且蹈襲而無當，以上文觀之，舜稱禹「不自滿假」、「不矜」、「不伐」矣，禹何弗謙之有？是於上文無當。以下文觀之，即引舜之至德要道所以感通神明者，「謙」又不足以言之也。是於下文無當。此之謂百孔千瘡耳〔註3〕。

〔註2〕按：當指劉向《說苑・敬慎篇》：《易》曰：「天道虧滿而益謙。」
〔註3〕姜按：文淵閣抄本無此「耳」字。

　　姜廣輝老師曾經針對梅鷟此則的推理辨證提出自身的見解，〈梅鷟《尚書考異》考辨方法的檢討‧考辨「滿招損，謙受益」之文〉條下謂：

> 梅鷟以爲，「滿招損，謙受益」之語蹈襲《周易‧謙》卦之〈象傳〉：「天道虧盈而益謙。」今易「盈」字爲「滿」字，易「虧」字爲「損」字，所以新其字也。易「虧盈」爲「滿招損」，易「益謙」爲「謙受益」，所以奇其句也。他認爲這屬於「蹈襲而無當」，因爲「以上文觀之，舜稱禹不自滿假，不矜不伐矣，禹何弗謙之有？」在此處梅鷟對前文「不矜」、「不伐」之語做了正確的理解，認爲這是舜稱許禹的話，既然如此，「禹何弗謙之有？」何須有此「滿招損，謙受益」一番話。這是「于上文無當」。而「以下文觀之，即引舜之至德要道所以感通神明者，謙又不足以言之也。是於下文無當。」梅鷟此論，又脫離當時之語境討論問題，因爲益之言並不是針對禹個人的謙德問題。當時益從禹征苗，苗不率服。益贊佐于禹，以爲苗民未可感服，宜持謙德以待苗民，欲禹還兵。益「贊」之者，是禹已先有此意。而且孔穎達《尚書正義》已經指出「滿招損，謙受益」之言是與《周易‧謙》卦象辭之言具有一致性。其言曰：《易‧謙》卦「象曰：『天道虧盈而益謙』……是『滿招損，謙受益』，爲天道之常也。益言此者，欲令禹修德息師，持謙以待有苗。」筆者以爲，因爲兩者詞旨相近，便斷言〈大禹謨〉蹈襲《周易》，不免有武斷之嫌。但以今人看來，〈大禹謨〉「滿招損，謙受益」之言淺顯易懂，而《周易‧謙》卦象辭「天道虧盈而益謙」之言晦澀難明。假如〈大禹謨〉先有此精粹之格言，而後出之《周易‧象傳》，眞拙於言辭者。

　　梅鷟所作的考鏡源流動作明顯的跟自身的考辨立場有關。從惠棟轉引梅鷟語，可知惠棟對於梅鷟考辨的間接認同。只是梅鷟指出的《易‧謙》與〈大禹謨〉「滿招損，謙受益，時乃天道」的因襲關係，惠棟顯然認爲舉證猶然不足，因此惠棟更進一步指出梅本〈大禹謨〉「滿招損，謙受益，時乃天道」，其中的「滿」字乃是由漢人易字而成。換言之，惠棟認爲梅本〈大禹謨〉「滿招損……」一語的來源應該更精確的推論至漢世。也就是說惠棟藉由漢世易「盈」爲「滿」，更坐實梅本〈大禹謨〉「滿招損……」的抄襲。針對惠棟對於梅鷟說法的引申，漢世之時確實有「盈」字作「滿」的例子，然而其事亦僅見於漢代的劉向《說苑》。〔註4〕據此，只能確定梅本〈大禹謨〉的「滿招損」三句，較爲接近劉向的「天道虧滿而益謙」。而惠棟「一

〔註4〕按：據何廣棪老師推論：「盈」改「滿」，或與避漢惠帝名有關。

字之易」的辨偽舉證，事實上還是無法解決誰抄誰的根本性問題。

3. 釋〈大禹謨〉「負罪引慝，祗載見瞽瞍，夔夔齋慄，瞽亦允若」

《古文尚書考》：《孟子》曰：「《書》曰：『祗載見瞽瞍，夔夔齋慄，瞽亦允若。』」趙岐曰：「《書》，《尚書》。」

棟案：此當作〈舜典〉中。史臣所記如此，若益贊于禹，無直斥天子父之理，此偽《古文》之謬也。

惠棟此則論證僅以伯益「無直斥天子父之理」作為舉證說明，顯然過於簡略。由於此則論證屬於《古文尚書考》與梅鷟《考異》辨偽舉證重出的條例，因此不妨再參酌梅鷟的見解，《考異·大禹謨》卷二條下謂：

然後「祗載見瞽瞍，夔夔齋慄」者，是乃所以言賢人君子以下之事，而非「由仁義行，非行仁義」者之所作為也。辭雖貫穿，而意實侮舜矣。故曰「當刪」。「號泣于旻天」之上加「日」字，乃此人之故知如此，聖化神矣，恒情罔測，禮家雖有「三諫號泣」之義〔註5〕，然當耕而耕，日日號泣，亦非存心不他之義，不若萬章、長息無此字語，尤圓而活也。「祗載」三句，見《孟子》；且有「《書》曰」二字，此可知其必為逸《書》無疑，當拈出而標註之，然後見後學尊經之意，不敢以魚目褻我明月夜光也。「瞽亦允若」，《孟子》書〔註6〕有「瞍」字為是，今此人節去「瞍」字者，因〈堯典〉有「瞽子」之文故也。當是時，四岳既居顯位，而復當堯天子之前，故言「瞽子」〔註7〕無害，今舜既為天子矣，禹、益皆其臣子，又非帝堯當陽之時，瞽瞍為天子之父，即後世之所謂「太上皇」也，公然以待「有鰥在下」者父之名稱〔註8〕稱之，但知字之可據，而不知時地之不同，吾恐禹、益之心不惟不敢，亦惕然有所不忍乎！《記》曰：「擬人必於其倫」，聖天子之父，亦既「允若」矣，「厎豫」矣，諄諄言之，以儕諸蠢，竄分北之苗，可謂於其倫乎哉？以明月夜光而投之以彈野雀，此逸《書》之不幸也，急於蒐葺而不知其上下文不從，字不順，句句失其職。〈皋陶謨〉之昌言，殆不類此。崇伯子之所以薦於天者，決知其不然。吾以為晉人之誣伯益厚矣，安得不昌言以排之哉？

或曰：「伯益特借瞽以明至誠感應之機云耳，吾子何求之深也？」曰：「事

〔註5〕 姜按：義，文淵閣抄本作「說」。
〔註6〕 姜按：文淵閣抄本無此「書」字。
〔註7〕 姜按：「瞽子」，文淵閣抄本作「『瞽』字」。
〔註8〕 姜按：文淵閣抄本無此「稱」字。

體不例之甚,感父頑者,可以號泣祇載,施之苗頑則不可。試即其言而例之,必曰:『禹往于苗,日號泣于旻天、于有苗,負罪引慝,祇載見有苗,夔夔齋慄,苗亦允若。』然後為至誠也,不敬,何以別乎?

其辭氣之弊必至於此,且瞽之頑,乃舜在下時之不幸。此書之言,必[註9]薦禹以後時所言,晉人欲取以神其說,不知其不當言也。……?吾故曰:非益之言也,誣之者厚也,益必不忍借聖天子「允若」之父,以例苗頑也。

因父頑、苗頑二「頑」字之相同,而蒐輯此二條以立言者,果信也耶[註10]?

　　梅鷟竭盡心力的解釋何以「祇載見瞽瞍,夔夔齋慄」為侮舜之詞。對於「祇載見瞽瞍,夔夔齋慄」與〈大禹謨〉敘事語境的格格不入也分析的相當深刻。梅鷟釋此與惠棟不同的地方,在於他認為此語當刪,而惠棟則持此語應入〈舜典〉,理由在於趙岐標誌此語出自《尚書》。因此惠棟與梅鷟在此的共同課題,不再是辨別梅本〈大禹謨〉的真偽,因為加入了「趙岐〈注〉」的變數,所以這裡的問題變成此語究竟是隸屬於〈舜典〉的逸《書》?還是無篇可供合轍的逸《書》?筆者先前談過〈舜典〉僅存「鄭注《書序》」之篇名,閻若璩面對復原〈舜典〉的文理內容,亦僅能心虛的以「心知其意者道耳」進行推測。今日所要釐清的是,惠棟是否是不加解釋的將「負罪引慝……」四句納入〈舜典〉。值得一提的是,《孟子‧萬章上》的趙岐〈注〉曰:「孟子時《尚書》凡百二十篇。逸《書》有〈舜典〉之敘,亡失其文。孟子諸所言舜事,皆〈堯典〉及逸《書》所載。」四庫館臣曾就趙岐〈注〉中的「逸《書》」定義進行解釋,《四庫全書‧冤詞提要》謂:

奇齡舍《史記》、《漢書》不據,而據唐人之誤說。豈長孫無忌等所見,反確于司馬遷、班固、劉歆乎?至於杜預,韋昭所引「逸《書》」,今見《古文》者,萬萬無可置辯。則附會《史記》、《漢書》之文,謂「不立學官者,即謂逸《書》」。不知預註《左傳》,皆云「文見《尚書》某篇」。而逸《書》則皆無篇名。使預果見《古文》,何不云逸《書》某篇耶?且趙岐註《孟子》,郭璞註《爾雅》,亦多稱「《尚書》逸篇」。其中見于《古文》者,不得以不立學官假借矣。至《孟子》「欲常常而見之,故源源而來不及貢。以政接于有庳」,岐註曰:「此常常以下,皆《尚書》逸篇之詞」。《爾雅》「剴」,「明」也。璞註曰:「逸《書》『剴我周王。』」核之《古文》,絕無此語。亦將以為不立學官,故謂之逸耶?又岐註「九男二女」,稱:「逸《書》有〈舜典〉之〈序〉,亡失其文。」孟子諸所言舜事,皆〈堯典〉及逸《書》

[註9] 姜按:必,文淵閣抄本作「又」。
[註10] 姜按:文淵閣抄本無此「耶」字。

所載。使逸《書》果指《古文》,則古文有〈舜典〉,何以岐稱「亡失其文」耶?此尤舞文愈工,而罅漏彌甚者矣。

　　四庫館臣經過整理後發現,由於僞作《古文尚書》者,將「逸《書》不立於學官」的意義無限上綱,以致於俯拾諸經典言及「逸《書》」處,隨意成文,殊不知「逸《書》」自是「逸《書》」,而非梅本《古文尚書》二十五篇中的任一篇章。由此觀點審視惠棟置「負罪引慝……」四句於〈舜典〉的作法,則身爲辨僞者的惠棟,反而沿襲了造僞者的思維。

　　綜上所述,筆者認爲梅鷟的「當可刪說」與惠棟的「納〈舜典〉說」,二者皆持論太過。梅鷟的認知淵源於「逸《書》」的無主,既然此語與〈大禹謨〉語境不合,當刪之而後快;惠棟就事而論,此語是敘舜行事,自然與禹無涉;就理而言,此語直詈瞽瞍,更是不符禮制。只是惠棟的思維顯然矛盾,既然此語不倫不類,則置之〈舜典〉,文理又豈能不生衝突?因此我們若是認爲「趙岐〈注〉」可信,則「負罪引慝,祇載見瞽瞍」四句,當非〈大禹謨〉之文,只是要將之納入〈舜典〉,恐怕還有相當大的討論空間。

4. 釋〈五子之歌〉「予臨兆民,懍乎若朽索之馭六馬」

　　《古文尚書考》:《説苑》曰:「子貢問治民於孔子。孔子曰:『懍凜焉如以腐索御奔馬。』」《新序》曰:「夫執國之柄,履民之上,凜乎以腐索馭奔馬。」古文「御」作「馭」,從「又」從「馬」。案:《經》、《傳》無言「六馬」者。鄭馭《五經異義》曰:「《周禮》校人養馬乘馬,一師四圉四馬曰『乘』。〈顧命〉〔註11〕云:『皆布乘黃、朱』。以爲天子駕四,漢世天子駕六,非常法也。」乃知「六馬」之謬。

　　《考異》:《論語》曰:「以臨其民。」《淮南子》:「君子之居民上,若以朽索馭奔馬。」《召誥》:「曷其奈何弗敬?」〔註12〕

　　雖然梅鷟也有等同於惠棟的舉證。然此章乃是以「馬制」問題爲核心。而惠棟關於「馬制」的案語,說得顯然沒有閻若璩清楚。《潛邱劄記》卷一曰:

　　《輿服志》注《古文尚書》曰:「予臨兆民,凜乎若朽索之馭六馬。」《逸禮·王度記》曰:「天子駕六馬。諸侯駕四。大夫駕三。士二。庶人一。」《周禮》:「四馬爲乘。」《毛詩》:「天子至大夫同駕四,士駕二。」《易·京氏》、《春秋·公羊》説,皆云「天子駕六」。許慎以爲「天子駕六,諸

〔註11〕按:《古文尚書考》作〈顧命〉,《尚書正義》作〈康王之誥〉,二者篇名相異,係「分篇」問題所致。

〔註12〕姜按:自「《論語》曰」至「曷其奈何弗敬」,爲文淵閣抄本所無。

侯及卿駕四，大夫駕三，士駕二，庶人駕一。」《史記》曰：「秦始皇以水
數〔註13〕制乘六馬。」鄭玄以爲：「天子四馬。《周禮》乘馬有四圉，各養
一馬也。諸侯亦四馬。顧命時，諸侯皆獻乘黃、朱，誠亦四馬也。今帝者
駕六。」此自漢制與古異耳。

　　諸經傳對於「馬制」顯然具有共識。周代是「天子四馬」，秦迄漢是「天子六馬」。
這裡的問題是〈五子之歌〉屬於〈夏書〉，既然周、漢兩代「馬制」有別，那麼，又
是否可以想當然爾的將夏、周兩代的「馬制」相提並論？今據《夏書・禹貢》考察，
僅得「萊夷作牧」；另外《史記・六國年表》有「禹興於西羌」，言羌人善牧。《史記・
吳太伯世家》亦有「少康爲有仍牧正」，牧正者，牧官之長。我們僅能從存世文獻與
出土史料間接推斷夏朝的畜牧業相當發達，然而還是無法測知天子御馬的數量。而
此章惠棟以「馬制」爲命題固然重要，可是不能因此將「周制」權充「夏制」，勉強
得到一個充滿爭議的答案。換言之，惠棟藉由「馬制」推算〈五子之歌〉的「六馬」
之謬，只能算是非常間接的證據，筆者認爲難以構成辨偽效力。

5. 釋〈五子之歌〉「其三曰：惟彼陶唐，有此冀方。今失厥道，亂其紀綱，乃底滅亡」

　　　　《哀六年》：〈夏書〉曰：「惟彼陶唐，帥彼天常，有此冀方，今失其行，
　　　　亂其紀綱，乃滅而亡。」《正義》曰：「賈逵以爲逸《書》，解爲夏桀之時。」
　　　　賈傳《古文》而言如此，則梅賾之誕可知。皇甫謐《帝王世紀》曰：「案：
　　　　『《經》、《傳》言：夏與堯、舜同在河北冀州之域，不在河南也。故〈五
　　　　子歌〉曰：『惟彼陶唐，有此冀方，今失厥道，亂其紀綱，乃底滅亡。言
　　　　自禹至太康與唐虞不易都域也。』」
　　　　案：《晉書》謂謐之外弟，天水梁柳傳《古文》，謐當見之。故〈五子歌〉、
　　　　〈湯誥〉諸篇，間載《帝王世紀》中。王肅注《家語》，亦以「今失厥道」，
　　　　當夏太康時。又《左傳正義》曰：「案：王肅注《尚書》，多是孔《傳》，
　　　　疑肅見《古文》，匿之不言。」《經典序錄》曰：「肅注今文，而解大與《古
　　　　文》相類，或肅私見孔《傳》而匿之。」據此二說，故棟當疑後出《古文》，
　　　　肅所撰也。

　　在分析惠棟的推理辨證之前必須並舉梅鷟的意見，《考異・五子之歌》卷二條下
謂：

　　　　《左傳・哀公六年》楚昭王有疾，不祭河。孔子曰：「楚昭王知大道矣，

〔註13〕按：《禮記・月令》：「木數八。火數七。金數九。水數六。土數五。」

其不失國也宜哉！〈夏書〉曰：『惟彼陶唐，帥彼天常，有此冀方。今失其行，亂其紀綱，乃滅而亡。』」此語今以爲〈五子之歌〉第三章，但歌中無「帥彼天常」一句，下亦微異。「其行」，〈歌〉作「厥道」；「乃滅而亡」，〈歌〉作「乃底滅亡」。杜預註：「逸《書》。」「『滅亡』謂夏桀。唐、虞及夏同都冀州不易地，『而亡』，由於不知大道故。」孔穎達《疏》曰：「賈、服、孫、杜皆不見《古文》，以爲逸《書》，解爲夏桀之時，惟（王）肅云：太康時也。按〔註14〕：王肅註《尚書》，其言多是孔《傳》。疑肅見《古文》，匿之而不言也。」

夫作《古文》者，以仲康復立，故以五子能明祖訓，然當作〈歌〉之時，羿雖距太康於河，猶未至於滅亡也，故改作「乃底滅亡」，言其勢至於滅亡也。由「乃滅而亡」，則杜註以爲夏桀之時者爲當。由「乃底滅亡」則未知，或爲太康之時，或爲夏桀之時也。孔疏此章於《尚書》寂無辨証之語，於《左傳》則曰：「此多『帥彼天常』一句，又字少異者，文經篆隸，師讀不同，故兩存之。」又曰：「疑肅見《古文》，匿之而不言」，蓋疑《古文》爲王肅所擬也。

今按：少「帥彼天常」一句，改「其行」爲「厥道」者，則故爲繆亂以惑學者；改「乃滅而亡」爲「乃底滅亡」，則欲遷就其說以當太康之世。然不知此章之體，句句用韻，今「厥道」一句，獨不用韻，則其不知而妄改，亦亦莫能掩矣。以爲王肅所擬者，甚是。又恐作《古文》者，見王肅之言而附會成書，亦未可知也。

筆者認爲這是關於惠棟與梅鷟的辨僞舉證重出條例，最具討論性的一組辨證。兩人皆從《左傳‧哀六年》載有「〈夏書〉」的舉證出發，並以賈逵、杜預、孔穎達等學者「逸《書》」之說，推理〈五子之歌〉「惟彼陶唐」五句的造僞。

有關「逸《書》」之說的思維與前章〈大禹謨〉「負罪引慝」四句相類，不同處在於此條有賈逵「夏桀」的定調，說明「惟彼陶唐」五句與〈五子之歌〉無關。值得注意的是，兩人在此都衍生出關於「王肅」與《古文尚書》的命題。惠棟以梁柳與王肅注語：「『今失厥道』，當夏太康時」，欲坐實所謂王肅撰《古文》的說法。〔註15〕梅鷟

〔註14〕姜按：文淵閣抄本作「案」。
〔註15〕按：惠棟疑《古文尚書》爲王肅僞撰，亦見《古文尚書考‧卷下》〈咸有一德〉：「嗚呼！七世之廟，可以觀德；萬夫之長，可以觀政。」（《呂氏春秋》〈商書〉曰：「五世之廟，可以觀怪；萬夫之長，可以生謀。」棟謂：王肅主「七廟」，以駁鄭氏故。嘗疑僞《尚書》，王肅撰也。）

的見解則除了分判出認同《左傳正義》所說，王肅可能有「擬《古文》」的舉措，梅
鷟另一方面也不排除是偽作《古文》者「見王肅之言，而附會成書」。筆者認爲兩人
的論述，都反映了考辨《古文尚書》推理過程中有關孰爲「偽作者」的重要問題意識。
關於「古文逸《書》二十五篇」偽作者的身分確認。筆者在前述章節即已提到惠棟於
《古文尚書考》，梅鷟於《考異》都分別開宗明義的確鑿了梅賾是偽《尚書》傳承者
的身分。然而在此則辨證中，卻又不排除王肅有參與造偽事件。兩則論證表面上看來
似乎是這兩位作者無法統合自身的見解，然而反映的確是「造偽者」身分的難以確認。
有這樣的問題並不足奇，與惠棟同時的程廷祚《晚書訂疑‧自序》即言：

> 夫二十五篇之《書》，平正疏通，乍觀無一言之違於理道。而其爲前古書
> 傳所稱引者，視伏《書》爲尤多，又悉以見其可疑也？若謂可疑者文從字
> 順異於伏《書》，則伏《書》中亦不皆詰曲聱牙也。且周穆王而下，暨秦
> 穆公之同時，其文載於《左》、《國》者眾矣，未嘗與〈呂刑〉、〈文侯之命〉、
> 〈秦誓〉同其體製，豈彼皆可疑乎？蓋晚《書》之可疑，在於來歷不明，
> 而諸儒不能言其所以然，致使議論沸騰，能發之而不能定也。

因此程氏於《晚書訂疑》後續篇章，遂有「東晉不見有晚《書》」與「晚《書》
見於宋元嘉以後」，程氏對於偽《書》的作者亦不敢遽爾斷定。再者，惠棟之後的戴
震，對於「古文逸《書》二十五篇」作者身分的甄別，所抱持的態度則相當嚴謹。《戴
震文集‧尚書今文古文考》曰：「蓋莫由知聚斂群書而爲之者，實始何人。」這項觀
點代表了幾層意義，首先戴震也認同「古文逸《書》二十五篇」的偽造方式是由「聚
斂群書」而來，在他之前的學者爲「古文逸《書》二十五篇」所作的辨偽工作已有
相當亮眼的成績。再者，由「實始何人」的問句，可以知道戴震「治經求是」的特
質，讓他不去直接斷定作者的身分。因此戴震對於梅鷟、閻若璩、惠棟，對於偽《古
文尚書》作者的考辨均持保留態度，對比近人陳夢家先生《尚書通考》對於《古文
尚書》作者的考證，〔註16〕筆者發現戴震「實始何人」的陳述有「知之爲知之」的
學術判準。〔註17〕

據此，筆者認爲梅鷟、閻若璩、惠棟對於偽《古文尚書》作者的考辨，舉證的
證據效力雖然不夠嚴謹，然而這卻是考辨《古文尚書》不可或缺的重要環節。因爲

〔註16〕見陳夢家：《尚書通論》，頁111～131。
〔註17〕自「《戴震文集‧尚書今文古文考》」至「『知之爲知之』的學術判準」，乃節錄末學
　　　　發表於「高雄師範大學2007年第三屆青年經學學術研討會」的會議論文：「〈戴震「尚
　　　　書學」考辨方法述要──以惠棟「尚書學」爲比較分析對象〉」。此文承蒙論文講評
　　　　人：高雄美和技術學院林文華教授詳加指正，謹此申謝。

眞孔安國的《古文尙書》與梅賾僞造《古文尙書》乃是屬於一組相對辨證。換言之，舉證梅賾造僞《古文尙書》雖然存在風險，但是假設失去這個邏輯基點，則漢代《古文尙書》與晉代《古文尙書》二者有眞有僞，試問，「眞」始何人？「僞」自何人？失去了「人」的價値考量，試問其餘的事、時、地、物將如何依附？因此筆者認爲設想何人是《古文尙書》的造僞者，雖然有其不確定性，然而卻是建構考辨《古文尙書》體系的重要步驟。另外，也必須比對梅鷟所謂「見王肅之言而附會成書」與陸德明《經典序錄》「或肅私見孔《傳》而匿之」的說法。惠棟顯然贊成王肅抄襲孔《傳》，梅鷟則持相反立場。筆者於前述章節「三年之喪」曾經提到閻若璩說過：「王肅，魏人。孔《傳》出於魏、晉之間，後於王肅，《傳》、《註》相同者，乃孔竊王；非王竊孔也。」筆者認爲閻若璩所指出的僞孔《傳》現世的時間點相當重要。今再據陳夢家先生《尙書通論‧尙書補述》關於「孔《傳》」的考述：

> 孔《傳》本的《古文》經文部分和注文部分在兩漢之世旣未被引用，當魏至晉初，也還沒有被引用。卒於西晉太康中的杜預、皇甫謐，以及卒於西晉前的王肅都不曾引用過，因此孔《傳》本出於王肅或皇甫謐僞造之說，都是無理由的（吳承仕《尙書傳王孔異同考》，亦主王肅未造孔《傳》本）。存在於東晉初、南渡後而後注《爾雅》的郭璞，也沒有引用過。劉宋的裴駰，在其《史記集解》中已大量的引用了孔《傳》。孔《傳》本的出現，當介於西晉永嘉與劉宋元嘉之間，也就是當第四世紀的東晉。它出現於江左，乃是南人之學。〔註18〕

就時代順序而言，「王肅」在前，「孔《傳》」在後的次序應當是較爲合理。換言之，惠棟在忽略其他事證的情況下，僅以《正義》與《經典序錄》作出推論，其證據效力可謂是相對薄弱。

三、「惠棟、閻若璩」的重出舉證效力

1. 釋〈武成〉「所過名山大川。曰：惟有道曾孫周王發，將有大正于商」

> 《墨子‧兼愛》曰：「昔者，武王將事泰山，隧傳曰：『泰山有道，曾孫周王有事，大事旣獲，仁人尙作，以祗商、夏，蠻夷醜貊。雖有周親，不若仁人，萬方有罪，維予一人。』」閻若璩曰：「玩其文義，乃是武王旣定天下後，望祀山川，或初巡守岱宗，禱神之辭，非伐紂時事也。」
>
> 棟案：閻說良是。時紂尙在，武王不得稱王，〈大明〉之詩至「牧野臨敵」，

猶曰：「維予侯興。」則知伐紂以前，無稱王之事也。橫渠張子謂「此事
間不容髮〔註19〕」。一日之間，天命未絕，則是君臣。微哉斯言，無以加
矣。由是言之，《易》詞「王用享於岐山」、「用享於帝」，其非文王明矣。

惠棟此處舉證的重點有二，第一是確認「所過名山大川」三語，其事是發生在
伐紂之前，還是在伐紂之後。第二則是在〈武成〉當時的歷史條件，姬發能否稱「王」
的問題。關於「所過名山大川」三語的歷史座標，由於惠棟所徵引的「閻說」並非
全文，筆者在此將復原「閻說」的全貌，《疏證》第二十六條下謂：

且如「武王初伐紂」，曰：「惟有道曾孫周王發」，此豈史臣于未即位前便
書爲王邪？到這裏總難理會。不若只兩存之。余謂朱子猶未確信梅氏《書》
爲偽撰，若果信爲偽撰，則此等難理會處，俱可不攻自破。「西伯不稱王
說」已彰著，武王稱「有道曾孫周王發」，則從未經拈出。蓋《墨子‧兼
愛中篇》云：「昔者，武王將事泰山，遂傳曰：『泰山有道，曾孫周王有事，
大事既獲，仁人尚作，以祗商夏，蠻夷醜貉，雖有周親，不若仁人，萬方
有罪，維予一人。』」玩其文義，乃是武王既定天下後，望祀山川。或初
巡守岱宗，禱神之辭。非伐紂時事也。偽作〈武成〉者移爲伐紂時事，自
難理會。

〈武成〉據梅氏孔《傳》所言，乃是「往誅紂克定，偃武修文，歸馬牛於華山
桃林之牧地，記識殷家政教善事以爲法」。鄭注《書序》亦言「武王伐殷，往伐歸獸，
識其政事，作〈武成〉」。由此可知〈武成〉的敘事流程應是由「征商」而「克商」
而「識政」。「所過名山大川」三語的爭議在於，此語被放在「征商」的部分，然而
惠棟認爲它的文理脈絡應是屬於「克商」與「識政」之間的範疇。有了這個認知基
礎，我們才能開始探討惠棟的第一個舉證是否具有證據效力。

惠棟在「閻說良是」之前，首先舉證《墨子‧兼愛》，而《墨子‧兼愛》於「維
予一人」之後，已曰「此言武王之事」。就排列順序而言，顯現惠棟在見「閻說」之
前應已有定見，否則惠棟應該將「閻若璩曰」放在《墨子‧兼愛》之前。因此惠棟
於其後所接續的「閻說」，指的是閻若璩評論《墨子‧兼愛》。所以閻若璩「玩其文
義」的對象，並非是對於〈武成〉「所過名山大川」三語的直接分析，而是透過《墨

〔註19〕按：張載《張子全書‧詩書》，原文作：先儒稱「武王觀兵」於孟津，後二年伐商。
如此則是武王兩畔也。以其有此，故於〈中庸〉言「一戎衣而有天下」，解作「一戎
衣」，蓋自說作兩度也。《孟子》稱「取之而燕民，不悅弗取，文王是也」。只爲商命
未改，取之而燕民，悅則取之，武王是也。此事間不容髮，當日而命未絕。則是君
臣；當日而命絕，則爲獨夫。故「予不奉天厥罪惟均」。然問命絕否？何以卜之，只
是人情而已。「諸侯不期而會者八百」，當時豈由武王哉。

子‧兼愛》的「有道曾孫周王」與〈武成〉「有道曾孫周王發」的相似性發聲。這裡的問題是《墨子‧兼愛》整組的語境脈絡確實如「閻說」之論；然而〈武成〉「所過名山大川」三語，除了一句與《墨子‧兼愛》相應，其餘並無相關。換言之，〈武成〉的「將有大正於商」，實已說明此語尚在「征商」。因此筆者認爲惠棟於第一則舉證並沒有提出關於梅本〈武成〉造僞「所過名山大川」三語的有力證據，反而是採信閻若璩理解有誤的見解。

再者，筆者所要討論的即是姬發於〈武成〉中宜否稱王的問題。〈武成〉「所過名山大川」三語提到「有道曾孫周王發」，明言姬發稱王之事，然而此語卻與接續行文之「商王紂無道」，形成了「雙王並稱」的衝突。針對這種狀況，惠棟據「時紂尚在，武王不得稱王」，坐實了「稱王」之事的謬誤。因此應當先檢視梅本〈武成〉「雙王並稱」的合理性。持論「雙王並稱」乃爲合理者亦有其人，郭仁成先生（1923～2002）於《尙書今古文全璧》頁 158 提到：

> 案：舊注多以「周王」二字爲史臣追增，殊爲無理。據《史記》「于是周武王爲天子，其後世貶帝號，號爲王」。《索隱》云：「夏、殷天子亦皆稱帝。代以德薄不及五帝，始貶帝號，號之爲王。故〈本紀〉皆『帝』，而後總曰『三王』也。」是周在代商之前，亦可稱王。至于同篇又稱「商王」，實因不承認其爲天子。

郭仁成先生的考辨觀點有良有莠。只是郭氏根據《史紀》、《索隱》等周世以後的史料推論出的結論，仍有待商榷。畢竟這些文獻並不是與〈武成〉的歷史背景同步。因此惠棟提出「〈大明〉之詩，至『牧野臨敵』，猶曰：『維予侯興。』」就具有相當程度的舉證價值。「維予侯興」，前段尚有「殷商之旅，其會如林，矢于牧野」三句。據此可知「維予侯興」的「侯」字所指，雖然可能是指姬發的爵等，然而卻也可能是泛稱眾位參與伐紂的諸侯們。此事難以定奪的最大原因，除了周人對於商末領導者的稱謂問題，又牽涉到《詩》、《書》各自篇章成文時間的差異。因此對於惠棟所舉證「維予侯興」，筆者認爲「侯」字雖然稱得上是一則證據，但是同文中並沒有關於是否可稱「紂」爲「商王」的對照組。據此「維予侯興」只能算是孤證。

另外惠棟同時也提到《易》之「王用亨於岐山」、「用亨於帝」非是對應於「文王」的相關問題。所謂「用亨」的「亨」，在此可以有兩種解釋。其一是《書‧盤庚》「茲予大亨於先王」的「亨」字作「供物以祀鬼神」。其二則是《周禮‧玉人》「璧琮九寸，諸侯以亨天子」的「亨」字作「進獻」。今據王應麟《困學紀聞》卷一曰：「阮逸云：『《易》著人事，皆舉商、周。……密雲不雨，自我西郊，王用亨于岐山。周事也。』」可見「王用亨於岐山」確有「周事」之說。暫且不論今日學者對於《易》

成書時間的多元解釋。在惠棟的認知裡，《易》的成書時間應是隸屬於周代無疑，因此惠棟也才會有《增補鄭氏周易》與《周易述》兩部冠以「周」名的《易》學著述。這裡的問題是惠棟舉證《易》例的用意為何？如果證明了「王用享於岐山」二語所指為武王，對於舉證〈武成〉「所過名山大川」三語的作偽，是否又具備證據效力？

宋代龔昱所編《樂菴語錄》卷三云：「『王用享於岐山』，要說出『用』字。『受命作周』，用也。『爰整其旅，以遏徂莒』，用也。『築城伊域，作豐伊匹』，用也。『勉勉我王，綱紀四方』，用也。文王之見於用者如此，方其在岐山時，已自享了。豈待膺天命撫方夏之後耶？」龔氏的看法明顯指出「王用享於岐山」，此「王」，當指「文王」，並持論「文王用享」，不必在文王崩逝之後。與龔昱同時的高承則持異見，高承《事物紀原》卷四曰：「『王用享于岐山』謂文王也。文王之追王，在克商之後。」同樣是宋代，章如愚的見解顯然更進一步，《群書考索・續集》卷三道：「鄭玄之徒並依此說。一以為驗爻辭多是文王後事。按升卦六四『王用享于岐山』，追王尅殷之後，始追號文王為王。若爻辭是文所制，不應云『王用享于岐山。』」惠棟的見解顯然與章氏相類。

綜上所述，筆者認為惠棟意欲證明〈武成〉「所過名山大川」三語的語境，不應被放在「伐紂」階段，舉證固然薄弱。後續的「雙王並稱」，也可以另作後人追記〈武成〉的解釋。換言之，如果惠棟要證明〈武成〉「所過名山大川」三語的作偽，必須先界定出〈武成〉成篇的時間，否則就無法釐清何以「雙王並稱」可以有多種解釋的可能。

2. 釋〈太誓中〉「雖有周親，不如仁人」

《論語・堯曰篇》曰：「雖有周親，不如仁人，百姓有過，在予一人。」

孔安國注曰：「親而不賢不忠則誅之，管蔡是也。仁人謂箕子、微子，來則用之。」

閻若璩曰：「安國於《論語》『周親仁人』之文，則引管、蔡、微、箕以釋之。而周之才不如商，於《尚書》『周親仁人』之文，則釋曰：『周，至也。言紂至親雖多，不如周家之多仁人。』而商之才又不如周，其相懸絕如是，是豈一人之手筆乎？」

棟又案：《墨子・兼愛》曰：「昔者武王，將事泰山，遂傳曰：『泰山有道，曾孫周王有大事云云。雖有周親，不若仁人，萬方有罪，維予一人。』」

四語相連，今梅氏斷章取意，何也？

惠棟此處的舉證重點除了認同閻若璩舉證謂「仁人」出自《論語》，更延續了〈武

成〉「所過名山大川」三語的辨證理路，並且坐實了梅賾「斷章取義」的罪名。這裡的《疏證》引文也是節錄，「安國於《論語》」之前與「是豈一人之手筆乎」曰：

> 又從來訓故家，於兩書之辭相同者，皆各爲詮釋。雖小有同異，不至懸絕……且安國縱善忘，註《論語》時，至此獨不憶及《泰誓中篇》有此文，而其上下語勢皆盛稱周之才……。何獨至《古文‧泰誓》，而若爲不識其書者乎？余是以知晚出《古文‧泰誓》，必非當時安國壁中之所得，又斷斷也。

筆者首先將就閻若璩的辨僞舉證進行分析，藉此確定惠棟對於「閻說」的間接認同有無道理。閻氏的辨僞重點在於以漢代孔安國的《論語‧注》爲眞，在此前提下，若是梅本孔《傳》爲眞，則關於「仁人」的注解照理不應有異。然而事實上《論語》與梅本孔《傳》兩者的注解卻是大相逕庭。閻若璩據此得出「晚出《古文‧泰誓》，必非當時安國壁中之所得」的結論。自此可知，閻若璩顯然意識到光是指出「雖有周親，不如仁人」與《論語‧堯曰》的關係並不足夠。在討論「閻說」的合理性之前，我們不妨再看看惠棟於《九經古義‧尚書古義》卷四對於「雖有周親，不如仁人」的說法：

> 王伯厚（應麟）曰：「孔安國注《論語》，言有管、蔡爲周親：不如箕子、微子之仁人。與注《尚書》異書。」《傳》云：「紂至親雖多，不如周家之多仁人。」《朱文公集注》從《書傳》。
>
> 棟案：《書傳》本云「少仁人」。故《疏》云：「多惡不如少善。」上云「受有億兆夷人」，是言「至親」之多。予有亂十人（今本「亂」下有「臣」字，非。王伯厚已辨之），是言「仁人」之少。故《論語》引之，以爲才（裁）難。

筆者推論惠棟確實有注意到《論語》與〈太誓中〉「雖有周親，不如仁人」，孔《注》的矛盾，純就惠棟《尚書古義》的推理辨證而言，惠棟顯然著眼於解釋梅本孔《傳》「少仁人」與孔穎達「多惡不如少善」之間的關聯，雖然後續有提到《論語》，或許就是因爲惠棟覺得「才（裁）難」，所以他才會引用「閻說」助己張目。立足於這個基礎，才能接著討論惠、閻兩人的舉證層遞是否具備確鑿的證據效力。閻若璩顯然認爲《論語》的孔《注》爲眞，〈太誓中〉的孔《傳》爲僞，這是閻若璩考辨《古文尚書》一貫的邏輯基點，這裡的問題是究竟閻氏認爲〈太誓中〉爲僞，是推論出來的，還是預設立場下的必然結果。

暫且不論孔《注》的眞僞，筆者認爲兩個孔《注》的大相逕庭明顯的是因爲語境的不同。《論語》的孔《注》，顯然是牽涉到武王歿後成王之時，周公攝政期間的管、

蔡之亂。與此同時，孔《注》所提出的「釋箕子之囚」，卻是屬於武王在世之事，而「立微子於宋，以續殷後焉」則是成王之時。據此我們可以知道孔安國注《論語》的舉例，有其時間對比的難解之處。換言之，「雖有周親，不如仁人」，在《論語》的孔《注》陳述語境與〈太誓中〉的伐紂之事大不相同。〈太誓中〉的「雖有周親，不如仁人」，需串連上文之「予有亂臣十人，同心同德」，〈太誓中〉的孔《傳》乃是以解釋商紂至親雖多且惡，姬發良臣雖少而善，因此相形之下，姬發自然是「少仁人」，據此孔穎達也才〈疏〉曰：「多惡不如少善」。因此兩則孔《注》的語境背景既不相當，閻若璩勉強將其差異作為辨偽舉證，恐怕也是忽略了兩者根本性並不相同的問題。

　　而惠棟於此提出「今梅氏斷章取意，何也」的反問，基本上還是與前一則的〈武成〉「所過名山大川」三語同一思維。換言之，惠棟既然認定〈武成〉「所過名山大川」三語作偽，則〈太誓中〉也是與《墨子・兼愛》的句組重出，無疑也是造假得來的。由於惠棟是間接引用「閻說」，自身並沒有推理辨證的過程，因此不只閻若璩的辨偽舉證缺乏證據效力，就連惠棟的結論也趨向想當然爾，這樣的辨偽舉證當然稱不上嚴謹。

　　綜上所述，筆者認為〈太誓中〉「雖有周親，不如仁人」的這一則辨偽舉證，突顯出閻若璩考辨《古文尚書》眼高手低的落差。閻若璩顯然忽略了同樣是孔《注》，卻還是存在敘事語境的差異。只能說兩個孔《注》不同，但不能據此強言孰者為真，孰者為偽。至於惠棟不察而引用之，不知是否是在「才（裁）難」之後決定列出作為參考？還是惠棟也是真心認同「閻說」？由於存在《尚書古義》的「才（裁）難說」，因此筆者較為傾向惠列「閻說」是屬於參考作用。

3. 釋〈君陳〉「爾有嘉謀嘉猷，則入告爾后于內，爾乃順之于外，曰：斯謨斯猷，惟我后之德。嗚呼！臣人咸若，時惟良顯哉」

　　〈坊記〉：〈君陳〉曰：「爾有嘉謀嘉猷，入告爾君于內，女乃順之于外。

　　曰：『此謀此猷，惟我君之德，於乎！是維良顯哉。』」

　　《春秋繁露》所引與〈坊記〉同。云：「忠臣不顯諫，欲其由君出也。古

　　之良大夫，其事君皆若是。」

　　《困學紀聞》云：「先儒謂成王失言，蓋將順其美善則稱君，固事君之法。

　　然君不可以是告其臣。『順』之一字，其弊為諛，有善歸主，李斯所以亡

　　秦也，曾是以為良顯乎？闇懦之君，誦斯言則歸過，求名之疑不可解矣。」

　　閻若璩曰：「『爾有嘉謀嘉猷』等語出于臣工之相告誡則為愛君；出于君之

　　告臣則為導諛。導諛中主所不為，而謂三代令辟如成王為之乎？」

　　棟謂：〈坊記〉所引必別有所指，後儒不疑後出《古文》，而追咎成王，過

矣。且果成王失言，孔子胡爲錄之以訓後世乎？梅賾此等最爲害理。

　　惠棟此則辨僞舉證分爲四個層次，主要可分爲兩個問題，其一爲〈君陳〉的歷

史時空座標。其二爲〈君陳〉「爾有嘉謨嘉猷」六句出於「成王之口」的合理性。惠

棟首先提出〈君陳〉「爾有嘉謨嘉猷」六句剿襲自《禮記・坊記》。並提出董仲舒《春

秋繁露》對於〈君陳〉「爾有嘉謨佳猷」六句的詮釋。這裡的問題是我們要如何確定

〈君陳〉存世的歷史座標？今據《上海戰國竹簡》與《荊門郭店楚墓竹簡》的〈緇

衣〉，都可以證明《古文・君陳》的存在可以上推到戰國中期，足證《禮記・坊記》

的〈君陳〉應有是篇。

　　董仲舒詮釋〈君陳〉「爾有嘉謨嘉猷」六句爲「人臣之道」，固然有其政治背景，

惠棟舉出《春秋繁露》，除了見證漢代《古文・君陳》的傳布，另一方面也間接顯露

了「爾有嘉謨嘉猷」六句的解讀空間。據此，〈君陳〉「爾有嘉謨嘉猷」六句是否出

自「周成王」之口？顯然就成爲之後諸家辨僞的重點。

　　惠棟接續徵引王應麟的《困學紀聞》，闡明王氏對於「成王失言說」已經產生相

當的懷疑，雖然惠棟引文止於「不可解矣」，然而王氏有一條相當重要的結論，惠棟

卻隱而不提。王應麟後續有言曰：「承弼昭事稱文、武，而不及成王，其有以夫？」

王應麟顯然認爲「成王」在〈君陳〉中的確是失言了，只是他覺得成王的地位既然

與文、武二王相當，又怎麼會發生失言的不當。王應麟的「不可解」，顯然是來自聖

王無錯的價值觀。由於惠棟後續徵引的閻說並非全文，故筆者在此將復原閻若璩的

說法。《疏證》第二十七，條下謂：

　　「言」，「一」也。言者異，則人心變矣。此至言也。《戰國策》樓緩述公

甫文伯母之言，以爲從母言之，是爲賢母；從婦言之，是必不免爲妒婦。

眞可令人絕倒。

　　故愚嘗以「爾有嘉謀嘉猷，入告爾后于內」等語，出於臣工之相告誡，則

爲愛君；出於君之告臣，則爲導諛。導諛中主所不爲。而謂三代令辟如成

王爲之乎？蓋成王之寃於是且千餘年矣，今亦未敢定著此語出何人。但此

語之所自來，則孔子引入《禮・坊記》者也。

　　試取今〈坊記〉讀之，子云：「善則稱君，過則稱己，則民作忠。〈君陳〉

曰：『爾有嘉謀嘉猷，入告爾君於內，女乃順之於外。曰：此謀此猷，惟

我君之德，於乎！是唯良顯哉。』子云：「善則稱親，過則稱己，則民作

孝。〈太誓〉曰：『予克紂，非予武，惟朕文考無罪。紂克予，非朕文考有

罪，唯予小子無良。』」以取證〈太誓〉爲人子之言，則取證〈君陳〉亦

必爲人臣之言，例可知也。假若文王告武王曰：「汝克紂，非汝武，唯朕無罪。」可乎？不可也。

偽作〈君陳篇〉者止見《書序》有「周公既沒，命君陳分正東郊，成周作〈君陳〉」。遂通篇俱作「成王語」，安知當日不更夾以臣語，如〈顧命篇〉體例耶？鳴呼，自斯言一啓，君以正諫爲要名，臣以歸美爲盛節。而李斯分過之忠，孔光削槀之敬，遂爲後世事君之極則。雖有賢者，亦陰驅潛，率以爲容悅之徒而不自知矣。甚且臣以諫諍事付史官，君怒之，薄其恩禮，晚年漸不復聞天下失得，其流弊有不可勝言者，誰謂此書固粹然正哉？韓昌黎著〈爭臣論〉：「以入則諫其君，出不使人知者，爲大臣宰相者之事，非諫官之所宜行。」夫諫官猶不可，而謂君顧可以此爲命乎？

成王免喪，朝于廟，述羣臣進戒之辭，而作敬之詩又延訪羣臣而作〈小毖〉詩，其孜孜求言若此，曾幾何時而變爲〈君陳〉此語邪？果爾，則謂成王之失言也亦宜。

閻若璩藉由對照〈君陳〉的「臣忠」與〈太誓〉的「子孝」，說明〈太誓〉「予克紂」諸語既然也是出自《禮記‧坊記》，可信度自然與〈君陳〉相當。這幾乎是所有閻氏後續論述的基礎，恰恰也是我們對於「閻說」所要重新審視的部分。王應麟的《困學紀聞》就是閻若璩所注，換言之，閻氏考辨〈君陳〉「爾有嘉謨嘉猷」六句的研究進路應該多少會受到王應麟的影響，閻氏注《困學紀聞》曰：

若璩按：《尚書古文疏證》云：〈君陳〉此六語引於〈坊記〉。安知當日非大小臣工相告誡之辭。未必爲君告臣，只緣晚出《書》作成王語氣，成王之冤於是且千餘年矣。試看下文，取證〈太誓〉六語爲人子之言；則取證〈君陳〉，亦必爲人臣之言。例可知。詳卷二第二十七條。

閻若璩「成王之冤」的提出，明顯的就是《疏證》立足於《困學紀聞》的意義延伸。而惠棟所舉證之「〈坊記〉所引必別有所指」，顯然又是在「閻說」之上推測出其它的可能。雖然我們可以從這個排列次序，看出惠棟〈君陳〉「爾有嘉謨嘉猷」六句推理方向的演進，可是還是無法確定此則辨證的證據效力。因此「爾有嘉謨嘉猷」六句是否是出於「成王之口」，就是第一個要解決的問題。「君陳」的身分有兩個說法，鄭玄認爲君陳是「周公之子，伯禽之弟」。梅本《孔傳》則認爲君陳隸屬於「臣名」。姑且不論「君陳」的指稱對象爲誰，通觀〈君陳〉全篇，俱以「王若曰」、「王曰」發聲。換言之，就〈君陳〉的文章布局，〈君陳〉只能算是專屬於周成王的書策。

這也是爲什麼王應麟只能起疑，卻抓不準是哪裡出了問題。我們知道宋人雖然

疑經改經的風氣甚盛，王應麟顯然也具有這樣的學術傾向。迄自清代閻若璩，《疏證》全面而有系統的疑《書》，其中固然不乏閻氏自身的真知灼見，卻也有相當程度的借鑑了前輩學人的研究成果。換言之，閻氏顯然已經意識到處理〈君陳〉「爾有嘉謨嘉猷」六句，並不全然只是辨別真偽的問題。

如前所述，閻若璩已經相信《禮記‧坊記》引〈君陳〉的文獻資料不應有偽，因此閻氏以《禮記‧坊記》所引〈太誓〉的例子，意圖反證〈君陳〉之真。之前也提到最新出土的竹簡文獻，已經確定了《古文‧君陳》確有是篇。在這種情況下，應當可以間接相信閻氏以《禮記‧坊記》作為舉證的可信度（當然〈君陳〉「爾有嘉謨嘉猷」六句是今行《禮記‧坊記》的文句，與出土的《禮記‧緇衣》相互錯篇，但這並不妨礙持〈君陳〉為真的立場）。所以筆者才會認為對閻若璩而言，〈君陳〉「爾有嘉謨嘉猷」六句並不是一個單純考辨《古文尚書》真偽的問題，閻氏必須先假設《禮記‧坊記》引《書》為真，如此也才能進一步取得考辨《古文尚書》的正當性。而今日出土的竹簡文獻已經可以證明閻若璩的假設應當無誤。雖然閻若璩確認了〈君陳〉「爾有嘉謨嘉猷」六句為真，可是他必然要面對另一個更難處理的問題，亦即何以周成王會口出「導腴」臣下之詞。由於閻氏曾有「今亦未敢定著此語出何人」的思考方向，這種未定之論，並不符合閻若璩向來考辨《古文尚書》的模式。因此他舉出了同出於《禮記‧坊記》的〈太誓〉，說明他認為〈太誓〉的「子孝」等同於〈君陳〉的「臣忠」。閻若璩認為後人的以今詮古，極有可能對於〈君陳〉的君臣關係作出了過度的詮釋。

閻氏的觀點確實相當值得我們深思。蓋自董仲舒以降，〈君陳〉的君臣關係仿佛已經定調，連王應麟的生疑亦是著眼於此。閻若璩要轉寰這種單一的看法，畢竟不是一件容易的事，加諸〈君陳〉的「王若曰」與「王曰」都表明發聲者就是周成王。面對梅本〈君陳〉的真偽相雜，閻若璩採取的是思考多重可能性的策略。只是「《禮記‧坊記》引〈太誓〉」的敘事理路與「《禮記‧坊記》引〈君陳〉」並不盡相同。加諸閻若璩又推測〈君陳〉可能如同〈顧命〉會「夾以臣語」，尤其是「閻說」的最後一段論述，閻若璩反過頭來企圖合理化「成王失言說」。筆者認為閻若璩的論述固然有其可取之處，然而太多的間接舉證與立場游移的態度，反而可能造成適得其反的結果。很遺憾的筆者在惠棟的按語中看不到他對於「閻說」的反思。惠棟所言「〈坊記〉所引必別有所指」，惠棟指的究竟是〈坊記〉〈君陳〉是偽；還是梅本〈君陳〉引喻失義？就惠棟考辨《古文尚書》一貫的邏輯基點，以及「後儒不疑後出《古文》，而追咎成王，過矣」的後續行文，惠棟所指顯然是梅賾之誤。再者，「且果成王失言，孔子胡為錄之以訓後世乎？梅賾此等最為害理」，此語不只缺乏憑據，更是將「梅賾造偽《古文尚書》

說」無限上綱，突顯出惠棟考辨《古文尚書》，有他相當不甚深思的問題。

四、「惠棟、梅鷟、閻若璩」的重出舉證效力

1. 釋〈大禹謨〉「人心惟危，道心惟微，惟精惟一，允執厥中」〔註20〕

　　《荀子‧解蔽篇》：「故《道經》曰：『人心之危，道心之微，危微之幾，惟明君子而後能知之。』」

　　閻若璩曰：「《荀子》此篇前又有『精于道』、『壹于道』之語，遂隱括爲四字，續以《論語》「允執厥中」以成十六字。僞《古文》蓋如此……初非其能造語精密如此也。」

　　棟案：《荀子》之言「危微」，與俗解異。「危」猶〈中庸〉之「愼獨」也。「微」猶〈中庸〉之「至誠」也。《荀子》言一故能精，非先精而後一也。且「微」則已造至極，不須更言「精」，又言「一」也。《荀子》所言，七十子之大誼，推而上之，即聖人之「微言」也。梅氏用其說以造《經》，而誼多疏漏，閻氏謂其造語精密，殊未然。

　　惠棟《古文尚書考》主要的論述方向有二，即是「考辨方法」與「辨偽舉證」呈現。惠棟這樣的行文，其實相當契合梅鷟《考異》及閻若璩《疏證》的論證方式。雖然惠棟對於梅鷟《考異》的引用異常隱晦，但是透過細部分析，仍然可以找到足夠的證據，說明惠棟《古文尚書考》在「辨偽舉證」方面與《考異》內容的暗契。惠棟對於閻氏《疏證》的態度，則以「間附閻說」等等高度認同的言辭概括之。即便如此，〈大禹謨〉「人心惟危」等十六字心傳，還是出現惠棟《古文尚書考》對於閻氏《疏證》少見的駁正。筆者希望透過上述梅、閻、惠三人對於「虞廷十六字」辨偽舉證的條例分析，能說明考辨《古文尚書》思潮發展至惠棟時，惠棟自身對於這項命題所賦予的獨特省思與意義。

　　（1）「人心惟危」等十六字心傳，惠棟承閻若璩之說的再商榷

　　惠棟先引閻若璩《疏證》第三十一條「言人心之危，道心之微，純出《荀子》所引《道經》諸語，說明在他之前閻氏對於「虞廷十六字」僞作的申論，並於其後說明惠氏自身的看法。對此，王法周先生認爲：

　　　　〈大禹謨〉「人心惟危」等十六字心傳，惠棟承閻若璩之說，再次指斥，此十六字係雜採《荀子‧解蔽》之「人心之危，道心之微」等語，以及《論

〔註20〕此文原稿發表於「中央大學 2007 年第十四屆全國中文研究所研究生論文發表會」。研討會前，承蒙論文審稿人：中央大學中國文學系丁亞傑教授惠賜卓見。議程中，承蒙論文講評人：中央研究院中國文哲研究所蔣秋華老師細密訂證，謹此申謝。

語》「允厥執中」而來，並力攻梅氏此十六字之不通。〔註21〕

王法周先生所以認爲「惠棟承閻若璩之說」，最大的原因在於《古文尚書考》文句的承襲關係。嚴格說來，王氏並沒有眞正透徹惠棟的思維，以致造成這種想當然爾的解讀。筆者認爲惠棟的表達應該從閻若璩《疏證》考辨「虞廷十六字」的原創性，與惠棟對於閻若璩《疏證》考辨「虞廷十六字」的理解兩個面向入手。

（2）閻若璩《疏證》考辨「虞廷十六字」的原創性

許華峰先生首先指出閻氏《疏證》與梅鷟《考異》具有某種程度上的因襲關係：

> 《古文尚書考》所引（趙按：指徵引閻氏《疏證》）可分爲兩個部分，一是可作爲惠棟張目的，爲上卷的附錄。二是放在下卷「博引傳記」的部分。）（詳見附錄）與今本《疏證》對比：……（四）第二部分所引用的共九十八條，就筆者對比的結果，其中只有二十四條在今本《疏證》找得到……。另外還有三條之部分可以在今本《疏證》找得到……。所以，共有七十一條不見於今本《疏證》。我們將第二部分的引文與《考異》對比，發現這七十一條注明爲「閻若璩曰」卻在今本《疏證》裡找不到的引文，除了一條……，都可以在《考異》中找到，而且幾乎是原文照抄。〔註22〕

許華峰先生的看法有兩點值得注意：

其一爲許氏所謂的《古文尚書考》援引《疏證》「可分爲兩個部分」的看法，並不夠精細，尤其只以「上卷的附錄」與「下卷博引傳記」作爲分類，有失粗略。在此我們必須深入解釋並且說明惠棟的用意。所謂「卷上附錄」所代表的是連結卷上與卷下的增補意義。我們由《古文尚書考》行文可以清楚看到「附錄」的書寫時間應是在《古文尚書考》上下兩卷的初稿完成之後，否則惠棟不會在「又先後續出兩條，共爲一卷。其二十五篇，采摭傳記，兼錄其由來，藏篋衍數年矣」之後才提到關於「癸亥（1743）春，於友人許得太原閻君《古文疏證》」的事情。〔註23〕因此，

〔註21〕 見王法周著：《中國歷代思想家「十六」·惠棟篇》，頁118。

〔註22〕 見許華峰：《閻若璩「尚書古文疏證」的辨僞方法》。頁46～頁47。

〔註23〕 按：劉人鵬先生《閻若璩與古文尚書辨僞》（頁303·注7）指出：「惠棟書後附《尚書古文疏證》，自云少疑後出《古文》，甲寅（雍正12年1734）夏秋以後陸續作〈辨正義〉、〈古文證〉、〈辨僞書〉等，辨《正義》之非，以鄭玄二十四篇爲孔氏眞《古文》，又辨二十五篇采摭傳記，兼錄其由來；甲寅後九年（乾隆8年1743）始於友人處得閻氏《疏證》一書（時《疏證》尚未刻，乾隆10年始刻成），謂：『閻君之論，可爲助我張目者』（見《皇清經解》卷351，頁17）；據此，則惠棟眞十六篇說其時在閻氏之後，而不必直接受閻氏影響。」劉氏所言大致精確，唯「卷上、卷下」與閻氏《疏證》是否具備「直接」或「間接」的關係，仍可以在《疏證》抄本傳布的基礎上做進一步的推斷。

惠棟之所以安排閻氏《疏證》以「卷上附錄」與「卷下間附閻說」兩種形式出現，主要考量無非「考辨方法」與「作偽舉證」的差異性。而許華峰先生所費心考察的「七十一條」見於梅鷟《考異》而不見於閻氏《疏證》的「閻若璩曰」，就必須以上述「考辨方法」與「作偽舉證」爲歸納要項，才能真正體現惠棟的用心。

其二爲經由許氏對於《古文尚書考》惠棟引九十八條「閻若璩曰」對比梅鷟《考異》的整理，許氏認爲其中的七十一條「都可以在《考異》中找到，而且幾乎是原文照抄」。筆者細審許華峰先生的比較標準，的確如他所言，大致是以「原文照抄」與否決定惠棟《古文尚書考》轉引「閻若璩曰」是否蹈襲自梅鷟《考異》。許氏《閻若璩「尚書古文疏證」的辨偽方法·附錄貳》（頁 242）〈大禹謨〉「人心惟危，道心惟微，惟精惟一，允執厥中」條下按語謂：「峰按，見今本《疏證》第三十一條。」筆者再查閻氏《疏證》，《古文尚書考》此條轉引確係出自《疏證》，只是《古文尚書考》轉引《疏證》乃爲節本。由於許華峰先生處理惠棟《古文尚書考》引「閻若璩曰」與引「梅鷟曰」所採用的標準，對於本文的後續論述有其重要性，因此許氏認爲《古文尚書考》〈大禹謨〉此條只出於《疏證》而未見於《考異》，所依據的標準即是否爲「原文照抄」，此一衡量標準恰恰是需要重新檢驗的。既然《古文尚書考》引「閻若璩曰」凸顯出與今行本《疏證》若干差異的問題，我們就必須認真看待許華峰先生對此問題的態度。許氏指出「九十八條」的「閻若璩曰」中，只有「二十四條」見於今本《疏證》，〔註24〕其中「第十六條」所指即〈大禹謨〉「虞廷十六字」。許華峰先生認爲此則不見《考異》，因此斷定此條目獨見於《疏證》。對此，筆者有不同的看法，梅鷟《考異》「人心惟危，道心惟微，惟精惟一，允執厥中」條下謂：

> 自今考之，惟「允執厥中」一句爲聖人之言。其餘三言蓋出《荀子》，而鈔胥掇拾膠粘而假合之者也。
>
> 《荀子·解蔽篇》曰：「昔者舜之治天下也，不以事詔而萬物成，處一之危，其榮滿側，養一之微，榮矣而未知。故《道經》曰：『人心之危，道心之微，危微之幾，惟明君子而後能知之。』」荀卿稱「《道經》曰」，初未嘗以爲舜之言。作《古文》者見其首稱舜之治天下，遂改二「之」字，爲二「惟」字，而直以爲大舜之言。

〔註24〕見許華峰：《閻若璩「尚書古文疏證」的辨偽方法》。頁 46。許華峰先生指出這二十四條「分別是附錄貳之九、十六、二十二、二十四、二十五、二十九、三十一、三十二、三十三、四十一、四十二、四十四、四十五、四十六、四十七、五十、五十七、五十八、五十九、六十、六十五、六十七、七十一、八十八條」。

楊倞為之分疏云：「今〈虞書〉有此語，而云《道經》，蓋有道之經也。」其言似矣。至於「惟精惟一」，則直鈔畧荀卿前後文字，而攘以為己有，何哉？

所謂「伯宗攘善」，其無後乎！荀卿子上文有曰：「心者，形之君也，出令而無所受令，故曰心容。其擇也無禁，必自見其物也雜博，其精之至也不貳。」又曰：「心枝則無知，傾則不精。」又曰：「有人也，不能此精於田、精於市、精於器之三技，而可使治三官。曰：精於道者也。」下文有曰：「好義者衆矣，而舜之獨傳者一也，自古及今，未嘗有兩而能精者也。」又曰：「蚊虻之聲聞，則挫其精，可謂危矣，未可謂微也。」此其「精」字、「一」字之所自來也。

所謂「惟『允執厥中』一句為聖人之言」，指的是「允執厥中」出自《論語·堯曰篇》。梅鷟首先明確的指出〈大禹謨〉「道心惟微，惟精惟一，允執厥中」三語，乃是偽造《古文》者剽襲自《荀子》而來。梅鷟並且分析偽造《古文》者的作偽思維。梅鷟斷定由於「故《道經》曰」前有「昔者舜之治天下也」，以致讓偽造《古文》者有機可趁，從而認定這是「舜之言」。梅鷟並不認同楊倞注解《荀子》「《道經》」為「有道之經」的說法。梅鷟並且分析偽作《古文》者是如何前後湊合荀子的話，說明〈大禹謨〉「虞廷十六字」其來有自。以此對照閻氏《疏證》所謂：「余曰：『此蓋純襲用《荀子》而世舉未之察也。』」我們可以發現許華峰先生以「原文照抄」與否決定《疏證》與《考異》關係，周全性實有待商榷。由上述可知〈大禹謨〉「虞廷十六字」並不隸屬於《疏證》與《考異》「原文照抄」的關係，而是屬於「觀點同異」的範疇，相同例子亦見《古文尚書考》釋〈五子之歌〉「有窮後羿」引「閻若璩曰」：

閻若璩曰：「《書》有古人纏引，忽隔以他語，亘千載莫能知，而妄入《古文》中庚續之者，〈五子之歌〉『有窮后羿，因民弗忍，距於河』是也。」

值得注意的是在《古文尚書考》「閻若璩曰」之前，惠棟已說明「有窮后羿」出自《左傳·襄四年》夏訓有之曰：「有窮后羿。」難道這是惠棟獨家的發現，而閻若璩不曾留意這一點？其實《疏證》第十三條早已提到：

《左氏·襄四年》：晉侯欲伐戎。魏絳曰：勞師於戎而弗救陳，是棄陳也。

諸華必叛戎，禽獸也。穡戎失華，無乃不可乎？夏訓有之曰：「有窮后羿。」

另外梅鷟也持相同的見解，《考異·五子之歌》「有窮後羿」條下謂：「其曰『有窮后羿』一句，全用《左傳》文也。」既然梅鷟與閻若璩對此早有關注，那麼我們是否就能以「時間點」斷定「舉證發明權」的先後次序？此一問題顯然無法只用單

一觀點解決。這是因爲我們必須在「原文照抄」之外，再參酌「觀點同異」的偶然性變數。否則就容易偏離學術判準，陷入指責「舉證發明者」的道德瑕疵，進而變成學術倫理問題的爭論。〔註25〕尤其是筆者在「閻若璩《疏證》抄本的傳布」，曾經提到今日存世的《疏證》抄本，在惠抄本之前，尚有北京國家圖書館的杭世駿抄本，與上海圖書館抄自胡渭本的抄本；與惠抄本同時，也還有湖南省圖書館的沈彤抄本。姜廣輝老師在對校過北京國家圖書館杭世駿《疏證》抄本後指出：

> 杭世駿抄本較之眷西堂本，條數相同。第一卷與第四卷，內容相同。第五卷與眷西堂相比，內容缺少很多。首先，閻若璩所引的姚際恒條均不見於杭世駿抄本。

（2.1）第六十七條無「又按文武平桓相繼而立」條、「或問城濮之役先軫將中軍」條和「又按裏中顧誤在瞻問」條。

（2.2）第七十條無「又按玉海雲秦以左爲上」條。

（2.3）第七十一條缺「又按丙子夏馮山公寄予書」條。

（2.4）七十三條無「又按〈木蘭詩〉有謂必出晉人者」條和「又按昆山吳喬先生當代之善論詩者也」條。

（2.5）第七十六條無「又按甚矣左之失誣也」。

（2.6）第七十七條無「又按上悼古文二十四篇不傳」和「又按梅氏驚信伏生有壁藏《書》之事條」。

（2.7）第八十條無「按王伯厚以此《傳》爲未足信考之」中的「緣其瞽說則誤讀世本」至終、「又按孔《傳》以蔡圻內國名」、「又按向以二十五篇《書》惟〈微子〉之命」、「又按《詩・小序》久而漸知其不安也」以下條均無。

（2.8）杭世駿抄本最後以「又按鄭康成年七十嘗疾篤戒子以書曰」條結

〔註25〕按：劉人鵬先生《閻若璩與古文尚書辨僞》（頁 301～302）指出：我們附帶論一點考證工作中有趣的現象。考證雖是一種資料的詮釋，學者間在研判時的個別差異可以很大，但不約而同的情況也不少。譬如，閻氏《疏證》第 27 條云：「於辨〈君陳〉時，尚未見京山郝氏《尚書解》，後見之，喜余固與郝氏不謀而合者，固亦不忍削去。」（卷二，頁 55 下）考證家常有這樣的情形：根據某一資料，作出雷同的處理或判斷；若有時與前人相同，作品完成後才讀到英雄所見略同之作。在力圖說服別人接受自己的觀點時，引述古今與己相同的意見時，常用以證明：此非我一人之私見也。如洪良品曾云：「余始辨《古文》，猶未見王劼、張崇蘭、翁方綱、趙翼諸家所論，及諸友陸續以書見示，其中頗多與余闇合者，仍並探入，以證初說，蓋非喜其見之同於己，正以明其論出於公耳。」（《古文尚書辨惑・凡例》，頁 2 下）劉氏所言正可概略包括筆者論述梅、閻、惠諸人在「觀點同異」方面的相關作爲，特於此注引。

尾，此條不見於眷西堂本第八十條中，而見於《四庫全書》所收錄的《尚書古文疏證》第八十條中。

由此可知，杭氏於康熙末年至雍正初年，陸續抄成的五卷本《疏證》，簡中亦不見惠棟冠以「閻若璩曰」，實則屬於《考異》的七十餘條「梅鷟曰」。換言之，《古文尚書考》七十餘條張冠李戴的錯置雖然例證繁多，然而在整個的《疏證》抄本的傳布過程，卻極有可能只是一則孤證。不能排除這是因為惠抄本《疏證》的取得來源有胡亂湊合的問題，甚至也不能排除問題可能就是出自於惠棟自身。當然這些都只是推論，筆者的目的只是要舉出更多具有參考價值的資料，說明面對猶有變數的學術課題，研究者不能，也不該遽爾作出任何定論。

（3）惠棟對於閻若璩《疏證》辨偽「虞廷十六字」的理解

惠棟《古文尚書考》〈大禹謨〉的考辨援引的「閻若璩曰」，見於閻氏《疏證》「第三十一」。惠棟轉引乃為節錄，以下筆者將就惠棟對於「虞廷十六字」的理解，解讀惠氏對於《古文尚書考·卷下》所謂的「間附閻說」所抱持的部分態度。在解讀之前，必須先了解惠棟對於閻說的取捨及其切入點：

> 閻若璩曰：「《荀子》此篇前又有『精于道』、『壹于道』之語，遂隱括為四字，續以《論語》『允執厥中』，以成十六字。偽《古文》蓋如此……初非其能造語精密如此也。」

純粹就整體的《古文尚書考》引「閻若璩曰」來看，所謂的「閻若璩曰」，因為《古文尚書考》版本的不同，就同時存在簡繁程度的差異。〔註26〕據此，筆者將先就「讀經樓定本」與「世楷堂本」在〈大禹謨·虞廷十六字〉引「閻若璩曰」的部分先行比較，「世楷堂本」〈大禹謨·虞廷十六字〉引「閻若璩曰」條下謂：

> 《荀子·解蔽篇》：「故《道經》曰：『人心之危，道心之微，危微之幾，惟明君子，而後能知之。』」閻若璩曰：「《荀子》此篇前又有『精于道』、『壹于道』之語，續以《論語》『允執厥中』以成十六字。」棟案：《荀子》言「危」猶〈中庸〉之「慎獨」也；「微」猶〈中庸〉之「至誠」也。《荀子》言一故能精，非先精而後一也。其〔註27〕「微」則已造至極，不須更言「精」，又言「一」也。梅氏誼多疏漏。

對比《古文尚書考》「讀經樓定本」，「世楷堂本」少了整整六十八字，這些脫落

〔註26〕 按：所謂《古文尚書考》「閻若璩曰」版本簡繁程度的差別，筆者在校點《古文尚書考》過程中，就發現「讀經樓定本」、「皇清經解本」、「世楷堂本」的「閻若璩曰」都存在這樣的狀況。

〔註27〕 「讀經樓定本」作「且」。

的字句，卻是惠棟理解與回應〈大禹謨‧虞廷十六字〉「閻若璩曰」的主體價值所在。惠棟並於後續按語申論他對閻氏說法的不予苟同。惠棟否定閻氏的看法在《古文尚書考》中實屬罕見。〔註28〕惠棟所節錄的「閻若璩曰」主要脫胎自《疏證》「第三十一」的第二段與第三段：

> （1）余曰：此蓋純襲用《荀子》，而世舉未之察也。《荀子‧解蔽篇》：「昔者舜之治天下也」云云。故《道經》曰：「人心之危，道心之微，危微之幾，唯明君子，而後能知之。」此篇前又有「精於道」、「一於道」之語，遂檃括爲四字；復續以《論語》「允執厥中」以成十六字。偽《古文》蓋如此。

> （2）或曰：安知非《荀子》引用〈大禹謨〉之文邪？余曰：合《荀子》前後篇讀之，引「無有作好」四句，則冠以「《書》曰」；引「維齊非齊」一句，則冠以「《書》曰」，以及他所引《書》者十，皆然。甚至引「弘覆乎天若德裕乃身」，則明冠以「〈康誥〉」；引「獨夫紂」，則明冠以「〈泰誓〉」，以及「〈仲虺之誥〉」亦然。豈獨引〈大禹謨〉而輒改目爲《道經》邪？予是以知「人心之危，道心之微」必眞出古《道經》，而偽《古文》蓋襲用，初非其能造語精密至此極也。

　　第一段是說明「虞廷十六字」中除「允執厥中」是出自《論語》，其餘十二字皆是由《荀子‧解蔽篇》變化而來，閻氏並且認爲這是前無古人，了不得的大發現。可是經由上述筆者對於閻氏「虞廷十六字」創見的條陳縷析，至少可以確定早在閻氏之前，梅鷟《考異》已作出相同結果的推論，閻氏所謂「世舉未之察也」的說法，言過其實，在此並不成立。再者，針對閻氏於《荀子‧解蔽篇》得出所謂的「精於道」與「一於道」的概括性理解，我們則必須從《荀子‧解蔽篇》的原文，謀求閻氏理解的邏輯基點：

> 農精於田，而不可以爲田師；賈精於市，而不可以爲市師；工精於器，而不可以爲器師。有人也，不能此三技，而可使治三官。曰：精於道者也，精於物者也。精於物者以物物，精於道者兼物物。故君子一於道，而以贊稽物。一於道則正，以贊稽物則察；以正志行察論，則萬物官矣。昔者舜之治天下也，不以事詔而萬物成。處一危之，其榮滿側；養一之微，榮矣而未知。（《荀子》卷十五，〈解蔽篇〉第二十一）

　　由《荀子‧解蔽篇》中關於「精於道」與「一於道」上下文的連結，可以知道閻若璩解釋偽造《古文》者偽作「虞廷十六字」的思惟，是以「檃括」的方式濃縮《荀

〔註28〕按：筆者發現惠棟〈大禹謨‧虞庭十六字〉反駁閻氏立論在《古文尚書考》中爲特例。因爲惠棟對於閻氏《疏證》「與予先後印合者」採取「惟閻是取」的考量。

子‧解蔽篇》的原文而來。很遺憾的，閻若璩並沒有據此申論造僞者究竟是如何「檃括」《荀子‧解蔽篇》的原文，他所極力關注的，畢竟還是僞《古文尚書》整體「證僞」的問題，所以接續才會以「或曰：安知非《荀子》引用〈大禹謨〉之文邪」？以施設正反兩方的意見作爲《疏證》「第三十一」條的思辨重心，並層層開展出閻氏持論僞作《古文》者雖然細心，卻仍不免露出蛛絲馬跡的相關作爲。而當惠棟在閱讀閻氏此說時，必然也發現了閻若璩對於「虞廷十六字」究竟何以「檃括」而來作法的未作交代。在惠棟已經同意《古文尚書》作僞成立的前提條件下，他持論的主要目的，當然是爲了指出僞造《古文》的作者對於《荀子》原文的囫圇吞棗，不求甚解，並且將「以假作眞」的《尚書》作僞問題與「錯上加錯」的「危、微」錯解問題以「俗解」二字概括。爲了強化自身的論證，惠棟說明《荀子‧解蔽篇》所謂的「危」，就是〈中庸〉所說的「慎獨」；所謂的「微」，就是〈中庸〉所說的「至誠」。雖然這只是惠氏的一家之言，但是如果將他對於「危微」的解釋置於《荀子‧解蔽篇》「處一危之，其榮滿側；養一之微，榮矣而未知」的上下文脈絡，我們會發現惠棟並沒有強作解人，而是以回歸原典的方式處理《荀子‧解蔽篇》「危、微」的定義。

會呈現這樣的結果，主要是因爲當時辨僞意識的抬頭，讓惠棟得以將勦襲的僞《古文尚書》與《荀子‧解蔽篇》的原文析離，並且有層次的比較兩者不該混爲一談的文義。這樣的詮釋觀點自然與歷代的注家們，對於「虞廷十六字」中「危、微」意義的理解存在差異。〔註29〕惠棟爲了更進一步的反駁閻若璩對於「虞廷十六字」所謂「造語精密」的評論，他分析在《荀子‧解蔽篇》中「一」與「精」的優先地位順序應是先「一」而後「精」，而非先「精」而後「一」。惠棟認爲在荀子的認知裡，精通於某項專長與技藝的人，我們並不能因此就認爲這樣的人明瞭了何謂「道」。荀子認爲眞正的「道」不在捨本逐末的技藝之中，而存在君子「一」而致之的修爲。因此荀子列舉出農、賈、工三者雖然皆可達到精而專擅的地步，但畢竟只是局限一隅，距離眞正的「道」仍有極遠的距離，縱使有人不會這三項極爲專業的技能，卻能「使治三官」，最根本的原因就在於他符合荀子對於君子修爲「一於道，而以贊稽物。一於道則正，以贊稽物則察；以正志行察論，則萬物官矣」的假設前提。也就是說在《荀子‧解蔽篇》中，君子修爲的根本在「一」而不在「精」。

惠棟雖然釐清《荀子‧解蔽篇》「一」與「精」的先後次序，但是就《荀子‧解

〔註29〕 按：例如蘇軾《書傳》卷三就認爲所謂的「危、微」指的是「傷陰陽之和者，亦可謂危矣。故夫本心學者，不可以力求而達者，可以自得也，可不謂微乎？」這種純粹作爲「危險」與「不明」的解釋，都只能視爲爲解釋而解釋的附會之言。

蔽篇》整體的文脈層次來看,「一」還不是最高的價值追求所在,惠棟認爲「一」之上的「微」,才是「已造至極」的終極境界。〔註30〕與此同時,我們不能忽略惠棟對於閻氏所謂的「造語精密」的見解。事實上惠棟的理解並不準確,因爲「造語精密」係閻氏贊許「古《道經》」的用語;惠棟誤解爲閻若璩對於梅賾的評價。換言之,惠棟認爲「閻氏謂其造語精密,殊未然」的說法,顯然是惠棟不察「閻曰」的語境文脈所造成的錯誤。大體來說,惠棟對於《荀子·解蔽篇》「虞廷十六字」的「檃括」是否具有合理性的分析,與閻若璩相較,雖然更爲精細,但仍不免大醇小疵。不管如何,惠棟還是就閻若璩未嘗起疑的文句表達他自身的見解,我們可以說惠、閻二人對待《古文尚書》的主要目的雖然都是辨偽,但由於時間的推進,讓惠棟得以立足在閻若璩這位辨偽大家的肩膀上,因此惠棟必須看到被閻若璩忽略的部分,才能建立起自身在《古文尚書》辨偽這個區塊的學術價值。

值得注意的是惠棟對於閻說的關注,並不涉及閻氏《疏證》「第三十一」整體立言的綿密思辨,這個現象我們不妨將劉人鵬先生理解閻氏《疏證》「根柢而之枝節」的「證偽」意圖,〔註31〕應用於惠棟《古文尚書考》,會發現惠棟追根究底就是要證明《疏證》對於證偽「虞廷十六字」在「根柢」方面的不夠精準。因此,惠棟《古文尚書考·卷下》「間附閻說」的作法,實際上包含雙重意義,也就是惠棟除了進行審查《古文尚書》的「辨偽舉證」,實際上他也在進行對閻氏《疏證》辨偽工作的重新檢討。惠棟對於閻若璩《疏證》辨偽「虞廷十六字」的理解,就學術研究的觀點而言,與劉人鵬、許華峰兩位先生的思考原點其實是一致的,只是礙於惠棟對於閻若璩推崇過盛,導致惠棟無法更加深思閻若璩《疏證》的立論,這一點確實是相當可惜的。

〔註30〕按:《荀子·解蔽篇》「農精於田……」的議論,亦見於《荀子·大略篇》「農精於田,而不可以爲田師。工、賈亦然」。

〔註31〕見劉人鵬:《閻若璩與古文尚書辨偽》,頁223。劉氏認爲:「就這個論證而言,閻氏較之梅氏(梅鷟),最大的特色在於提出統計數字,並且把由根柢而之枝節的意涵揭示出來。提出統計數字是表現手法上的問題,同時也顯示處理材料時不放過任何可能出現的例外的意圖。而將由根柢而之枝節的意涵揭出,則顯示出對自己考證方法論的自覺。」許華峰先生對此則另有省思,見許華峰:《閻若璩「尚書古文疏證」的辨偽方法》,頁129:「從我們對《疏證》第三十一條正文與按語上下文的了解,以及對劉氏說明所提出的問題可以知道,劉氏不但無法真正了解《疏證》『支節』的工作,而且在這裡他將按語與正文混爲一談,根本誤解了《疏證》的意思。無可諱言,閻氏在肯定『根柢』之後,在『支節』部分的工作必然會受到『根柢』的影響。閻氏在論證亦有些地方的確不夠客觀。劉氏的意見提醒我們必須注意《疏證》論證在這方面的缺失。但我們決不能由『不夠客觀』這一點認爲《疏證》『支節』部分的工作與『古文二十五篇』的『證偽』無關。」

五、結　語

　　惠棟《古文尚書考・卷下》的「辨偽舉證」，經過筆者的擇要整理，可以發現其證據效力，相對於《古文尚書考・卷上》，關於考辨方法的「邏輯基點」與「推理辨證」，可謂失色不少。筆者認為惠棟這四組的考辨之所以會失誤頻頻，源於多數舉證的證據效力相對薄弱，尤其是惠棟對於所徵引前輩學人的研究成果，特別是關於「閻若璩曰」，惠棟都沒有極力甄別良窳，以致於惠棟時而誤解閻說，時而以閻說之非為是，這些粗糙的推理辨證當然都不可能讓惠棟《古文尚書考・卷下》的辨偽舉證產生太多加分的作用。歷來學者考辨《古文尚書》辨偽舉證的證據效力，不只梅鷟讓人難以充分信從，就算是後來學者如閻若璩、惠棟，也僅是取得相對於梅鷟更加周延的考辨策略，然而諸多根本性的爭議還是存在。因此今日大陸學者張岩先生《審核古文「尚書」案》一書，即是站在與辨偽派對立的一方。筆者認為兩種不同的邏輯基點似乎南轅北轍，然而愈多的矛盾，就愈是提醒我們，考辨《古文尚書》有其複雜度，不能只是單純的采取真偽二分法以作處理。

第五章　結　論

　　惠棟作爲清代《古文尚書》考辨運動的一員，他已經盡可能的運用了他所能取得的文史資料，爲考辨《古文尚書》作出他的貢獻，並且間接保留了梅鷟、閻若璩等人，相關著述較爲原始的面貌，這是筆者無論如何都必須肯定惠棟的地方。

　　關於惠棟與梅鷟考辨《古文尚書》的關聯性，姜廣輝老師曾經爲文分析梅鷟《古文尚書》的考辨成績，〈梅鷟「尚書考異」考辨方法的檢討－－兼談考辨「古文尚書」的邏輯基點〉認爲：

> 平心而論，以專著形式一一舉證，抉發《古文尚書》之僞，梅鷟《尚書考
> 異》確實開風氣之先。但梅鷟絕大多數的舉證材料只是指出了蹈襲雷同的
> 形跡，並沒有充分十足的材料確證《古文尚書》一定是綴輯逸《書》而成
> 的。因而其說尚不能折服於人，爲學者所信從。

　　就本命題所涉條例的考辨方法而言，惠棟與梅鷟相較，梅鷟的舉證相當程度的規避了辨彰學術最核心的「考鏡源流」問題。兩人考辨《古文尚書》的研究策略固然與不同時代的學術思潮相關，事實上也更相對的彰顯了惠棟這位吳派考據大家訓詁方法的獨到精確。再將惠棟的考辨方法與閻若璩相較，固然今行本的閻氏《疏證》，存在著論述雜蔓的瑕疵，就惠棟所選擇的「閻君之論」與「間附閻說」，在惠棟「惟閻是取」的策略下，筆者認爲總體來說並沒有發揮太多加分的作用。

　　可以這樣認爲，在《古文尚書》考辨史上，研究者對於考辨方法的掌握並非一蹴可幾，明代之前的學者對於《古文尚書》縱有疑心，亦僅泛泛而談，缺乏深刻並且全面的論述。明代梅鷟《考異》的問世，代表的意義就是一種考辨方法的創新與嘗試，草創之書缺點難免。直到閻氏《疏證》刊行，關於《古文尚書》考辨方法的運用與邏輯基點的取得，閻氏竭澤而漁的蒐證思維讓人嘆服，惜其書的抄本與刊本銜接罅隙過大，相當程度的紊亂並削減了閻氏《疏證》論證的達成率。至於程氏《晚

書訂疑》的價值，或許可以用惠氏序程書的「能與之同趣」五字概括之。惠棟《古文尚書考》的寫作特點則是要言不煩，考辨《古文尚書》所用篇幅，則是在四人之中最爲精簡。

最後，在評價惠棟《古文尚書考》的考辨成就之前，筆者也必需略爲論述《古文尚書考》與惠棟標誌「漢學」的治經理念，兩者之間是否存在必然的關係？張素卿教授在〈「經之義存乎訓」的解釋觀念——惠士奇、惠棟父子的經學管窺〉曾經指出：

> 清乾隆、嘉慶時期的經學，興起重新關注漢儒古訓的風尚，蔚爲一時主流。
> 當此學術轉向之際，惠士奇、惠棟父子揭櫫「經之義存乎訓」的經學觀念，
> 尤其惠棟上承家學，復加推闡，提出明確的治經主張，「尊漢儒，尚家法，
> 而信古訓」，並在蒐輯漢儒古訓以注解經典等方面，具體實現其經學觀念。
> 所謂「訓」，尤指漢儒古訓，稽考古訓即用以注經釋義，這不僅涉及如何
> （how）解釋，同時也指解釋的實際内涵（what），兩者具現於學者治經的
> 解釋行爲之中。相對於「宋學」而別立「漢學」門户，惠棟在「漢學」轉
> 向的歷程中有關鍵性的影響，遂成一派宗師。這是儒家經典解釋的一次典
> 範轉移，乾嘉學者遵循此一典範治經論學，強調依據經典以論述義理，博
> 考漢儒古訓並以訓詁之法解釋經義爲其治學的門徑。

筆者認爲惠棟之所以能在《古文尚書》考辨史上佔得一席之地，確實是與惠棟尊崇漢學的治學理念具有甚深淵源。然而是否就能據此將惠棟的治經信念定義在「漢學」的範圍？就惠棟《古文尚書考》的考辨方法而言，惠棟選擇相對來說較爲周全的邏輯基點，固然與其鮮明的學術傾向有關。可是當這樣的策略應用於複雜的《古文尚書》考辨工作，卻不一定能佔到便宜。原因在於《古文尚書》的考辨，並不是一個單純的以回歸「漢儒古訓」就能解決的問題。就《古文尚書考》來說，個人認爲欲以「漢學」的概念籠罩惠棟的治經群言，恐怕還有相當大的商榷空間。因此要較爲正確的評價惠棟考辨《古文尚書》的成績，就必須將惠棟放在《古文尚書》考辨史的軸線進行討論。換言之，《古文尚書考》所連帶牽涉的諸多問題意識，恐怕並非是標誌「漢學」二字就能解決。

總的來說，惠棟《古文尚書考》所標幟的「求眞」精神雖然相當明顯，但經由筆者對於《古文尚書考》諸多考辨命題的條陳縷析，我們反而看見了在歷史條件不足的情況下，惠棟自身對於學術「求眞」工作適得其反的「失眞」。白璧微瑕並不影響我們對於《古文尚書考》辨僞工作的整體評價，個人期望透過這樣的學術探討，可以讓惠棟《古文尚書考》的全面性更加確立。

主要參考書目

※依姓名筆劃排列

四 劃

1. 王夫之：《尚書引義》（影印清同治三年刻船山遺書本）。
2. 王之春：《船山公年譜》（據清光續十九年鄂藩使署刻本影印）。
3. 王國維：《觀堂集林》（石家庄：河北教育出版社，2003 年 11 月）。
5. 王法周：《中國歷代思想家「十六」・惠棟篇》（臺北：臺灣商務印書館，1999）。
6. 王寶琳：《尚書現代版》（上海：上海古籍出版社，2003 年 8 月）。
7. 王鍔：《禮記成書考》（北京：北京中華書局，2007 年 3 月）。
8. 孔穎達等撰：《四部要籍注疏叢刊・尚書》（北京：北京中華書局，1998 年 8 月）。
9. 方東樹：《漢學商兌》（臺北：廣文書局，1962 年 1 月）。
10. 支緯成：《清代樸學大師列傳》（臺北：藝文印書館，1970 年 10 月）。

五 劃

1. 古國順：《清代尚書學》（臺北：文史哲出版社，1981 年）。
2. 皮錫瑞著，周予同注：《經學歷史》（臺北：漢京文化，1983 年 9 月）。
3. 皮錫瑞著，盛冬鈴等注：《今文尚書考證》（北京：北京中華書局，1989 年 12 月）。

六 劃

1. 江藩著，漆永祥注：《漢學師承記箋釋》（上海：上海古籍出版社，2006 年 02 月）。
2. 朱熹：《周易本義》（臺北：大安出版社，1999 年 07 月）。
3. 朱熹：《四書章句集註》（臺北：鵝湖出版社，1984 年 07 月）。
4. 朱彝尊著，馮曉庭等點校：《點校補正經義考第三冊「尚書」》（臺北：中研院文

哲所，1997 年 6 月）。

5. 朱維錚：《中國經學史十講》（上海：復旦大學出版社，2002 年 10 月）。

七　劃

1. 呂思勉：《經子解題》（上海：華東師範大學出版社，1995 年 12 月）。

2. 呂思勉：《先秦學術概論》（昆明：雲南人民出版社，2005 年 12 月）。

3. 呂思勉：《呂思勉文集》（上海：上海古籍出版社，2005 年 12 月）。

4. 沈彤：《尚書小疏》（影印清乾隆吳江沈氏刻果堂全集本）。

5. 阮元、王先謙：《皇清經解‧尚書類彙編》、《續皇清經解‧尚書類彙編》（臺北：藝文印書館，1986 年 6 月）。

6. 李慈銘撰，由雲龍輯：《越縵堂讀書記》（北京：北京中華書局，2006 年 9 月）。

7. 李開：《戴震評傳》（南京：南京大學出版社，1992 年）。

8. 李開：《惠棟評傳》（南京：南京大學出版社，1997 年）。

9. 李振興：《尚書學述》（臺北：三民書局，1994 年 5 月）。

10. 李海生：《中國學術思潮史‧樸學思潮》（上海：上海社會科學院出版社，2006 年 5 月）。

11. 李耀仙主編：《廖平選集》（成都：巴蜀書社，1998 年 7 月）。

八　劃

1. 林慶彰老師：《清初的群經辨偽學》（臺北：文津出版社，1992 年）。

2. 林慶彰老師主編：《五十年來的經學研究》（臺北：學生書局，2003 年 5 月）。

3. 林慶彰老師訪問，趙銘豐整理：〈思想史研究與考據學方法——姜廣輝先生在中國思想史研究上的成績〉，《國文天地》第 22 卷 2 期（2005 年 7 月）。

4. 杭世駿：《道古堂文集》（影印清光緒十四年汪曾唯增修本）。

5. 杭世駿：《尚書古文疏證五卷本抄本》（北京中國國家圖書館善本書室度藏）。

6. 柏克萊加州大學東亞圖書館編：《柏克萊加州大學東亞圖書館中文古籍善本書志（上海：上海古籍出版社，2005）。

7. 孫星衍撰，盛冬鈴等注：《尚書今古文注疏》（北京：北京中華書局，1986 年 12 月）。

8. 孫希旦：《禮記集解》（臺北：文史哲出版社，1990 年 8 月）。

9. 屈萬里：《尚書異文彙錄》（臺北：聯經出版公司，1983 年 02 月）。

10. 屈萬里：《屈萬里全集（二）‧尚書集釋》（臺北：聯經出版公司，1983 年 02 月）。

11. 屈萬里：《屈萬里全集（十）‧漢石經尚書殘字集證》（臺北：聯經出版公司，1984 年 07 月）。

12. 松川健二著，林慶彰等人合譯：《論語思想史》（臺北：萬卷樓出版公司，2006 年 02 月）。

13. 金春峰：《漢代思想史》（北京：中國社會科學出版社，2006 年 6 月）。

14. 吳承志：《橫陽札記》（民國十一年（1922）南林劉氏求恕齋刊本）。

15. 吳福熙：《敦煌殘卷古文尚書校注》（蘭州：甘肅人民出版社，1992 年 12 月）。

16. 吳通福：《晚出「古文尚書」公案與清代學術》（上海：上海古籍出版社，2007 年 6 月）。

九 劃

1. 姜廣輝老師主編：《經學今詮初編》（瀋陽：遼寧教育出版社，2000 年 6 月）。

2. 姜廣輝老師主編：《經學今詮續編》（瀋陽：遼寧教育出版社，2001 年 10 月）。

3. 姜廣輝老師主編：《經學今詮三編》（瀋陽：遼寧教育出版社，2002 年 4 月）。

4. 姜廣輝老師主編：《經學今詮四編》（瀋陽：遼寧教育出版社，2004 年 8 月）。

5. 姜廣輝老師主編：《中國經學思想史·卷1》（北京：中國社會科學出版社，2003 年 9 月）。

6. 姜廣輝老師主編：《中國經學思想史·卷2》（北京：中國社會科學出版社，2003 年 9 月）。

7. 姜廣輝老師：〈梅鷟「尚書考異」考辨方法的檢討——兼談考辨「古文尚書」的邏輯基點〉。未刊稿。

十 劃

1. 高師第：《禹貢研究論集》（上海：上海古籍出版社，2006 年 7 月）。

2. 徐復觀：《論經學史二種》（上海：上海書店出版社，2006 年 7 月）。

3. 徐奇堂：《尚書譯注》（廣州：廣州出版社，2004 年 5 月）。

4. 荀況著，王天海校釋：《荀子校釋》（上海：上海古籍出版社，2005）。

5. 張崇蘭：《古文尚書私議》（清光緒二十三年陳克劭刻本）。

6. 張心澂：《偽書通考》（上海：上海書店，1998 年 1 月）。

7. 張立文主編：《中國學術通史·清代卷》（北京：人民出版社，2004 年 12 月）。

8. 張岩：《審核古文「尚書」案》（北京：中華書局，2006 年 12 月）。

9. 張穆：《閻若璩年譜》（北京：北京中華書局，1994 年 6 月）。

10. 張穆：《顧亭林先生年譜》（據北京圖書館藏清道光二十四年何紹基刻本影印）。

11. 張穆：《魛齋文集》（臺北：新文豐出版公司，1988 年，臺一版，叢書集成續編，文學類：第 159 冊）與（清咸豐八年祈寯藻刻本影印）。

12. 張素卿：《清代漢學與左傳學——從「古義」到「新疏」的脈絡》（臺北：里仁書局，2007 年 3 月）。

13. 本田成之：《中國經學史》（臺北：學海出版社，1979 年）。

14. 俞樾等著：《古書疑義舉例五種》（北京：北京中華書局，1956 年 1 月）。

15. 石田公道著、連清吉譯：〈大田錦城的尚書學一〉，《中國文史哲通訊》2002 年第

1 期，頁 53～64。

16. 石田公道著、連清吉譯：〈大田錦城的尚書學二〉，《中國文史哲通訊》2002 年第 1 期，頁 65～74。

17. 涂宗流・劉祖信著：《郭店楚簡先秦儒家佚書校釋》（臺北：萬卷樓出版公司，2001 年 2 月）。

18. 耿志宏：《惠棟之經學研究》（臺北：政治大學中國文學研究所碩士論文，李威熊先生指導，1985 年）。

十一劃

1. 郭仁成：《尚書今古文全璧》（長沙：岳麓書社，2006 年 3 月）。

2. 梁啓超：《清代學術概論》（北京：中國書籍出版社，2006 年 5 月）。

3. 梁啓超：《中國近三百年學術史》（上海：三聯書店，2006 年 4 月）。

4. 梁啓超：《論中國學術思想變遷之大勢》（上海：上海古籍出版社，2006 年 7 月）。

5. 梁啓超：《清代學者整理舊學之總成績》（北京：北京商務印書館，1999 年 7 月）。

6. 陳康祺：《郎潛紀聞》（臺北市：新文豐出版公司，1988 年，臺一版，叢書集成三編，文學類第 68 冊）。

7. 陳夢家：《尚書通論》（北京：中華書局，2005 年 6 月）。

8. 陳戌國：《尚書校注》（長沙：岳麓書社，2004 年 8 月）。

9. 陳祖武、朱彤窗：《乾嘉學派研究》（河北：人民出版社，2005 年 10 月）。

10. 許華峰：《閻若璩「尚書古文疏證」的辨偽方法》（中壢：中央大學中國文學研究所碩士論文，岑溢成先生指導，1994 年）。

11. 許華峰：〈論「尚書古文疏證」與「古文尚書冤詞」「尚書考異」的關係〉，《經學研究論叢》第 1 輯（1994 年 4 月），頁 139～180。

12. 許華峰：〈「尚書譜」、「尚書考異」成書先後的問題〉，《經學研究論叢》第 4 輯（1996 年 4 月），頁 31～44。

13. 許道興等著：《中國經學史》（上海：上海人民出出版社，2006 年 10 月）。

14. 章學誠著・葉瑛注：《文史通義校注》（北京：北京中華書局，2005 年 11 月）。

15. 黃炳垕：《黃梨洲先生年譜》（據清同治十二年朱衍緒刻本影印）。

16. 黃壽祺：《群經要略》（上海：華東師範大學出版社，2000 年 10 月）。

17. 黃順益：《惠棟、戴震與乾嘉學術研究》（高雄：中山大學中國文學研究所博士論文，鮑國順先生指導，1997 年）。

十二劃

1. 梅鷟：《尚書譜》（北京圖書館古籍珍本叢刊本）《四庫全書存目叢書經部書類第 49・尚書譜不分卷》：（臺南縣柳營鄉：莊嚴文化，1997 年初版影印本，據南京圖書館藏明鈔本影印）。

2. 梅鷟：《尚書考異》（姜廣輝老師整理：參考「白鶴山房抄本」、「臺灣故宮舊抄本」、「文淵閣本」、「平津館本」，未刊稿）。

3. 程廷祚撰·宋效永校點：《青溪集》（合肥：黃山書社，2004 年 12 月）。

4. 程廷祚撰，羅惠齡校點：《晚書訂疑》（未刊稿）。

5. 彭林：《清代經學與文化》（北京：北京大學出版社，2005 年 11 月）。

6. 葉國良：〈師法家法與守學改學——漢代經學史的一個側面考察〉，《「中國哲學」第 25 輯「哲學今詮四編」》（瀋陽：遼寧教育出版社，2004 年 8 月）。

7. 葉國良等著：《經學通論》（臺北：大安出版社，2005 年 8 月）。

8. 葉國良等著：《群經概說》（臺北：大安出版社，2005 年 8 月）。

9. 蒙文通：《經學抉原》（上海：上海人民出版社，2006 年 8 月）。

10. 蒙培元、任文利：《國學舉要·儒卷》（武漢：教育出版社，2002 年 9 月）。

11. 曹林娣：《古籍整理概況》（北京：北京大學出版社，2007 年 1 月）。

12. 葉樹聲、許有才：《清代文獻學簡論》（合肥：安徽大學出版社，2004 年 1 月）。

13. 楊樹敏：《中國辨偽學史》（天津：天津人民出版社，1999 年 3 月）。

十三劃

1. 惠棟：《古文尚書考》（據北京圖書館分館藏清乾隆五十七年宋廷弼刻本影印）。

2. 惠棟：《皇清經解續經解·尚書類彙編·古文尚書考》（臺北：藝文印書館，1986 年 6 月）。

3. 惠棟：《古文尚書考》（臺北市：新文豐出版公司，1988 年臺一版，第 267 冊）。

4. 惠棟：《尚書古義》（臺北市：新文豐出版公司，1988 年臺一版，《昭代叢書甲集補卷三》，沈楙悳輯）。

5. 惠棟：《松崖文鈔》（據清光續劉氏刻聚學軒叢書本影印）。

6. 惠棟：《松崖筆記》（臺北市：新文豐出版公司，1988 年臺一版，第 20 冊）。

7. 惠棟：《九曜齋筆記》（臺北市：新文豐出版公司，1988 年臺一版，第 20 冊）。

十四劃

1. 劉寶楠著，高流水點校：《論語正義》（臺北：文史哲出版社，1998 年 6 月）。

2. 劉師培：《劉師培辛亥前文選》（北京：三聯書店，1998 年 6 月）。

3. 劉師培：《清儒得失論》（北京：中國人民出版社，2004 年 9 月）。

4. 劉師培、章太炎：《中國近三百年學術史》（上海：上海古籍出版社，2006 年 10 月）。

5. 劉起釪：《尚書研究要論》（濟南：齊魯書社，2007 年 1 月）。

6. 劉墨：《乾嘉學術十論》（北京：三聯書店，2006 年 11 月）。

7. 劉家和：《史學、經學與思想》（北京：北京師範大學出版社，2005 年 1 月）。

8. 劉甫琴編：《朱熹辨偽書語》（臺北：開明書店，1969 年 4 月）。

9. 劉人鵬：《閻若璩與古文尚書辨偽——一個學術史的個案研究》。（臺北：臺灣大學中國文學研究所博士論文，梅廣先生指導，1991 年）。

10. 蔡方鹿：《朱熹經學與中國經學》（北京：北京人民出版社，2004 年 7 月）。

11. 裴普賢：《經學概述》（臺北：三民書局，2006 年 3 月）。

12. 趙銘豐：〈惠棟「古文尚書考」引「梅鷟曰」的價值平議〉，《國立高雄師範大學 2006 年第二屆青年經學學術研討會會議論文集》，頁 73～86。

13. 趙銘豐：〈惠棟「古文尚書考」關於「虞廷十六字」辨偽試釋〉，《國立中央大學 2007 年第十四屆全國中文研究所研究生論文研討會論文集》，頁 67～78。

14. 趙銘豐：〈戴震「尚書學」考辨方法述要——以惠棟「尚書學」爲比較分析對象〉，《國立高雄師範大學 2007 年第三屆青年經學學術研討會會議論文集》，頁 259～274。

15. 趙銘豐：〈惠棟「古文尚書考」考辨方法的推理辨證——以「辨梅氏增多古文之謬十五條」爲甄別對象〉，《華梵大學 2008 年東方人文思想研究所學術叢書第二輯‧儒家思想與儒學文獻研究專刊》。頁 73～112。

十五劃

1. 鄭良樹：《古籍辨偽學》（臺北：開明書店，1986 年 8 月）。

2. 鄭吉雄老師：《易圖象與易詮釋》（臺北：臺灣大學出版中心，2004 年 06 月）。

3. 鄭吉雄老師主編：《東亞傳世漢籍文獻譯解方法初探》（臺北：臺灣大學出版中心，2005 年 06 月）。

4. 鄭吉雄老師主編：《東亞視域中的近世儒學文獻與思想》（臺北：臺灣大學出版中心，2005 年 07 月）。

十六劃

1. 錢大昕：《潛研堂文集》（臺北：臺灣商務印書館，1965 年）。

2. 錢基博著、傅道彬點校：《近百年湖南學風（含「經學通論」)》（北京：中國人民大學出版社，2004 年 9 月）。

3. 錢穆：《中國近三百年學術史》（北京：商務印書館，2005 年 11 月）。

4. 錢穆：《兩漢經學今古文平議》（北京：商務印書館，2001 年 7 月）。

5. 錢宗武、杜純梓：《尚書新箋與上古文明》（北京：北京大學出版社，2005 年 2 月）。

6. 錢宗武：《今文尚書語法研究》（北京：商務印書館，2004 年 10 月）。

7. 魏慈德：〈閻若璩及其「尚書古文疏證」的研究方法論〉，《東吳中文學報》第 5 期（1999 年 5 月），頁 1～25。

十七劃

1. 戴震：《尚書義考》（臺北市：新文豐出版公司，1988 年臺一版，《聚學軒叢書第三集》，劉世珩校刊）。

2. 戴震著・趙玉新點校，《戴震文集》：（北京：北京中華書局，2006 年 6 月）。

十八劃

1. 羅檢秋：《嘉慶以來漢學傳統的衍變與傳承》（北京：中國人民大學出版社，200年 5 月）。

2. 羅熾、胡軍：《經學與長江文化》（武漢：湖北教育出版社，2004 年 6 月）。

十九劃

1. 松崎覺本著、連清吉譯：〈評論大田錦城於「古文尚書」之見解〉，《中國文史哲通訊》2002 年第 1 期，頁 75～85。

二十劃

1. 顧棟高：《尚書質疑》（影印清道光六年眉壽堂刻本）。

2. 顧頡剛、劉起釪：《尚書校釋譯論》（北京：北京中華書局，2005 年 4 月）。

3. 顧頡剛：《中國上古史研究講義》（北京：北京中華書局，1988 年 11 月）。

附錄一　辨僞條目的「典源」暨「按語」

一、〈舜典〉6 則

　　《連叢子・孔臧與侍中從弟安國書》曰：「〈堯典〉，說者以爲堯、舜同道。弟素常以爲雜有〈舜典〉，今果如所論。」按：此以僞扶僞。欲欺天下後世，謂分析者果壁中本也。

001 曰若稽古，帝舜曰重華。引《太平御覽》卷 81（內含轉引《史記》卷 1）、毛奇齡《古文尙書冤詞》卷 2（內含轉引王延壽〈靈光賦〉與王粲〈七釋〉）。棟言毛奇齡欲替姚方興平反，結果卻適得其反。

002 協于帝，濬哲文明。引《詩・商頌》「玄鳥」與不見閻氏今本《疏證》的「蓋傚篇首『明文思』三字，而不覺其重複也。」（見梅鷟《考異》卷 2，許本 238）

003 溫恭允塞。引《詩・商頌》「那之什」、《周詩》（見於《韓詩外傳》卷 6）。

004 玄德升聞。引《淮南・鴻烈》卷 1。

005 乃命以位。轉引自朱彝尊《經義考》卷 77。（惠棟直引陸德明《經典釋文》與阮孝緒《七錄》，未注明出處。）

006 二十有八載，帝乃殂落。引《孟子・萬章》卷 9。棟言〈堯典〉已見《孟子》，故知梅賾置此句於〈舜典〉之謬。

二、〈大禹謨〉72 則

001 曰若稽古，大禹曰：文命，敷于四海。引《史記・夏本紀》與不見閻氏今本《疏證》的「約〈禹貢〉『東漸』數句之旨而成文。」（見梅鷟《考異》卷 2，許本 238）、毛奇齡《尙書廣聽錄》卷 1。

002 祇承于帝。引《孟子・萬章》。

003 曰：后克艱厥后，臣克艱厥臣。引《論語・子路》。

004 黎民敏德。引《周書・康誥》。

005 帝曰：俞！允若茲，嘉言罔攸伏。野無遺賢。引《荀子・正論》。

006 萬邦咸寧。引《周易・上經乾傳》。

007 稽于眾，舍已從人。不見閻氏今本《疏證》的「《孟子》稱『舜舍己從人』，今入于舜曰中以稱堯，非也。」（見於梅鷟《考異》卷2，許本238）

008 不虐無告。引《莊子・天道》。

009 不廢困窮，惟帝時克。不見閻氏今本《疏證》。（見梅鷟《考異》卷2，許本238～239）

010 益曰：都！帝德廣運，乃聖乃神，乃武乃文。引《呂氏春秋・有始覽》「〈論大篇〉引〈夏書〉曰」、《春秋・左傳》卷52「起昭公二十六年，盡二十八年」。

011 皇天眷命，奄有四海。引《後漢書・黃瓊傳》、《詩・大雅》「文王之什」、《詩・商頌》「那之什」。

012 禹曰：惠迪吉，從逆凶，惟影響。引《太平御覽》卷81（轉引《尸子》）、〈與岑文瑜書〉、《古本趙岐孟子章指》。

013 益曰：吁！戒哉！儆戒無虞。引《詩・大雅》「蕩之什」。

014 任賢勿貳，去邪勿疑。引《戰國策・襄子》「引《書》曰」。

015 罔咈百姓以從已之欲。《古文尚書考》引「閻若璩曰」，不見閻氏今本《疏證》。（見梅鷟《考異》卷2，許本239～240）

016 無怠無荒。引《後漢書・崔駰傳》「引《書》曰」。

017 禹曰：於！帝念哉！《古文尚書考》引「閻若璩曰」，不見閻氏今本《疏證》。（見梅鷟《考異》卷2，許本240）

018 德惟善政，政在養民。《古文尚書考》引「閻若璩曰」，不見閻氏今本《疏證》。（見梅鷟《考異》卷2，許本240）

019 水、火、金、木、土、穀惟修。
《古文尚書考》引「閻若璩曰」，不見閻氏今本《疏證》。（見梅鷟《考異》卷2，許本240）

020 正德，利用，厚生，惟和。引《左傳・襄二十八年》。

021 九功惟敘，九敘惟歌，戒之用休，董之用威，勸之以九歌，俾勿壞。引《左傳・文七年》「引《書》曰」。

022 帝曰：俞！地平天成。引《左傳・僖二十四年》「引〈夏書〉曰」。

023 六府、三事允治。引文同《左傳・文七年》「引《書》曰」。

024 萬世永賴，時乃功。引《史記・自序》

025 帝曰：格，汝禹！棟言「用堯命舜語」。

026 朕宅帝位，三十有三載。引《竹書紀年》。

027 耄期倦于勤。引《儀禮・鄉射義》。

028 汝惟不怠，總朕師。同《竹書紀年》。

029 皋陶邁種德，德乃降。引《左傳・莊八年》「轉引〈夏書〉」、引「閻若璩曰」獨
　　見《疏證》第 9 條。

030 念茲在茲，釋茲在茲，名言茲在茲，允出茲在茲。惟帝念功。引《春秋・襄二
　　十一年》「引〈夏書〉曰」。

031 汝作士。引「閻若璩曰」俱見梅鷟《考異》。

032 刑期于無刑。引《刑名書》，棟言此乃「申、商」之學，非「堯、舜」之治也。

033 民協于中。時乃功。引「閻若璩曰」俱見梅鷟《考異》。

034 臨下以簡，御眾以寬。引《論語・公冶長》。

035 罰弗及嗣，賞延于世。引「閻若璩曰」俱見梅鷟《考異》。

036 宥過無大，刑故無小。引《論衡・答佞篇》。

037 與其殺不辜，寧失不經。引《左傳・襄二十六年》「引〈夏書〉曰」。

038 好生之德，洽于民心。引「閻若璩曰」俱見梅鷟《考異》。

039 帝曰：俾于從欲以治。引《荀子・大畧篇》。

040 帝曰：來，禹！洚水儆予。引《孟子・滕文公》「引《書》曰」。棟言梅賾「不
　　識字」，因此解釋本意為「洪水」的「洚水」為「下水」。

041 成允成功。引《左傳・襄五年》「〈夏書〉曰」。

042 克勤予邦，克儉于家。引《論語・述而》、引「閻若璩曰」俱見梅鷟《考異》。

043 不克滿假。引《左傳・襄二十九年》。

044 汝惟不矜，天下莫與汝爭能；汝惟不伐，天下莫與汝爭功。引《逸周書・武紀
　　解》、《易・繫辭上》、《左傳・襄二十九年》、顧炎武《左傳杜解補正・卷中》、
　　引「閻若璩曰」半見梅鷟《考異》。（分別轉引《荀子・君子篇》與《老子・益
　　謙》、《老子・苦恩》）

045 予懋乃德，嘉乃丕績，天之曆數在汝躬，汝終陟元后。引《論語・堯曰》、孔安
　　國語。

046 人心惟危，道心惟微，惟精惟一，允執厥中。引《荀子・解蔽》、引「閻若璩曰」
　　「第三十一」。

047 無稽之言勿聽，弗詢之謀勿庸。引《荀子・正名篇》。

048 可愛非君，可畏非民，眾非元后何戴？后非眾罔與守邦。引《國語・周語》「〈夏書〉曰」。

049 四海困窮，天祿永終。引《論語・堯曰》。

050 惟口出好興戎。引《墨子・尚同上》。

051 禹曰：枚卜功臣。引《左傳・哀十七年》。

052 官占惟先蔽志，昆命于元龜。。引《左傳・哀十八年》「引〈夏書〉曰」。

053 朕志先定，詢謀僉同，鬼神其依。引〈洪範〉。

054 龜筮協從，卜不習吉。引《禮記・表記》、《書・金縢》、《左傳・哀十年》。

055 禹拜稽首固辭。引〈堯典〉、《儀禮》。（「敢固辭」，見於《儀禮》多個章節，今不詳舉。）

056 帝曰：毋！引《論語・雍也》。

057 惟汝諧。引〈書・堯典〉。

058 正月朔旦，受命于神宗。引《竹書紀年》。

059 帝曰：咨禹，惟時有苗弗率，汝徂征！見《古文尚書考・卷上》辨「梅氏增多《古文》二十五篇」：「顧氏棟高〈有苗論〉條」。

060 禹乃會羣后，誓于師曰：濟濟有眾，咸聽朕命：蠢茲有苗，昏迷不恭。引《汲郡古文》、《墨子・兼愛上》。

061 君子在野，小人在位。引《詩・原隰》。

062 肆予以爾眾士，奉辭伐罪。引《國語・鄭語》、「閻若璩曰」俱見梅鷟《考異》。

063 三旬，苗民逆命。引「閻若璩曰」俱見梅鷟《考異》。

064 惟德動天，無遠弗屆。引《詩・周頌》「泮水」。

065 滿招損，謙受益，時乃天道。引梅鷟《考異》卷2。言漢代時易「盈」爲「滿」，僞作《古文尚書》者取材於此，勦襲自不待言。

066 帝初于歷山。引《尚書・大傳》。見《尚書注疏》卷3。

067 往于田，日號泣于旻天，于父母。引《孟子・萬章》「引《書》曰」。

068 負罪引慝，祇載見瞽瞍，夔夔齋慄，瞽亦允若。引《孟子・公孫丑下》。棟言〈大禹謨〉絕無「直斥天子之父」爲「瞽叟」的作法，僞《古文尚書》的造作益可知。（按：梅鷟有與惠棟相同觀點的申論）

069 至誠感神。引「閻若璩曰」俱見梅鷟《考異》。

070 禹拜昌言曰：俞！引「閻若璩曰」俱見梅鷟《考異》。

071 班師振旅。引「閻若璩曰」俱見梅鷟《考異》。

072 帝乃誕敷文德，舞干羽于兩階。七旬，有苗格。引《淮南子・繆稱訓》、《韓非

子・五蠹》、《帝王世紀》。

三、〈五子之歌〉19 則

001 乃盤遊無度。引《書・無逸》。

002 畋于有洛之表。引《竹書紀年》。

003 有窮后羿。引《左傳・襄四年》「引〈夏書〉曰」、引「閻若璩曰」獨見《疏證》第 13 條。

004 厥弟五人，御其母以從，徯于洛之汭。引《書序》。

005 民可近，不可下。引《國語・周語》「單襄公「引《書》曰」與韋昭《注》。

006 民惟邦本，本固邦寧。引「閻若璩曰」俱見梅鷟《考異》。

007 愚夫愚婦。引《禮記・中庸》。

008 一人三失，怨豈在明！不見是圖。引《國語・晉語》「引〈夏書〉曰」、《左傳・成十六年》「引〈夏書〉曰」。

009 予臨兆民，懍乎若朽索之馭六馬。引《說苑・政理》、《新序・雜事》。棟言天子馭「六馬」不見《經》、《傳》所載，觀諸文獻，應是「四馬」爲是。

010 奈何不敬？引《書・召誥》。

011 內作色荒，外作禽荒。引《國語・越語下》

012 甘酒嗜音，峻宇彫牆。引《戰國策・魏》、《左傳・宣元年》。

013 有一于此，未或不亡！引「閻若璩曰」獨見《疏證》第 73 條。
　　按：梅鷟則不作如是想，他認爲：「又恐作《古文》者，見王肅之言而附會成書，亦未可知也。」

015 明明我祖，萬邦之君，有典有則，貽厥子孫。引《詩・大雅》「文王有聲」、引「閻若璩曰」俱見梅鷟《考異》。

016 關石和鈞，王府則有。引《國語・周語》「單穆公引〈夏書〉曰」。

017 荒墜厥緒，覆宗絕祀。引張超〈誚青衣賦〉。

018 鬱陶乎予心，顏厚有忸怩。引「閻若璩曰」獨見《疏證》第 9 條。

019 弗慎厥德，雖悔可追？引《左傳・哀公十六年》。

四、〈胤征〉14 則

001 胤侯命掌六師。棟言鄭玄注《書序》題名「胤侯」爲「胤臣」，而最早「胤侯」的提出始於《竹書紀年》，故可知《古文》非眞。

002 羲和廢厥職。引《書序》。

003 酒荒于厥邑。引《國語・越語》。

004 嗟！予有眾！引《書・湯誓》。

005 聖有謨訓，明徵定保。引「閻若璩曰」俱見梅鷟《考異》。

006 每歲孟春。引「陸奎勳曰」

007 遒人以木鐸徇于路；官師相規，工執藝事以諫。引《左傳・襄十四年》。

008 其或不恭，邦有常刑。引「閻若璩曰」俱見梅鷟《考異》。

009 顛覆厥德。引《孟子・萬章》。按：未若梅鷟：《詩》：「顛覆厥德，沈湎于酒。」精準。

010 乃季秋月朔，辰弗集于房，瞽奏鼓，嗇夫馳，庶人走。引《竹書紀年》、《左傳・昭十七年》「引〈夏書〉曰」、引「閻若璩曰」獨見《疏證》第 8 條。棟言梅賾本《古文》不從《左傳》「四月」之說。

011 《政典》曰：先時者，殺無赦！不及時者，殺無赦！引《周禮・天官冢宰》、《荀子・君道篇》、《韓詩外傳》作「周制曰」。

012 奉將天罰。引《書》之〈湯誓〉、〈牧誓〉。

013 玉石俱焚。引《周書・世俘》、引「梅鷟曰」俱見閻若璩《疏證》。

014 嗚乎！威克厥愛，允濟。引《左傳・昭廿三年》、引「閻若璩曰」獨見《疏證》第 8 條。

五、〈仲虺之誥〉21 則

001 成湯放桀于南巢。引《國語・魯語》。

002 惟有慙德。引《左傳・襄二十九年》。

003 曰：予恐來世以台為口實。引《左傳・襄二十二年》。

004 惟天生民有欲。引《逸周書・文酌解》。

005 民墜塗炭。引《孟子》（分別見於〈公孫丑〉與〈萬章〉）、〈應璩與滿公琰書〉。

006 夏王有罪，矯誣上天，以布命于下。帝用不臧，式商受命，用爽厥師。引《墨子・非命》「三引〈仲虺之誥〉」、引「閻若璩曰」獨見《疏證》第 12 條。

007 簡賢附勢，實繁有徒。引《左傳・昭二十八年》「引〈鄭書〉曰」。

008 若苗之有莠，若粟之有秕。引《孟子・盡心》、《左傳・定十年》。

009 小大戰戰。引《詩・小雅》「小旻」。

010 惟王不邇聲色。引《禮・月令》「仲夏」、「仲冬」。

011 克寬克仁。引《國語・魯語》。

012 乃葛伯仇餉，初征自葛。引「閻若璩曰」獨見《疏證》第 11 條。

013 東征西夷怨，南征北狄怨，曰：奚獨後予？引《孟子・滕文公》、《帝王世紀》、

引「閻若璩曰」俱見梅鷟《考異》。

014 曰：徯予后，后來其蘇！引《孟子·梁惠王》「《書》曰」、《帝王世紀》、《書·仲虺之誥》。

015 兼弱攻昧，取亂侮亡。推亡固存，邦乃其昌。引《左傳·襄十四年》「引〈仲虺〉」及同出的「中行獻子引〈仲虺〉」、《左傳·宣十二年》「隨武子引〈仲虺〉」。

016 德日新，萬邦惟懷。引《易·大傳》、《左傳·莊公十三年》。

017 建中乎民。引《孟子·離婁》。

018 予聞曰：能自得師者王，謂人莫己若者亡。引《荀子·堯問》「引《書·仲虺》」、《呂氏春秋·驕恣》「引《書·仲虺》」。

019 好問則裕。引《禮記·中庸》。

020 慎厥終，惟其始。引「閻若璩曰」俱見梅鷟《考異》。

021 殖有禮，覆昏暴。引《左傳·閔元年》、引「閻若璩曰」俱見梅鷟《考異》。

六、〈湯誥〉15 則

001 王歸自克夏，至于亳。引《帝王世紀》「引〈湯誥〉曰」、引「閻若璩曰」俱見梅鷟《考異》。

002 誕告萬方。引《書·盤庚》、逸〈湯誓〉。

003 惟皇上帝，降衷于下民。引「梅鷟曰」俱見閻若璩《疏證》。

004 若有恒性。引《韓非子·說林》、引「王應麟曰」。棟言：偽《尚書》「言仁、言性、言誠」，故不可信。

005 夏王滅德作威。引《左傳》、〈洪範〉、〈太誓〉、〈君陳〉，棟言：〈太誓〉、〈君陳〉俱與〈洪範〉相悖。

006 並告無辜于上下神祇。引「閻若璩曰」俱見梅鷟《考異》。

007 天道福善禍淫。引《國語·周語》、《左傳·成五年》

008 降災于夏。引「閻若璩曰」俱見梅鷟《考異》。

009 肆台小子。引「閻若璩曰」俱見梅鷟《考異》。

010 敢用玄牡，敢昭告于上天神后。引《論語·堯曰》。

011 聿求元聖，與之戮力。引《墨子·尚同》「引〈湯誓〉曰」。

012 以與爾有眾請命。引「閻若璩曰」俱見梅鷟《考異》。

013 若將隕于深淵。引《左傳·哀十五年》。

014 凡我造邦，無從匪彝，無即慆淫；各守爾典，以承天休。引《國語·周語》、引「閻若璩曰」獨見《疏證》第 19 條。

015 爾有善，朕弗敢蔽；罪當朕躬，弗敢自赦，惟簡在上帝之心。其爾萬方有罪，在予一人；予一人有罪，無以爾萬方。引《論語·堯曰》、引「閻若璩曰」獨見《疏證》第 19 條。

七、〈伊訓〉24 則

001 惟元祀，十有二月乙丑，伊尹祀于先王。引《漢書·律曆志》「引《書·伊訓》」。

002 奉嗣王祇見厥祖。侯甸羣后咸在。引《唐書·王元感傳》「引《書》曰」。棟言：由張柬之所言，可知梅賾「竊〈顧命〉之文」。

003 百官總己以聽冢宰。引《論語·憲問》。

004 伊尹乃明言烈祖之成德。引《詩·商頌》。

005 古有夏先后，方懋厥德，罔有天災。山川鬼神，亦莫不寧，暨鳥、獸、魚、鱉咸若。引《左傳·宣三年》、《墨子·明鬼》「引〈商書〉曰」、毛奇齡《冤詞》。

006 于其子孫。引〈諭巴蜀檄〉。

007 皇天降災，假手于我有命。引「閻若璩曰」俱見梅鷟《考異》。

008 造攻自鳴條，朕哉自亳。引唐《石經》「引《書序》曰」、《孟子·萬章》「引〈伊訓〉曰」、《帝王世紀》「引〈伊訓〉曰」。

009 代虐以寬。引「閻若璩曰」獨見《疏證》第 6 條。

010 今王嗣厥德，罔不在初。引「閻若璩曰」俱見梅鷟《考異》。

011 立愛惟親，立敬惟長，始于家邦，終于四海。引「閻若璩曰」獨見《疏證》第 6 條。

012 先王肇修人紀。引《揚子雲集·解嘲》、棟言：偽孔《傳》「始修為人綱紀」全用揚雄之文。

013 從諫弗咈，先民時若。引《詩·商頌》、

014 居上克明，為下克忠。引《荀子·臣道》「引《書》曰」。

015 與人不求備。引「閻若璩曰」獨見《疏證》第 6 條。

016 敷求哲人，俾輔于爾後嗣。引《詩·逸篇》、《墨子·尚賢》。

017 制官刑，儆于有位，曰：敢有恆舞于宮，酣歌于室，時謂巫風；敢有殉于貨色，恆于遊畋，時謂淫風；敢有侮聖言。引《論語·衛靈公》。

018 逆忠直，直遠耆德。引《逸周書·耆德篇》。

019 比頑童。引《國語·鄭語》。

020 時謂亂風。維茲三風十愆，卿士有一于身，家必喪；邦君有一于身，國必亡。引《墨子·非樂》「引先王之《書》」。

021 臣下不匡，其刑墨。棟言：見《古文尚書考・卷上・辨梅氏增多《古文》之謬十五條》「第九條朱彝尊曰」。

022 聖謨洋洋，嘉言孔彰。惟上帝不常。引《墨子》。

023 作善降之百祥，作不善降之百殃。引《墨子》、引「閻若璩曰」俱見梅鷟《考異》。

024 爾惟德罔小，萬邦惟慶；爾惟不德罔大，墜厥宗。引《易・大傳》、《三國志、蜀書》「劉玄德戒子」。

八、〈太甲上〉12 則

001 惟嗣王不惠于阿衡。引《詩・商頌》。

002 先王顧諟天之明命。引《禮記・大學》「引《書・太甲》」。

003 以承上下神祇。引《論語・述而》。

004 惟尹躬克左右厥辟。。引《詩・商頌》。

005 惟尹躬先見于西邑夏，自周有終，相亦惟終。引《禮記・緇衣》。

006 祗爾厥辟，辟不辟，忝厥祖。引《禮記・坊記》「引《書》」。

007 先王昧爽丕顯，坐以待旦。引《左傳・昭三年》、《孟子・離婁》、《淮南子・修務》。

008 無越厥命以自覆。引《禮記・緇衣》「引〈太甲〉」。

009 慎乃儉德。引《左傳・莊二十四年》。

010 若虞機張，往省括于度則釋。引《禮記・緇衣》「引〈太甲〉」。

011 尹伊曰：茲乃不義，習與性成。予弗狎于弗順。營于桐宮，密爾先王其訓，無俾世迷。引《孟子・盡心》、《左傳・成十六年》、《孔叢子》「引〈商書〉」。

012 王徂桐宮，居憂，克終允德。同《左傳・成十六年》。

九、〈太甲中〉9 則

001 惟三祀，十有二月朔，伊尹以冕服奉嗣王歸于亳。引《孟子・萬章》、引「閻若璩曰」俱見梅鷟《考異》。

002 作書曰：民非后，罔克胥匡以生，后非民，罔以辟四方。引《禮記・表記》「引〈太甲〉曰」、《三國志・吳志》。

003 欲敗度，縱敗禮。引《左傳・昭十年》「引《書》」

004 天作孽，猶可違；自作孽，不可逭。引《禮記・緇衣》「引《書・太甲》」、《孟子・公孫丑》「引《書・太甲》」。

005 既往背師保之訓。引《左傳・襄十四年》。

006 尚賴匡救之德。引《左傳・僖二十六年》。

007 先王子惠困窮。引《淮南‧修務》。

008 徯我后，后來無罰。引《孟子‧梁惠王》「引《書》」、引「閻若璩曰」獨見《疏證》第 11 條。

009 視遠惟明，聽德惟聰。引《論語‧衛靈公》、《國語‧楚語》。

十、〈太甲下〉6 則

001 惟天無親。引《左傳‧僖五年》「引〈周書〉」。

002 享于克誠。棟言：唐虞時未有「誠」字，至尹吉告太甲乃曰：「鬼神無常享，享于克誠。」「誠」字始見於此，此西山之言也。嗚呼！僞《書》安可據哉。

003 與亂同事罔不亡。引《韓非子‧孤憤》、《淮南‧說林》。

004 克配上帝。引《詩‧周詩》。

005 若升高，必自下；若陟遐，必自邇。引「梅鷟曰」俱見閻若璩《疏證》。

006 嗚呼！弗慮胡獲？弗爲胡成？一人元良，萬邦以貞。引〈文王世子〉、引「閻若璩曰」獨見《疏證》第 11 條。

十一、〈咸有一德〉18 則

001 伊尹既復政厥辟。引《書‧洛誥》。

002 將告歸。引《戰國策‧秦》。

003 天難諶，命靡常。引「閻若璩曰」俱見梅鷟《考異》。

004 常厥德。引《易‧下經咸傳》。

005 厥德匪常。引《易‧下經咸傳》。

006 九有以亡。引《墨子‧非樂》「引〈商書〉」。

007 夏王弗克庸德。引《中庸》。

008 皇天弗保。監于萬方。引《詩‧大雅》。

009 俾作神主。引《詩‧大雅》。

010 惟尹躬暨湯咸有一德。〈緇衣〉尹吉曰：「惟尹躬暨湯咸有壹德。」注云：「『吉』當爲『誥』，古文『告』字之誤也。『尹告』，『伊尹之誥』。《書序》以爲〈咸有一德〉，今亡。」

011 以有九有之師。引《詩‧商頌》。

012 爰革夏正。引《周書‧多士》。

013 德二三。引《詩‧國風》。

014 今嗣王新服厥命，惟新厥德。引「閻若璩曰」俱見梅鷟《考異》。

015 終始惟一，時乃日新。引《論語‧子張》、引「閻若璩曰」俱見梅鷟《考異》。

016 德無常師。引《論語‧述而》。

017 嗚呼！七世之廟，可以觀德；萬夫之長，可以觀政。引《呂氏春秋‧諭大》「引〈商書〉」。棟謂：王肅主「七廟」，以駁鄭氏故。嘗疑偽《尚書》，王肅撰也。

018 后非民罔使，民非后罔事。引《國語‧周語》。〈大禹謨〉既襲用其語，此又竊其意而變其詞。

十二、〈說命上〉14 則

001 王宅憂。引《書‧顧命》。

002 亮陰三祀，既免喪。引《左傳‧昭十二年》。

003 其惟弗言。引《論語‧子張》「引《書》曰」。

004 明哲實作則。引《左傳‧昭六年》「引《書》曰」。

005 王言惟作命，不言，臣下罔攸稟令。王庸作書以誥曰：以台正于四方，台恐德弗類，茲顧弗言。引《呂氏春秋‧重言》。

006 恭默思道。引〈幽憤詩〉、《國語‧楚語》。

007 夢帝賚予良弼。引《書序》、《竹書紀年》。

008 乃審厥象，俾以形旁求于天下。引《孟子‧告子》、《書序》。

009 說築傅巖之野。引《孟子‧告子》、《書序》。

010 爰立作相。引《史記‧殷本紀》、《呂氏春秋‧求人》、〈鵬鳥賦〉、《公羊傳‧隱五年》。

011 命之曰：朝夕納誨，以輔台德。若金，用汝作礪；若濟巨川，用汝作舟楫；若歲大旱，用汝作霖雨。啓乃心，沃朕心。同下。

012 若藥弗瞑眩，厥疾弗瘳。引《孟子‧滕文公》「引《書》曰」。

013 若跣弗視地，厥足用傷。引《國語‧楚語》。

014 惟木從繩則正，后從諫則聖。引《說苑‧建本》。

十三、〈說命中〉11 則

001 惟說命總百官。引《汲郡古文》。

002 明王奉若天道，建邦設都，樹后王君公，承以大夫師長，不惟逸豫，惟以亂民。引揚雄〈劇秦美新〉、《墨子‧尚同》。

003 惟天聰明。引《法言‧問明》。

004 惟臣欽若。引《書‧堯典》。

005 爲口起羞，惟甲冑起戎，惟衣裳在笥，惟干戈省厥躬。引《禮記‧緇衣》「引〈兌命〉」、《管子‧大匡》。

006 爵罔及惡德，惟其賢。引《左傳・襄十一年》。

007 有備無患。引《左傳・襄十一年》。

008 無啓寵納侮。引《左傳・定元年》。

009 黷于祭祀，時謂弗欽，禮煩則亂，事神則難。引《禮記・緇衣》「引〈兌命〉」。

010 說，乃言惟服。引《詩・無將大車》。

011 非知之艱，行之惟艱。引《左傳・昭十年》。

十四、〈說命下〉16 則

001 台小子舊學于甘盤，既乃遯于荒野，入宅于河。自河徂亳，暨厥終罔顯。案：《汲郡古文》云：「小乙六年，命世子武丁，居于河，學于甘盤。」是言「居河就學于甘盤」，非既學之後復入于河也。故《楚語》：白公子張云：「昔武丁能聳其德，至于神明，以入于河，自河徂亳。」入于河，往救學也。「自河徂亳」，入即位也。

002 若作和羹，爾惟鹽梅。引《詩・商頌》、《左傳・昭二十年》。

003 爾交脩予，罔予棄。引《國語・楚語》。

004 人求多聞。引〈周書〉、《國語・楚語》。

005 事不師古，以克永世，匪說攸聞。引《史記・秦始皇本紀》。

006 惟學遜志，務時敏，厥脩乃來。引《禮記・學記》「引〈兌命〉」。

007 惟斅學半。引《禮記・學記》「引〈兌命〉」。

008 念終始典于學。引《文王世子》「〈學記〉引〈兌命〉」、《竹書紀年》。

009 監于先王成憲，其永無愆。引《孟子・離婁》「引《詩》曰」。

010 昔先正保衡。引《禮記・緇衣》「引《詩》曰」。

011 予弗克俾厥后惟堯舜，其心愧恥，若撻于市。引《孟子・萬章》、曹植〈求通親表〉。

012 一夫不獲，則曰：時予之辜。引《孟子・萬章》。

013 佑我烈祖。引《詩・商頌》。

014 格于皇天。引《書・君奭》。

015 爾尚明保予，罔俾阿衡專美有商。引「閻若璩曰」俱見梅鷟《考異》。

016 敢對揚天子之休命！引《左傳・僖二十八年》。

十五、〈太誓上〉22 則

001 惟十有三年春，大會于孟津。皆本《書序》，惟『十有一年』較異耳。

002 王曰：嗟我友邦冢君。引《書・牧誓》。

003 越我御事。引《書・洛誥》。

004　惟天地萬物父母，惟人萬物之靈。引《莊子‧達生》、《後漢書‧劉陶傳》。棟言：
　　　梅氏以陶通《古文》，故附會其說。鶯言：《古文尚書》直至東晉時出，劉陶、
　　　范曄實未嘗見《古文》，非劉陶、范曄之蹈襲明甚。

005　亶聰明。引「閻若璩曰」俱見梅鶯《考異》。

006　元后作民父母。引《洪範》。

007　罪人以族，官人以世。引「梅鶯曰」俱見閻若璩《疏證》。

008　惟宮室臺榭陂池侈服。引梅鶯《考異》。

009　焚炙忠良。所謂炮烙之刑。

010　刳剔孕婦。引《墨子‧尚鬼》、《帝王世紀》。

011　觀政于商。即今文〈太誓〉：「四月觀兵事也。」

012　乃夷居弗事上帝神祇，遺厥先宗廟弗祀。引《墨子‧天志》「引〈太誓〉」。

013　犧牲粢盛，既于凶盜。引《書‧微子》、引「閻若璩曰」俱見梅鶯《考異》。

014　乃曰吾有民有命，罔懲其侮。引《墨子‧非命》「引《書‧太誓》」。

015　天佑下民，作之君，作之師。惟其克相上帝，寵綏四方。有罪無罪，予曷敢有
　　　越厥志？引《孟子‧梁惠王》「引《書》曰」。

016　同力度德，同德度義。引《左傳‧隱十一年》、《左傳‧昭二十四年》。

017　受有臣億萬，惟億萬心；予有臣三千，惟一心。引《管子‧法禁》「引《書‧太
　　　誓》」。

018　商罪貫盈。引《左傳‧宣六年》、〈周書〉、《韓非子‧說林》。

019　厥罪惟鈞。引《墨子‧尚同》。

020　受命文考，類于上帝，宜于冢土。引《禮記》「引《書大傳》」、《禮記‧王制》。

021　民之所欲，天必從之。引《國語‧周語》、《國語‧鄭語》《左傳‧襄三十一年》。

022　爾尚弼予一人。引《書‧湯誓》。

十六、〈太誓中〉17 則

001　惟戊午。引《書序》。

002　西土有眾，咸聽朕言。引《書‧湯誓》。

003　吉人爲善，惟日不足；凶人爲不善，亦惟日不足。引《易‧大傳》、《左傳‧文
　　　十八年》、《左傳‧昭元年》、《左傳‧昭二年》、引《詩‧小雅》。

004　播棄黎老。引《尸子》、《墨子‧尚鬼》。

005　昵比罪人。引《書‧牧誓》。

006　朋家作讎。引「梅鶯曰」。

007 降黜夏命。引《書序》。

008 謂巳有天命，謂敬不足行；謂祭無益，謂暴無傷。厥監惟不遠，在彼夏王。引《墨子‧非命》、《詩‧大雅》。

009 朕夢協朕卜，襲于休祥，戎商必克。引《國語‧周語》「引〈太誓〉」。

010 受有億兆夷人，離心離德；予有亂臣十人，同心同德。同〈太誓上〉：「受有臣億萬，惟億萬心；予有臣三千，惟一心。」條。

011 雖有周親，不如仁人。引《論語‧堯曰》、引「閻若璩曰」獨見《疏證》第19條。

012 天視自我民視，天聽自我民聽。引《論語‧萬章》「引《書》」。

013 百姓有過，在予一人。引《說苑‧君道》。

014 今朕必往！引「閻若璩曰」獨見《疏證》第27條。

015 我武惟揚，侵于之疆，取彼凶殘，我伐用張，于湯有光。引《孟子‧滕文公》。

016 勖哉，夫子！引《書‧牧誓》。

017 罔或無畏，寧執非敵。百姓懍懍，若崩厥角。引《孟子‧盡心》、引「閻若璩曰」獨見《疏證》第9條。

十七、〈太誓下〉15則

001 嗚呼！我西土君子！天有顯道，厥類惟彰。引《墨子‧非命》。

002 自絕于天。引《漢書‧霍光傳》。

003 斮朝涉之脛。引《淮南子‧主術》。

004 剖賢人之心。引《淮南子‧俶眞》。

005 崇信姦回。引「閻若璩曰」俱見梅鷟《考異》。

006 作奇技淫巧，以悅婦人。引「閻若璩曰」俱見梅鷟《考異》。

007 上帝弗順，祝降時喪。引《墨子‧非命》。

008 爾其孜孜，奉予一人，恭行天罰。引〈皋陶謨〉、〈湯誓〉、〈牧誓〉。

009 古人有言曰：撫我則后，虐我則讎。引〈牧誓〉、引「閻若璩曰」俱見梅鷟《考異》。

010 獨夫受。引《荀子‧議兵》「引〈太誓〉」。

011 樹德務滋，除惡務本。引《左傳‧哀元年》。

012 爾眾士其尚迪果毅。引《左傳‧宣二年》。

013 惟我文考，若日月之照臨，光于四方，顯于西土。引《周書‧商誓》、《墨子‧兼愛》。

014 惟我有周。同「惟我文考，若日月之照臨，光于四方，顯于西土」。

015 予克受，非予武，惟朕文考無罪；受克予，非朕文考有罪，惟予小子無良！引《禮記・坊記》「引〈太誓〉」

十八、〈武成〉34 則

001 唯一月壬辰，旁死魄。引《漢書・律曆志》「引《周書・武成》」、〈功誠鼎〉。

002 越翼日癸巳，王朝步自周，于征伐商。引《漢書・律曆志》「引《周書・武成》」、《周書・世俘》。

003 厥四月哉生明，王來自商，至于豐。引《漢書・律曆志》。

004 乃偃武修文，歸馬于華山之陽，放牛于桃林之野，示天下弗服。引《禮記・樂記》、《史記》（分別見於〈周本紀〉與〈樂書〉）

005 丁未，祀于周廟，邦甸侯衛駿奔走，執豆籩。引《禮記・大傳》。

006 越三日庚戌，柴望，大告武成。引《律曆志》「引〈武成〉」、《周書・世俘》。

007 惟先王建邦啓土。引《國語・周語》。

008 肇基王迹。引《史記・周本紀》。

009 其勤王家。引《禮記・祭統》。

010 大邦畏其力，小邦懷其德。引《左傳・襄三十一年》。

011 惟九年，大統未集。案：《汲郡古文》：「帝辛三十三年，王錫命西伯，得專征伐。四十一年春三月，西伯昌薨。」此僞〈武成〉所據，又《逸周書》曰：「文王受命，九年惟暮春，在鎬召太子發作文。」《傳》亦謂「受專征伐之命」。

012 予小子其承厥志。引「閻若璩曰」俱見梅鷟《考異》。

013 底商之罪，告于皇天后土。引《周書・商誓》、《國語・周語》。

014 所過名山大川。曰：惟有道曾孫周王發，將有大正于商。引《墨子・兼愛》、引「閻若璩曰」獨見《疏證》第 26 條。棟案：閻說良是。時紂尚在武王，不得稱王，〈大明〉之詩至牧野臨敵，猶曰：「維予侯興。」則知伐紂以前，無稱王之事也。橫渠張子謂：「此事間不容髮。」一日之間，天命未絕，則是君臣。微哉斯言，無以加矣。由是言之，《易》詞「王用享於岐山」、「用享於帝」，其非文王明矣。

015 暴殄天物。引《禮記・王制》。

016 爲天下逋逃主，萃淵藪。引《左傳・昭七年》。

017 予小子既獲仁人，敢祗承上帝，以遏亂略。同「爲天下逋逃主，萃淵藪。」

018 華夏蠻貊，罔不率俾。引《墨子・兼愛》、引「閻若璩曰」俱見梅鷟《考異》。

019 肆予東征，綏厥士女。篚厥玄黃，昭我周王，天休震動，用附我大邑周。引《孟子·滕文公》、郭璞《爾雅·注逸周書》。

020 惟爾有神，尚克相予，以濟兆民，無作神羞。引《左傳·襄十八年》

021 既戊午，師逾孟津。引《書序》。

022 癸亥，陳于商郊，俟天休命。引《國語·周語》、《漢書·律曆志》引《書序》、〈牧誓〉、《易·大有》。

023 甲子昧爽。引〈牧誓〉。

024 受率其旅若林，會于牧野。引《詩·大雅》。

025 前徒倒戈。引《史記·周本紀》。

026 血流漂杵。引《孟子·盡心》、《論衡·語增》。案：〈武成〉亡于建武之際，仲任猶及見之。

027 一戎衣，天下大定。引《禮記·中庸》與《卷上·辨梅氏增多「古文」之謬十五條》「第十條朱彝尊曰」。

028 乃反商政，政由舊。引《呂氏春秋·慎大》。此用《呂氏春秋》：「復盤庚之政。」之說也。

029 釋箕子囚，封比干墓，式商容閭。引《荀子·大略》、《史記·周本紀》、《漢書·張良傳》。

030 散鹿臺之財，發鉅橋之粟。《御覽逸周書》曰：「武王克商殷，散鹿臺之財，發鉅橋之粟。」并見上。

031 大賚于四海，而萬姓悅服。引《論語·堯曰》。

032 列爵惟五，分土惟三。引鄭注《禮記·王制》、《漢書·地理志》、引「閻若璩曰」獨見《疏證》第 67 條。

033 重民五教，惟食喪祭。引《論語·堯曰》。

034 垂拱而天下治。

十九、〈旅獒〉12 則

001 惟克商，遂通道于九夷、八蠻。引《國語·魯語》。

002 四夷咸賓。引《爾雅》。

003 畢獻方物。引《左傳·僖七年》。

004 王乃昭德之致于異姓之邦，無替厥服；分寶玉于伯叔之國，時庸展親。引《國語·魯語》。

005 人不易物，惟德其物。引《左傳·僖七年》「引〈周書〉」。

006 狎侮君子。引《論語‧衛靈公》、引「閻若璩曰」俱見梅鷟《考異》。

007 不貴異物，賤用物。引「閻若璩曰」俱見梅鷟《考異》。

008 犬馬非其土性不畜。引「閻若璩曰」俱見梅鷟《考異》。

009 所寶惟賢。引〈大學〉、張衡〈東京賦〉。

010 則邇人安。引分別見於《左傳‧襄四年》、《左傳‧襄二十四年》。

011 爲山九仞，功虧一簣。引「梅鷟曰」俱見閻若璩《疏證》。

012 允迪茲。引〈皋陶謨〉。

二十、〈微子之命〉14 則

001 殷王元子！引《左傳‧哀九年》。

002 惟稽古。引今文〈太誓〉、〈冊董賢〉。

003 崇德象賢。引「閻若璩曰」俱見梅鷟《考異》。

004 作賓于王家。引《易‧觀》、引「閻若璩曰」俱見梅鷟《考異》。。

005 乃祖成湯。引「閻若璩曰」俱見梅鷟《考異》。

006 克齊聖廣淵。引《左傳‧文十八年》。

007 皇天眷佑。引「閻若璩曰」俱見梅鷟《考異》。

008 誕受厥命。引「閻若璩曰」俱見梅鷟《考異》。

009 撫民以寬除其邪虐。引《禮記‧祭法》、《國語‧魯語》。

010 踐修厥猷。引「閻若璩曰」俱見梅鷟《考異》。

011 予嘉乃德，曰篤不忘。引《左傳‧僖十二年》。

012 庸建爾于上公。引《漢書‧董賢傳》。

013 以蕃王室。引《左傳‧襄二十九年》。

014 無替朕命！引《漢書‧王莽傳》。

二十一、〈蔡仲之命〉13 則

001 惟周公位冢宰，正百工。引《左傳‧定四年》、《竹書紀年》。引「閻若璩曰」俱見梅鷟《考異》。

002 羣叔流言。引〈金縢〉。

003 乃致辟管叔于商，囚蔡叔于郭鄰。引〈周書〉。

004 以車七乘。引《左傳‧定四年》。

005 三年不齒。引《周禮‧大司寇》。

006 蔡仲克庸祇德，周公以爲卿士。叔卒，乃命諸王邦之蔡。引《左傳‧定四年》。

007 率德改行。同上。

008 爾尚蓋前人之愆。引「閻若璩曰」俱見梅鷟《考異》。

009 率乃祖文王之彝訓。見《卷上・辨梅氏增多「古文」之謬十五條》「第十一條・朱彝尊曰」。

010 無若爾考之違王命！同上。

011 皇天無親，惟德是輔。引《左傳・僖五年》「引〈周書〉」。

012 慎厥初，惟厥終，於以不困。引《周書・常訓》、《左傳・襄二十五年》。杜預不云〈周書〉，而云逸《書》。故梅賾竄入〈蔡仲之命〉。

013 以蕃王室。引〈微子之命〉。

二十二、〈周官〉38 則

001 惟周王撫萬邦。引韋昭注《國語》。

002 巡侯甸。見下。

003 四征弗庭。引《左傳・隱十年》。

004 六服羣辟。引孔《疏》。

005 歸于宗周，董正治官。引《竹書紀年》。

006 制治于未亂，保邦于未危。引「梅鷟曰」。棟案：《漢書・匈奴傳》揚雄上書曰：「臣聞《六經》之治，貴於未亂。」

007 內有百揆四岳，外有州牧侯伯。引《堯典・皋陶謨》。

008 萬國咸寧。引《易・乾》。

009 夏、商官倍。引《禮・明堂位》。

010 立太師、太傅、太保，茲惟三公。引「羅喻義曰」。案：孔氏逸《書》無〈周官〉。趙商據以為說，此必見緯書及《書大傳》，梅氏即用之以入〈周官〉也。

011 論道經邦。引「閻若璩」《困學記聞》。

012 燮理陰陽。引《漢書・丙吉傳》。

013 官不必備，惟期人。引《禮・文王世子》。

014 少師、少傅、少保，曰三孤。引「閻若璩曰」俱見梅鷟《考異》。

015 貳公弘化。引鄭注《禮・王制》。

016 冢宰掌邦治，統百官，均四海。引《周禮》〈天官冢宰〉與〈太宰職〉。

017 司徒掌邦教，敷五典，擾兆民。引《周禮》〈地官司徒〉與〈太宰職〉。棟案：據此《周禮》無「敷五典」之文，周有「六典教典」，為司徒與唐虞異也。

018 宗伯掌邦禮，治神人，和上下。引《周禮・春官宗伯》。

019 司馬掌邦政，統六師，平邦國。引《周禮・夏官司馬》。棟案：《詩》：「整我六

師。」〈顧命〉云：「張皇六師。」皆以「六軍」爲「六師」，故亦變「六師」爲「六軍」也。

020 司寇掌邦禁，詰姦慝，刑暴亂。引《周禮・秋官司寇》。

021 司空掌邦土。引《周禮・小宰職》。

022 居四民。楝案：周初，士不在四民之列，始于《管子》之〈士鄉〉。

023 各率其屬。同「居四民」條。

024 以倡九牧。引《逸周書・度邑解》。

025 六年，五服一朝。引《左傳・昭十三年》、《周禮正義》。楝案：不知梅氏竊《左傳》之文耳。

026 又六年，王乃時巡。引《周禮・大行人》。

027 考制度于四岳，諸侯各朝于方岳，大明黜陟。引《左傳・昭十三年》、《尙書正義》、〈堯典〉。楝案：《正義》曰：「杜言：『巡守盟于方岳之下。』」閻與〈周官〉符同，亦不知梅氏竊《左傳》及杜《註》爲之耳。

028 令出惟行，弗惟反。引「閻若璩曰」俱見梅鷟《考異》。

029 以公滅私。引《說文》、引「閻若璩曰」俱見梅鷟《考異》。

030 學古入官，議事以制。引《左傳・襄三十一年》、《左傳・昭六年》。

031 不學牆面。引《論語・陽貨》。

032 業廣惟勤。見《卷上・辨梅氏增多「古文」之謬十五條》「第十三條・顧炎武曰」。

033 位不期驕，祿不期侈。引「閻若璩曰」俱見梅鷟《考異》。

034 恭檢惟德。引《左傳・莊二十四年》、引「閻若璩曰」俱見梅鷟《考異》。

035 無載爾僞。引《左傳・襄三十年》「引《詩》」

036 弗畏入畏。引《太玄禮》。

037 推賢讓能。引《荀子・非十二子》。

038 庶官乃和，不和政厖。引「閻若璩曰」俱見梅鷟《考異》。

二十三、〈君陳〉14 則

001 惟爾令德孝恭。引「閻若璩曰」俱見梅鷟《考異》。

002 惟孝友于兄弟，克施有政。引《古文論語・學而》「引《書》」、「包咸曰」、楝案：梅賾讀「惟孝」連「友于兄弟」。俗本遂改「孝于」爲「孝乎」，非也。

003 命汝尹茲東郊。引《竹書紀年》、沈約。

004 昔周公師保萬民。引《左傳・襄十四年》。

005 黍稷非馨，明德惟馨。引《左傳・僖五年》、引「閻若璩曰」俱見梅鷟《考異》。

006 惟日孜孜。引〈皋陶謨〉。

007 凡人未見聖，若不克見；既見聖，亦不克由聖。引《禮記・緇衣》「引〈君陳〉」。

008 爾維風，下民惟草。引《論語・先進》。

009 出入自爾師虞，庶言同。引《禮記・緇衣》「引〈君陳〉」。

010 爾有嘉謀嘉猷，則入告爾后于內，爾乃順之于外，曰：斯謀斯猷，惟我后之德。嗚呼！臣人咸若，時惟良顯哉！引《禮記・坊記》、《春秋繁露・竹林》、《困學紀聞・書》、引「閻若璩曰」獨見《疏證》第 27 條。棟謂：〈坊記〉所引必別有所指，後儒不疑後出《古文》，而追咎成王，過矣。且果成王失言，孔子胡爲錄之，以訓後世乎？梅賾此等最爲害理。）

011 殷民在辟，予曰辟，爾惟勿辟；予曰宥，爾維勿宥。引梅鷟曰並見於《尙書譜・古文根株削掘譜》、《考異》卷五（平津館本）。

012 無求備予一夫。引《論語・陽貨》。

013 必有忍，其乃有濟。引《國語・周語》。

014 惟民生厚。引「閻若璩曰」俱見梅鷟《考異》。

二十四、〈畢命〉20 則

001 惟十有二年，六月庚午朏。引《漢書・律曆志》「引康王〈畢命豐刑〉」。梅賾襲其詞。

002 越三日壬申，王朝步自宗周，至于豐。引《竹書紀年》。

003 以成周之眾，命畢公保釐東郊。引《書序》。

004 王若曰：嗚呼！父師！引「閻若璩曰」俱見梅鷟《考異》。按：雖然許氏指出梅、閻二人的辨偽舉證大致皆是：「『父師』二字見〈微子〉。」但據姜廣輝老師校點《考異》，另有「〈微子〉：『父師。』」〔註1〕的版本

005 惟周公左右先王。引「閻若璩曰」俱見梅鷟《考異》。

006 毖殷頑民。引「閻若璩曰」俱見梅鷟《考異》。

007 道有升降。引「閻若璩曰」俱見梅鷟《考異》。

008 克勤小物。引《國語・晉語》。

009 正色率下。引《公羊傳・桓二年》。

010 予小子垂拱抑成。引《愼子・民雜》、引「閻若璩曰」俱見梅鷟《考異》。

011 旌別淑慝，表厥宅里。引《六韜・盈虛》。

012 彰善癉惡。引《禮記・緇衣》。

〔註1〕姜按：爲文淵閣抄本所無。

013 樹之風聲。弗率訓典。引《左傳・文六年》。

014 殊厥井疆。引《書序》。

015 商俗靡靡。引《尚書正義》。

016 服美于人。驕淫矜侉，將由惡終。引「閻若璩曰」俱見梅鷟《考異》。

017 雖收放心，閑之維艱。引「王應麟曰」。

018 不剛不柔。引《周禮・大司徒》。棟案：僞孔《傳》云言：「邦國所以安危，惟在和此殷士而已。」此采鄭《注》而用其義，若蔡《傳》，則又郢書燕說矣。

019 澤潤生民。引《荀子・臣道》。

020 四夷左衽，罔不咸賴。引《竹書紀年》、《論語・子路》。

二十五、〈君牙〉13 則

001 惟乃祖乃父。引〈盤庚〉。

002 厥有成績，紀于太常。引《周禮・司勳》、《周書・嘗麥》、《書序》。棟案：梅賾所據《逸周書》猶是善本。

003 惟予小子，嗣守文武成康遺緒。引「閻若璩曰」俱見梅鷟《考異》。

004 亦惟先王之臣，克左右。引〈文侯之命〉。

005 亂四方。引〈顧命〉。

006 心之憂危，若蹈虎尾，涉于春冰。引《易・履》、《詩・小雅》。

007 今命爾予翼，作股肱心膂。引「閻若璩曰」俱見梅鷟《考異》。

008 纘乃舊服，無忝祖考。引《左傳・襄十四年》。

009 宏敷五典。引〈堯典〉。

010 爾身克正，罔敢弗正。引《論語・顏淵》。

011 夏暑雨，小民惟曰怨咨；冬祁寒，小民亦惟曰怨咨。引《禮記・緇衣》

012 思其艱以圖其易。引「梅鷟曰」並見於《尚書譜・古文根株削掘譜》、《尚書考異》卷五（平津館本）。

013 丕顯哉！文王謨；丕承哉！武王烈。啓佑我後人，咸以正罔缺。引《孟子・滕文公》「引《書》曰」。

二十六、〈冏命〉7 則

001 怵惕惟厲，中夜以興。引《禮記・祭義》、《易・乾》、〈七發〉。

002 聰明齊聖。引〈中庸〉、《詩・小雅》。

003 惟予一人無良，實賴左右前後有位之士，匡其不及，繩愆糾繆，格其非心，俾克紹先烈。今予命汝作大正，正于羣僕侍御之臣，懋乃后德，交修不逮。引「閻

　　若璩曰」俱見梅鷟《考異》。

004　巧言令色。引〈皋陶謨〉。

005　便辟側媚。引《論語・衛靈公》。

006　其惟吉士。引《詩》、〈立政〉。

007　充耳目之官。引〈皋陶謨〉。

附錄二 「惠棟、梅鷟」的辨偽重出

姜本《考異》卷數	總　數	範圍起迄
卷　一	無	無
卷　二	32 則	01～32
卷　三	37 則	33～69
卷　四	47 則	70～116
卷　五	39 則	117～155

一、〈舜典〉0／1 則

二、〈大禹謨〉23／28 則

001 曰：后克艱厥后，臣克艱厥臣。

《古文尚書考》：《論語》：「爲君難，爲臣不易。」

《尚書譜》：如〈禹謨〉「克艱」二語，謂本《論語》之「爲君難，爲臣不易也」。

（轉引《疏衍》卷 1）

002 益曰：吁！戒哉！儆戒無虞。

《古文尚書考》：《詩》：「用戒不虞。」

《考異》：《詩》曰：「用戒不虞。」（卷 2）

003 任賢勿貳，去邪勿疑。

《古文尚書考》：《戰國策》引《書》云：「去邪勿疑，任賢勿貳。」

《考異》：二句見《戰國策》：趙武靈王曰：「《書》云：『去邪勿疑，任賢勿貳。』」

（卷 2）

004 正德，利用，厚生，惟和。

《古文尚書考》：《襄二十八年》晏子曰：「夫民生厚而用利，于是乎正德以幅之，使無黜嫚，謂之幅利。」是〈夏書義疏〉。

《考異》：《襄二十八年》：晏子曰：「夫民生厚而用利，於是乎正德以幅之。」

（卷 2）

005 九功惟敘，九敘惟歌，戒之用休，董之用威，勸之以九歌，俾勿壞。

《古文尚書考》：《文七年》郤缺曰：「〈夏書〉曰：『戒之用休，董之用威，勸之以〈九歌〉，勿使壞。』」九功之德，皆可歌也，謂之「〈九歌〉」。「六府三事」謂之「九功」。水、火、金、木、土、穀謂之「六府」。正德、利用、厚生謂之「三事」。

《考異》：此一節全宗《左傳》。《文六年》郕文公曰：「命在養民。」《文〔註1〕七年》，郤缺言於宣子，引〈夏書〉，止曰「戒之用休，董之用威，勸之以〈九歌〉，勿使壞。」而無上文一段。但其下釋之曰：「『九功』之德，皆可歌也，謂之『〈九歌〉』。『六府三事』，謂之『九功』。『水、火、金、木、土、穀』，謂之『六府』；『正德、利用、厚生』，謂之『三事』。」今修飾其文於上如此。「惟修」，「修」字見《禹貢》。（卷2）

006 帝曰：俞！地平天成。

《古文尚書考》：《僖二十四年》〈夏書〉曰：「地平天成，稱也。」

《考異》：《僖二十四年》君子曰：「子臧之服，不稱也夫！……〈夏書〉曰『地平天成』，稱也。」（卷2）

007 六府、三事允治。同《左傳‧文七年》。

008 念茲在茲，釋茲在茲，名言茲在茲，允出茲在茲。惟帝念功。

《古文尚書考》：《襄廿一年》引〈夏書〉曰：「念茲在茲，釋茲在茲，名言茲在茲，允出茲在茲。惟帝念功。」

《考異》：〈夏書〉曰：「念茲在茲，釋茲在茲，名言茲在茲，允出茲在茲，惟帝念功。」（卷2）

009 臨下以簡，御眾以寬。

《古文尚書考》：《論語》：「居敬而行簡，以臨其民。」又曰：「寬則得眾。」

《考異》：「臨下以簡」，見《論語》「居敬而行簡，以臨其民」。「御眾以寬」見《論語》「寬則得眾」。（卷2）

010 與其殺不辜，寧失不經。

《古文尚書考》：《襄二十六年》〈夏書〉曰：「與其殺不辜，寧失不經，懼失善也。」

《考異》：《左傳‧襄二十六年》聲子曰：「與其殺不辜，寧失不經。」〔註2〕

〔註1〕姜按：文淵閣抄本無此「文」字。
〔註2〕姜按：此句文淵閣抄本寫作：「與其殺不辜」二句，見《左傳‧襄二十五年》聲子曰〈夏書〉云云。

（卷2）

011　帝曰：俾于從欲以治。

　　《古文尙書考》：《荀子・大略篇》：舜曰：「惟予從欲而治。」

　　《考異》：《荀子・大畧篇》：「舜曰：『惟予從欲而治。』」（卷2）

012　帝曰：來，禹！洚水儆予。

　　《古文尙書考》：「洚水警予」，見《孟子》。

　　《考異》：「洚水儆予」，見《孟子》。（卷2）

013　成允成功。

　　《古文尙書考》：《左傳・襄五年》：〈夏書〉曰：「成允成功。」

　　《考異》：「成允成功」，見《襄五年》君子謂楚共王：「於是不〔註3〕刑，……己則無信，而殺人以逞，不亦難乎？〈夏書〉曰：『成允成功』。」（卷2）

014　不克滿假。

　　《古文尙書考》：《襄二十九年》季札見舞〈大夏〉者曰：「美哉！勤而不德，非禹其孰能修之！」

　　《考異》：《襄二十九年》季札見舞〈大夏〉者曰：「美哉！勤而不德，非禹其孰能修之！」（卷2）

015　予懋乃德，嘉乃丕績，天之曆數在汝躬，汝終陟元后。

　　《古文尙書考》：《論語・堯曰篇》曰：「咨，爾舜，天之曆數在爾躬，允執其中，四海困窮，天祿永終。」

　　《考異》：堯曰：「咨，爾舜，天之曆數在爾躬。」〔註4〕（卷2）

016　禹曰：枚卜功臣。

　　《古文尙書考》：《哀十七年》：「楚王與葉公枚卜，子良以爲令尹。」

　　《考異》：《哀十七年〔註5〕》：「楚王與葉公枚卜，子良以爲令尹。」（卷2）

017　官占惟先蔽志，昆命于元龜。

　　《古文尙書考》：《哀十八年》：〈夏書〉曰：「官占，惟能蔽志，昆命於元龜。」

　　《考異》：〈夏書〉曰：「官占，惟能蔽志，昆命于元龜，其是之謂乎？」（卷2）

018　龜筮協從，卜不習吉。

　　《古文尙書考》：〈金縢〉曰：「一習吉。」《左傳・哀十年》趙孟曰：「卜不襲吉。」

〔註3〕姜按：不，故宮抄本與平津館刻本皆作「失」。文淵閣抄本作「不」爲是。今據後者校改。

〔註4〕姜按：文淵閣抄本於此後有「云云」二字。

〔註5〕姜按：「十七年」，故宮抄本作「十六年」誤。文淵閣抄本與平津館刻本皆不誤。

《考異》:《左傳》曰:「卜不襲吉。」〈周書〉曰:「一習吉。」（卷2）

019 禹拜稽首固辭。

《古文尚書考》:〈堯典〉:「禹拜稽首。」《儀禮》:「敢固辭。」

《考異》:〈堯典〉曰:「禹拜稽首,讓於稷、契,暨皋陶。」「帝曰:俞,往哉!汝諧。」《儀禮》曰:「敢固以辭。」（卷2）

020 帝曰:毋!

《古文尚書考》:《論語》:「子曰:『毋!』」

《考異》:原思辭祿,子曰:「毋!」（卷2）

021 惟德動天,無遠弗屆。

《古文尚書考》:《詩》:「致天之屆。」

《考異》:《詩》曰:「致天之屆。」

022 往于田,日號泣于旻天,于父母。

《古文尚書考》:萬章曰:「舜往于田,號泣于旻天。何爲其號泣也?」長息曰:「舜往于田,則吾既得聞命矣,號泣于旻天,則吾不知也。」

《考異》:萬章曰:「舜往于田,號泣于旻天。何爲其號泣也?」無「于父母」三字。長息問於公明高曰:「舜往于田,則吾既得聞命矣,號泣于旻天,于父母則吾不知也。」（卷2）

023 負罪引慝,祗載見瞽瞍,夔夔齋慄,瞽亦允若。

《古文尚書考》:《孟子》曰:「《書》曰:『祗載見瞽瞍,夔夔齋慄,瞽亦允若。』」趙岐曰:「《書》,《尚書》。」

《考異》:「祗載」三句,見《孟子》;且有「《書》曰」二字,此可知其必爲逸《書》無疑,當拈出而標註之,然後見後學尊經之意,不敢以魚目襲我明月夜光也。「瞽亦允若」,《孟子》書〔註6〕有「瞍」字爲是,今此人節去「瞍」字者,因〈堯典〉有「瞽子」之文故也。（卷2）

三、〈五子之歌〉8／11則

001 愚夫愚婦。

《古文尚書考》:《禮·中庸》:「夫婦之愚。」

《考異》:〈中庸〉:「夫婦之愚。」〔註7〕（卷2）

002 一人三失,怨豈在明!不見是圖。

〔註6〕 姜按:文淵閣抄本無此「書」字。

〔註7〕 姜按:「《中庸》夫婦之愚」一句,爲文淵閣抄本所無。

《古文尚書考》:〈晉語〉:〈夏書〉有之曰:「一人三失,怨豈在明,不見是圖。」
韋昭曰:「三失,三失人也。明,著也。不見,未形也。」《成十六年》:〈夏書〉
曰:「怨豈在明!不見是圖。將愼其細也。」

　　《考異》:〈晉語〉知伯國曰:「〈夏書〉有之曰:『一人三失』云云。」又〈周書〉
有之曰:「怨不在大,亦不在小。夫君子能勤小物,故無大患。」《成十六年》
單子曰:「位於七人之下,而求掩其上,怨之所聚,亂之本也。多怨而階亂,何
以在位?〈夏書〉曰:『怨豈在明,不見是圖』,將愼其細也。今而明之其可乎?」
（卷2）

003　予臨兆民,懍乎若朽索之馭六馬。

　　《古文尚書考》:《說苑》曰:「子貢問治民於孔子。孔子曰:『懍凜焉,如以腐
索御奔馬。』」《新序》曰:「夫執國之柄,履民之上,凜乎以腐索馭奔馬。」

　　《考異》:《淮南子》:「君子之居民上,若以朽索馭奔馬。」（卷2）

004　奈何不敬?

　　《古文尚書考》:〈召誥〉曰:「曷其奈何不敬?」

　　《考異》:〈召誥〉:「曷其奈何弗敬?」〔註8〕（卷2）

005　內作色荒,外作禽荒。

　　《古文尚書考》:〈越語〉曰:「出則禽荒,入則酒荒。」

　　《考異》:〈越語〉范蠡曰:「王其且馳騁弋獵,無至禽荒,宮中之樂,無至酒荒,
肆與大夫觴飲,無忘國常。」（卷2）

006　其三曰:惟彼陶唐,有此冀方。今失厥道,亂其紀綱,乃底滅亡。

　　《古文尚書考》:《哀六年》:〈夏書〉曰:「惟彼陶唐,帥彼天常,有此冀方,今
失其行,亂其紀綱,乃滅而亡。」

　　《考異》:《左傳·哀公六年》楚昭王有疾,不祭河。孔子曰:「楚昭王知大道矣,
其不失國也宜哉!〈夏書〉曰:『惟彼陶唐,帥彼天常,有此冀方。今失其行,
亂其紀綱,乃滅而亡。』」此語今以爲〈五子之歌〉第三章,但歌中無「帥彼天
常」一句,下亦微異。

007　關石和鈞,王府則有。

　　《古文尚書考》:〈周語〉單穆公曰:「〈夏書〉有之曰:『關石龢鈞,王府則有。』」
韋昭曰:「〈夏書〉,逸《書》也。『關』,『門關之征』也。『石』今之『斛』也。
言征賦調均,則王之府藏常有之。」

〔註8〕姜按:自「《論語》曰」至「曷其奈何弗敬」,爲文淵閣抄本所無。

《考異》:〈周語〉單穆公曰:「〈夏書〉有之曰:『關石和鈞,王府則有。』」韋昭注:「逸《書》。」(卷2)

008 弗慎厥德,雖悔可追?

《古文尚書考》:《哀十六年》王命瑚瞆曰:「弗敬弗休,悔其可追。」

《考異》:《詩》:「克慎其德。」《哀十六年》單平公曰:「悔其可追?」〔註9〕(卷2)

四、〈胤征〉1/4則

001 嗚乎!威克厥愛,允濟。

《古文尚書考》:公子光曰:「吾聞之作事,威克其愛,雖小必濟。」

《考異》:《左傳‧昭廿三年》吳公子光曰:「吾聞之曰:『作事威克其愛,雖小必濟。』」(卷2)

五、〈仲虺之誥〉6/9則

001 惟有慙德。

《古文尚書考》:《左傳‧襄二十九年》:季札見舞韶濩者曰:「聖人之鴻也,而猶有慙德。」

《考異》:《左傳‧襄二十九年》:季札「見舞韶濩者曰:『聖人之宏也,而猶有慚德,聖人之難也。』」(卷3)

002 曰:予恐來世以台為口實。

《古文尚書考》:《襄二十二年》:公孫僑曰:「若不恤其患,而以為口實。」

《考異》:《襄二十二年》:公孫僑對晉人曰:「若不恤其患,而以為口實。」(卷3)

003 簡賢附勢,實繁有徒。

《古文尚書考》:《昭二十八年》:司馬叔游曰:「〈鄭書〉曰:『惡直醜正,實蕃有徒。』」

《考異》:《左傳‧昭二十八年》叔游曰:「〈鄭書〉有之:『惡直醜正,實蕃有徒。』」(卷3)

004 若苗之有莠,若粟之有秕。

《古文尚書考》:《左傳》:孔子曰:「用秕稗也。」

《考異》:孔子曰:「若其不具,〔註10〕用秕稗也。」(卷3)

005 小大戰戰。

〔註9〕 姜按:自「《詩》克慎其德」至「悔其可追」,為文淵閣抄本所無。

〔註10〕 姜按:文淵閣抄本無「若其不具」四字。

《古文尚書考》:《詩》:「戰戰兢兢。」

《考異》:《詩》:「戰戰兢兢。」（卷3）

006 乃葛伯仇餉，初征自葛。同下則。

007 殖有禮，覆昏暴。

《古文尚書考》:《左傳》:齊仲孫曰:「親有禮……覆昏暴，霸王之器也。」

《考異》:《閔元年》齊仲孫湫曰:「魯不棄周禮，未可動也。君其務寧魯難而親之，親有禮，因重固，間攜貳，覆昏亂，霸王之器也。」（卷3）

六、〈湯誥〉2／4則

001 肆台小子。

《古文尚書考》:〈湯誓〉:「非台小子。」

《考異》:〈湯誓〉:「非台小子。」〔註11〕（卷3）

002 敢用玄牡，敢昭告于上天神后。

《古文尚書考》:漢《石經論語‧堯曰篇》曰:「予小子履，敢用玄牡，敢召告於皇皇后帝。」

《考異》:《論語》:「予小子履，敢用玄牡，敢召告於皇皇后帝，有罪不敢赦。」

〔註12〕（卷3）

七、〈伊訓〉5／12則

001 先王肇修人紀。

《古文尚書考》:揚雄〈解嘲〉曰:「上世之士，人綱人紀。」

《考異》:揚雄云:「上世之士，人綱人紀。」（卷3）

002 居上克明，為下克忠。

《古文尚書考》:《荀子‧臣道篇》《書》曰:「從命而不拂;微諫而不倦，為上則明;為下則遜。」又曰:「敬而不順者，不忠者也。」

《考異》:《荀子‧臣道篇》曰:「《書》曰:『從命而不拂，微諫而不倦，為上則明，為下則遜。』」下文又曰:「敬而不順者，不忠者也。」（卷3）

003 比頑童。

《古文尚書考》:〈鄭語〉:史伯曰:「王惡角犀豐盈，而近頑童窮固。」

《考異》:〈鄭語〉:史伯曰:「惡角犀豐盈，而近頑童窮固。」（卷3）

004 時謂亂風。維茲三風十愆，卿士有一于身，家必喪;邦君有一于身，國必亡。

〔註11〕姜按:為文淵閣抄本所無。

〔註12〕姜按:為文淵閣抄本所無。

《古文尚書考》：《墨子·非樂篇》先王之書，湯之官刑有之曰：「其恆舞于宮，是謂巫風。其刑君子，出絲二衛，小人否似。」二伯黃徑乃言曰：「嗚呼！舞佯佯，黃言孔章，上帝弗常，九有以亡，上帝不順，降之曰〔註13〕殃，其家必懷喪。」

《考異》：《墨子·非樂篇》先王之書，湯之官刑有之曰：「其恆舞于宮，是謂巫風。其刑君子，出絲二衛，小人否似。」二伯黃徑乃言曰：「嗚呼！舞佯佯，黃言孔章，上帝弗常，九有以亡，上帝不順，降之百殃，其家必懷喪。」（卷3）

005 爾惟德罔小，萬邦惟慶；爾惟不德罔大，墜厥宗。

《古文尚書考》：《易·大傳》：「小人以小善爲無益而弗爲也；以小惡爲無傷而弗去也。」漢昭烈曰：「勿以小惡而爲之，勿以善小而不爲。」

《考異》：《易》〔註14〕曰：「小人以小善爲無益而弗爲也，以小惡爲無傷而弗去也。故惡去而不可揜。罪大而不可解。」劉玄德戒子曰：「勿以惡小而爲之，勿以善小而不爲。」〔註15〕（卷3）

八、〈太甲上〉6／11則

001 惟嗣王不惠于阿衡。

《古文尚書考》：《詩·商頌》曰：「實維阿衡。」

《考異》：《詩》：「實惟阿衡。」〔註16〕

002 以承上下神祇。

《古文尚書考》：《論語》：「禱爾于上下神祇。」

《考異》：「上下神祇」，見《論語》誄辭。（卷3）

003 惟尹躬克左右厥辟。

《古文尚書考》：〈商頌〉：「實惟阿衡，實左右商王。」

《考異》：〈頌〉：「實惟阿衡，實左右商王。」（卷3）

004 祇爾厥辟，辟不辟，忝厥祖。

《古文尚書考》：《禮記·坊記》：《書》云：「厥辟不辟，忝厥祖。」

《考異》：《書》云：「厥辟不辟，忝厥祖。」（卷3）

005 愼乃儉德。

《古文尚書考》：《左傳》：御孫曰：「儉，德之共也。」

〔註13〕按：「百」，「讀經樓定本」與「皇清經解本」均作「曰」，文淵閣本《墨子》作「百」。
〔註14〕姜按：文淵閣抄本於此下有「繫辭」二字。
〔註15〕姜按：爲文淵閣抄本所無。
〔註16〕姜按：爲文淵閣抄本所無。

《考異》:《左傳》:「儉,德之共也。」〔註17〕 (卷3)

006 尹伊曰:茲乃不義,習與性成。予弗狎于弗順。營于桐宮,密爾先王其訓,無俾世迷。

《古文尚書考》:《左傳》:「密邇仇讎。」

《考異》:《成十六年》:子叔聲伯曰:「以魯之密邇仇讎。」(卷3)

九、〈太甲中〉3／7則

001 尙賴匡救之德。

《古文尚書考》:《左傳》:「匡救其災。」

《考異》:《僖二十六年》:展喜曰:「彌縫其闕,而匡救其災。」

002 先王子惠困窮。

《古文尚書考》:《淮南・修務》曰:「湯夙興夜寐,以致聰明;輕賦薄歛,以寬民氓;布德施惠,以振困窮。」

《考異》:《淮南子・修務訓》:「湯夙興夜寐,以致聰明,輕賦薄歛,以寬民氓,布德施惠,以振困窮,弔死問疾,以養孤孀。百姓親附,政令流行。」(卷3)

003 視遠惟明,聽德惟聰。

《古文尚書考》:《論語》曰:「視思明,聽思聰。」

《考異》:《論語》:「視思明,聽思聰。」〔註18〕

十、〈太甲下〉2／3則

001 惟天無親。

《古文尚書考》:《左傳》:〈周書〉曰:「皇天無親。」

《考異》:《僖五年》:宮之奇曰:「鬼神匪人實親,惟德是依。故〈周書〉曰:『皇天無親,惟德是輔。』」

002 克配上帝。

《古文尚書考》:《周詩》:「克配上帝。」

《考異》:《詩》又曰:「克配上帝。」(卷3)

十一、〈咸有一德〉7／11則

001 夏王弗克庸德。

《古文尚書考》:〈中庸〉:「庸德之行。」

《考異》:〈中庸〉:「庸德之行。」(卷3)

〔註17〕姜按:為文淵閣抄本所無。
〔註18〕姜按:文淵閣抄本無「又視思明,聽思聰」一句。

002 伊尹既復政厥辟。

  《古文尚書考》:〈洛誥〉:「朕復子明辟。」

  《考異》:「復政厥辟」用〈洛誥〉「復子明辟」之句。（卷3）

003 皇天弗保。監于萬方。

  《古文尚書考》:〈大雅〉:「皇矣上帝,監觀四方。」

  《考異》:〈大雅〉:「皇矣上帝,監觀四方。」（卷3）

004 俾作神主。

  《古文尚書考》:〈大雅〉:「百神爾主矣。」

  《考異》:《詩》:又云〔註19〕:「百神爾主矣。」（卷3）

005 惟尹躬暨湯,咸有一德。

  《古文尚書考》:〈緇衣〉:尹吉曰:「惟尹躬暨湯,咸有壹德。」注云:「『吉』當爲『誥』,古文『告』字之誤也。『尹告』,『伊尹之誥』。《書序》以爲〈咸有一德〉,今亡。」

  《考異》:〈緇衣〉:尹吉曰:「惟尹躬暨湯,咸有一德。」鄭氏曰:「吉,讀爲告。告,古文『誥』字之誤也。尹告,伊尹之告也。」《書序》以爲《咸有一德》今亡。古文「一」作「壹」。〔註20〕（卷3）

006 德二三。

  《古文尚書考》:《詩》:「二三其德。」

  《考異》:引《詩》:「女也不爽,士貳其行。士也罔極,二三其德。」〔註21〕（卷3）

007 德無常師。

  《古文尚書考》:《論語》曰:「而亦何常師之有。」

  《考異》:《論語》:「仲尼焉不學,何常師之有?」〔註22〕（卷3）

十二、〈說命上〉3／4則

001 明哲實作則。

  《古文尚書考》:《左傳·昭六年》:叔向曰:「《書》曰:『聖作則。』」

  《考異》:《昭六年》:叔向曰:「《書》曰:『聖作則。』」杜注:「逸《書》。」

〔註19〕姜按:自「《詩》」至「又云」,爲文淵閣抄本所無。

〔註20〕姜按:「惟尹躬暨湯」至「古文一作壹」,文淵閣抄本作「惟尹云云」。

〔註21〕姜按:自「引《詩》」至「二三其德」,爲文淵閣抄本所無。

〔註22〕姜按:爲文淵閣抄本所無。

〔註23〕（卷3）

002 王言惟作命，不言，臣下罔攸稟令。王庸作書以誥曰：以台正于四方，台恐德弗類，茲顧弗言。

《古文尚書考》：《呂氏春秋》曰：「高宗乃言曰：『以余一人正四方，余恐言之不類也，茲故不言。』」高誘曰：「類善茲此。」

《考異》：《呂氏春秋》：「高宗，天子也。即位諒闇，三年不言。卿大夫恐懼患之，高宗乃言曰：『以余一人正四方，余唯恐言之不類也。茲故不言。』」〔註24〕

（卷3）

003 若跣弗視地，厥足用傷。

《古文尚書考》：〈楚語〉：白公子張曰：「昔武丁能聳其德，至于神明，以入干河，自河徂亳，于是乎三年默以思道，卿士患之曰：『王言以出令也，若不言，是無所稟令也。』武丁于是作書曰：『以余正四方，余恐德之不類，茲故不言如是。』而又使以象夢求四方之賢聖，得傅說以來，升以爲公，而使朝夕規諫曰：『若金，用女作礪；若津水，用女作舟；若天旱，用女作霖雨。啓乃心，沃朕心。若藥不瞑眩，厥疾不瘳；若跣不視地，厥足用傷。』」

《考異》：〈楚語〉：白公子張曰：「昔殷武丁能聳其德，至于神明，以入于河，自河徂亳，於是乎三年，默以思道，卿士患之曰：『王，言以出令也，若不言，是無所稟令也。』武丁於是作書曰〔註26〕：『以余一人正四方，余唯恐言之不類也。茲故不言。』如是而又以象夢求四方之賢聖，得傅說以来，升以爲公，使〔註27〕朝夕規諫。曰：『若金，用女作礪；若津水，用女作舟；若大旱，用女作霖雨。啓乃心，沃朕心。若藥不瞑眩，厥疾不瘳。若跣弗視地，厥足用傷。』」

（卷3）

十三、〈說命中〉5／6則

001 明王奉若天道，建邦設都，樹后王君公，承以大夫師長，不惟逸豫，惟以亂民。

《古文尚書考》：《墨子·尚同》曰：「先王之書《相年之道》曰：『夫建邦設都，乃作后王君公，否用泰也。輕大夫師長，否用佚也。維辨使治天均。』」又云：「古者建國設都，乃立后王君公，奉以卿士師長，此非欲用說也。唯辨而使助

〔註23〕姜按：自「《昭六年》」至「逸《書》」，爲文淵閣抄本所無。

〔註24〕姜按：此一段文淵閣抄本原誤混於所引《國語·楚語》之文中。

〔註26〕姜按：文淵閣抄本於此下有如下一段文字：「《呂氏春秋》十八卷：高宗，天子也。即位諒闇，三年不言。卿大夫恐懼患之，高宗乃言曰」

〔註27〕姜按：使，文淵閣抄本作「而使」。

治，天助明也。」

《考異》：《墨子‧尚同篇》云：「先王之書《相年之道》有之曰：『夫建邦設都，乃作后王君公卿大夫師長，非富貴佚而錯之，將以爲萬民興利除害，富貧安危治亂也。』」下文又云：「非正以治民也。」〔註28〕（卷3）

002 惟臣欽若。

《古文尚書考》：「欽若」出〈堯典〉。

《考異》：「欽若」二字，見〈堯典〉。〔註29〕

003 無啓寵納侮。

《古文尚書考》：《左傳》：士彌牟曰：「啓寵納侮，其此之謂矣。」

《考異》：《定元年》：士伯曰：「啓寵納侮，其此之謂矣。」（卷3）

004 說，乃言惟服。

《古文尚書考》：《詩》：「我言惟服。」

《考異》：《詩》曰：「我言惟服。」（卷3）

005 非知之艱，行之惟艱。

《古文尚書考》：《昭十年》子皮曰：「非知之實難，將在行之。」

《考異》：《昭十年》：子皮曰：「非知之實難，將在行之。」（卷3）

十四、〈說命下〉10／10則

001 事不師古，以克永世，匪說攸聞。

《古文尚書考》：《史記‧秦始皇本紀》：博士淳于越曰：「事不師古，而能長久者，非所聞也。」

《考異》：「事不師古，以克永世」，秦博士淳于越之言也。〔註30〕（卷3）

002 惟學遜志，務時敏，厥脩乃來。

《古文尚書考》：〈學記〉：〈兌命〉曰：「敬遜務時，敏厥脩乃來。」

《考異》：又引〈兌命〉曰：「敬孫務時敏，厥修乃來。」（卷3）

003 惟斅學半。

《古文尚書考》：〈學記〉：〈兌命〉曰：「學學半。」

《考異》：〈學記〉又曰：「故教學相長也，〈兌命〉曰：『斅學半』，其斯之謂乎！」（卷3）

004 念終始典于學。

〔註28〕姜按：爲文淵閣抄本所無。
〔註29〕姜按：爲文淵閣抄本所無。
〔註30〕姜按：爲文淵閣抄本所無。

《古文尚書考》:〈文王世子〉:〈學記〉引〈兌命〉曰:「念終始典于學。」

《考異》:〈文王世子〉引〈兌命〉曰:「念終始典于學。」(卷3)

005 監于先王成憲,其永無愆。

《古文尚書考》:《孟子》曰:「《詩》云:『不愆不忘,率由舊章。』遵先王之法而過者,未之有也。」

《考異》:《詩》:「不愆不忘。率由舊章。」《孟子》曰:「遵先王之法而過者,未之有也。」〔註31〕(卷3)

006 予弗克俾厥后惟堯舜,其心愧恥,若撻于市。

《古文尚書考》:《孟子》:伊尹曰:「吾豈若使是君爲堯舜之君哉。」又云:「若撻之于市朝。」

《考異》:《孟子》曰:伊尹曰:「我豈若使是君爲堯舜之君哉?」上句曰:「予弗克俾厥后惟堯舜。」〔註32〕(卷3)

007 一夫不獲,則曰:時予之辜。

《古文尚書考》:《孟子》曰:「伊尹思天下之民,匹夫匹婦有不與被堯舜之澤者,若已推而納諸溝中。」

《考異》:「匹夫匹婦有不與被堯舜之澤者」,今約爲「一夫不獲」四字,「若已推而納之溝中」,今約爲「時予之辜」四字。(卷3)

008 佑我烈祖。

《古文尚書考》:〈商頌〉:「嗟嗟烈祖。」

《考異》:《詩》曰:「嗟嗟烈祖。」(卷3)

009 格于皇天。

《古文尚書考》:〈君奭〉曰:「成湯既受命時,則有若伊尹『格于皇天』。」

《考異》:〈君奭〉曰:「在昔成湯既受命時,則有若伊尹格于皇天,在太甲時則有若保衡。」(卷3)

010 敢對揚天子之休命!

《古文尚書考》:《左傳》:重耳曰:「敢奉揚天子之丕顯休命。」

《考異》:按《漢書‧郊祀志》:孝宣時,美陽得鼎,有刻書曰:「王命尸臣官茲栒邑。……尸臣拜手稽首曰:敢對揚天子之丕顯休命。」〔註33〕(卷3)

〔註31〕姜按:爲文淵閣抄本所無。

〔註32〕姜按:「俾厥后惟堯舜」數字,文淵閣抄本作「云云」。

〔註33〕姜按:自「惟后非賢不乂」至「敢對揚天子之丕顯休命」,爲文淵閣抄本所無。姜按:文淵閣抄本於〈說命下〉錄有「明哲實作則」與「非知之艱,行之惟艱」兩條,而

十五、〈太誓上〉5／14則

001 王曰：嗟我友邦冢君。

　　《古文尚書考》：〈牧誓〉曰：「嗟我友邦冢君。」

　　《考異》：〈牧誓〉：「王曰：『嗟我友邦冢君御事。』」〔註34〕（卷4）

002 惟天地萬物父母，惟人萬物之靈。

　　《古文尚書考》：《後漢書》：劉陶曰：「臣聞人非天地無以爲生；天地非人無以爲靈。」

　　《考異》：此一節全出《後漢書・劉陶傳》〔註35〕：「劉陶曰：〔註36〕人非天地無以爲生，天地非人無以爲靈。是故帝非人不立，人非帝不靈。」（卷4）

003 犧牲粢盛，既于凶盗。

　　《古文尚書考》：〈微子〉曰：「今殷民乃攘竊神祇之犧牷牲。」

　　《考異》：〈微子〉：「攘竊神祇之犧牷牲。」〔註37〕（卷4）

004 商罪貫盈。

　　《古文尚書考》：《左傳》：中行桓子曰：「使疾其民以盈其貫，將可殪也。」

　　《考異》：《宣六年》：中行桓子曰：「使疾其民以盈其貫，將可殪也。」（卷4）

005 受命文考，類于上帝，宜于冢土。

　　《古文尚書考》：《大傳》曰：「牧之野，武王之大事也。既事而退，柴于上帝，祈于社。」

　　《考異》：《禮記》：《大傳》：「牧之野，武王之大事也。既事而退，柴於上帝，祈于社。」〔註38〕（卷4）

十六、〈太誓中〉4／9則

001 吉人爲善，惟日不足：凶人爲不善，亦惟日不足。

　　《古文尚書考》：「吉人」出《易・大傳》。「凶人」出《左傳》。《詩》：「惟日不足。」

　　《考異》：《易》曰：「吉人之辭寡。」《文十八年》：史克曰：「四門穆穆，無凶人也。……今行父雖未獲一吉人，去一凶矣。」〈小雅〉曰：「降爾遐福，維日

　　　　此兩條一當列於〈説命上〉，一當列於〈説命中〉。與平津館刻本相較，文淵閣抄本編次先後未歸條理，頗顯凌亂，當爲革創之本。

〔註34〕姜按：爲文淵閣抄本所無。

〔註35〕姜按：文淵閣抄本於此下有一「曰」字。

〔註36〕姜按：文淵閣抄本於此下有「臣聞」二字。

〔註37〕姜按：爲文淵閣抄本所無。

〔註38〕按：非見於〈太誓上〉，見於〈武成〉。

不足。」（卷4）

002 昵比罪人。

《古文尚書考》：〈牧誓〉曰：「四方之多罪逋逃，是崇是長，是信是使，是使昵
比罪人之事。」

《考異》：〈牧誓〉：「四方之多罪逋逃，是崇是長，是信是使。」〔註39〕（卷4）

003 謂己有天命，謂敬不足行；謂祭無益，謂暴無傷。厥監惟不遠，在彼夏王。

《古文尚書考》：《詩》：「殷鑒不遠，在夏后之世。」

《考異》：《詩》：「殷鑒不遠，在夏后之世。」〔註40〕（卷4）

004 勖哉，夫子！

《古文尚書考》：見〈牧誓〉。

《考異》：〈牧誓〉：「勖哉夫子！」〔註41〕（卷4）

十七、〈太誓下〉2／9 則

001 獨夫受。

《古文尚書考》：《荀子·議兵》曰：「湯、武誅桀、紂，若誅獨夫。故〈太誓〉
曰：『獨夫紂。』此之謂也。」

《考異》：《荀子·議兵篇》：「暴國之君，其民之視我，歡若父母。反顧其上，
若仇讐。」又曰：「湯武之誅桀紂，若誅獨夫。故〈泰誓〉曰：『獨夫紂』，此之
謂也。」（卷4）

002 爾眾士其尚迪果毅。

《古文尚書考》：《左傳》曰：「殺敵爲果，致果爲毅。」

《考異》：《宣二年〔註42〕》君子曰：「戎昭果毅以聽之之謂禮，殺敵爲果，致果
爲毅。易之，戮也。」（卷4）

十八、〈武成〉13／21 則

001 乃偃武修文，歸馬于華山之陽，放牛于桃林之野，示天下弗服。

《古文尚書考》：〈樂記〉曰：「濟河而西，馬散之華山之陽而勿復乘，牛散之桃
林之野而弗復服車。」〔註43〕

〔註39〕姜按：爲文淵閣抄本所無。

〔註40〕姜按：爲文淵閣抄本所無。

〔註41〕姜按：爲文淵閣抄本所無。

〔註42〕姜按：故宮抄本與平津館刻本皆作「元年」，誤。文淵閣抄本作「二年」，與《左傳》
之文相合。故據後者校改。

〔註43〕按：「車」，經解本疑脫，今據以校改。

《考異》:〈樂記〉曰:「濟河而西,馬散之華山之陽而弗復乘,牛散之桃林之野而弗復服車。」(卷4)

002 丁未,祀于周廟,邦甸侯衛駿奔走,執豆籩。

《古文尚書考》:《禮・大傳》曰:「牧之野,武王之大事也。既事而退,柴于上帝,祈于社,設奠于牧室,遂率天下諸侯執豆籩,逡奔走。」

《考異》:《禮記・大傳》:「牧之野,武王之大事也。既事而退,柴於上帝,祈于社,設奠于牧室,遂率天下諸侯執豆籩〔註44〕、逡奔走,追王太王、亶父、王季歷、文王昌。」(卷4)

003 肇基王迹。

《古文尚書考》:《史記》:「王瑞自大王興。」

《考異》:《史記》:「追尊古公爲太王,公季爲王季。蓋王瑞自太王興之〔註45〕。」(卷4)

004 其勤王家。

《古文尚書考》:衛孔悝之〈鼎銘〉曰:「其勤公家。」

《考異》:《禮記・祭統》孔悝〈銘〉曰:「其勤公家。」(卷4)

005 大邦畏其力,小邦懷其德。

《古文尚書考》:《左傳》:〈周書〉數文王之德曰:「大國畏其力,小國懷其德。」

《考異》:《襄三十一〔註46〕年》:北宮文子云:「〈周書〉數文王之德曰:『大國畏其力,小國懷其德。』」(卷4)

006 肆予東征,綏厥士女。篚厥玄黃,昭我周王,天休震動,用附我大邑周。

《古文尚書考》:《孟子》曰:「有攸不爲臣,東征,綏厥士女,篚厥玄黃,紹我周王,見休惟臣,附于大邑周。」

《考異》:《孟子》:「有攸不爲臣。東征,綏厥士女,篚厥玄黃,紹我周王,見休惟臣,附于大邑周。」〔註47〕(卷4)

007 惟爾有神,尚克相予,以濟兆民,無作神羞。

《古文尚書考》:《左傳》:「中行獻子伐齊,將濟河,禱曰:『苟捷有功,無作神羞。』」又曰:「惟爾有神裁之。」又公子城曰:「平公之靈尚輔相予。」

《考異》:《襄十八年》:荀偃禱曰:「齊環棄好背盟,凌虐神主,曾臣彪率諸侯

〔註44〕姜按:「豆籩」,文淵閣抄本作「籩豆」。
〔註45〕姜按:文淵閣抄本無此「之」字。
〔註46〕姜按:「三十一」,文淵閣抄本作「三十」,誤,今據以校改。
〔註47〕姜按:爲文淵閣抄本所無。

以討焉。其官臣偃實先後之，苟捷有功，無〔註48〕（毋）作神羞。官臣偃毋敢復濟，惟爾有神裁之。」（卷4）按：《左傳》荀偃禱河云：『無作神羞，其官臣偃，無敢復濟，惟爾有神裁之。』〔註49〕（卷4）

008 既戊午，師逾孟津。

《古文尚書考》：《序》曰：「一月戊午，師渡孟津。」

《考異》：《漢・律歷志》：「《序》曰：『一月戊午，師度于孟津。』」〔註50〕（卷4）

009 癸亥，陳于商郊，俟天休命。

《古文尚書考》：《漢書・律曆志》：《序》曰：「一月戊午，師渡于〔註51〕孟津，至庚申，二月朔日也，四月癸亥至牧野，夜〔註52〕陳，甲子昧爽而合矣。」

《考異》：《漢・律歷志》：「《序》曰：『一月戊午，師度于孟津，至庚申，二月朔日也，四日癸亥至牧野，夜陳。甲子昧爽而合矣。』」〔註53〕（卷4）

010 前徒倒戈。

《古文尚書考》：《史記》曰：「紂師雖衆，皆無敵之之心〔註54〕，欲〔註55〕武王亟入，紂師皆倒兵以戰，以開武王，武王〔註56〕馳之，紂兵皆崩叛。」

《考異》：《史記》：「紂師〔註57〕雖衆，皆無敵之之〔註58〕心，欲武王亟入。紂師皆倒〔註59〕兵以戰，以開武王，武王〔註60〕馳之，紂兵皆崩叛。」（卷4）

011 一戎衣，天下大定。

《古文尚書考》：《禮・中庸》曰：「壹戎衣，而有天下。」

《考異》：《史記》：「紂師〔註61〕雖衆，皆無敵之之〔註62〕心，欲武王亟入。紂

〔註48〕姜按：無，文淵閣抄本作「毋」。

〔註49〕姜按：自「按」至「裁之」爲文淵閣抄本所無。

〔註50〕姜按：爲文淵閣抄本所無。

〔註51〕按：「于」，讀經樓定本無，今據以校改。

〔註52〕按：「夜」，讀經樓定本無，今據以校改。

〔註53〕姜按：爲文淵閣抄本所無。

〔註54〕按：「之之心」，讀經樓定本作「心欲」，今據《史記》原文校改。

〔註55〕按：「欲」，讀經樓定本無，今據以校改。

〔註56〕按：「武王」，讀經樓定本無，今據以校改。

〔註57〕姜按：平津館刻本原奪「紂師」二字。文淵閣抄本有此二字，與《史記》原文相合，故據以校改。

〔註58〕姜按：文淵閣抄本無此「之」字，與《史記》原文相合。

〔註59〕姜按：倒，平津館刻本原作「到」，而文淵閣抄本作「倒」，與《史記》原文相合，故據以校改。

〔註60〕姜按：平津館刻本與文淵閣抄本皆奪「武王」二字，今據《史記》原文補之。

〔註61〕姜按：平津館刻本原奪「紂師」二字。文淵閣抄本有此二字，與《史記》原文相合，故據以校改。

師皆倒〔註63〕兵以戰，以開武王，武王〔註64〕馳之，紂兵皆崩叛。」（卷4）

012 釋箕子囚，封比干墓，式商容閭。

《古文尚書考》：《史記》曰：「命召公釋箕子之囚；命畢公釋百姓之囚、表商容之閭；命南宮括散鹿臺之財，發鉅橋之粟，以振貧弱萌隸，命閎夭封比干之墓。」

《考異》：《史記》：「命召公釋箕子之囚；命畢公釋百姓之囚、表商容之閭；命南宮括散鹿臺之財、發鉅橋之粟，以振貧弱萌隸；〔註65〕命閎夭封比干之墓。」（卷4）

013 重民五教，惟食喪祭。

《古文尚書考》：《論語·堯曰篇》曰：「所重民食喪祭。」

《考異》：「所重民食喪祭」，見《論語》。〔註66〕（卷4）

十九、〈旅獒〉6／6則

001 惟克商，遂通道于九夷、八蠻。

《古文尚書考》：〈魯語〉：仲尼曰：「昔武王克商，通道於九夷、百蠻，使各以其方賄來貢。」

《考異》：〈魯語〉陳惠公使人以隼如仲尼之館問之〔註67〕，仲尼曰：「隼之來也遠矣，此肅慎氏之矢也。昔武王克商，通道於九夷八蠻，使各以其方賄〔註68〕來貢。」（卷4）

002 畢獻方物。

《古文尚書考》：《左傳》：「諸侯官受方物。」

《考異》：《僖七年》：「諸侯官受方物。」（卷4）

003 王乃昭德之致于異姓之邦，無替厥服；分寶玉于伯叔之國，時庸展親。

《古文尚書考》：〈魯語〉：仲尼曰：「肅慎氏貢楛矢，先王欲昭其令德之致遠也，以示後人，使永監焉。」又曰：「古者分同姓以珍玉，展親也。分異姓以遠方之職貢，使無忘服也。」

〔註62〕姜按：文淵閣抄本無此「之」字，與《史記》原文相合。

〔註63〕姜按：倒，平津館刻本原作「到」，而文淵閣抄本作「倒」，與《史記》原文相合，故據以校改。

〔註64〕姜按：平津館刻本與文淵閣抄本皆奪「武王」二字，今據《史記》原文補之。

〔註65〕姜按：「貧弱萌隸」，經解本作「貧窮」，今據《史記》原文校改。

〔註66〕姜按：爲文淵閣抄本所無。

〔註67〕姜按：文淵閣抄本無此「之」字。

〔註68〕姜按：賄，文淵閣抄本作「物」，誤。

《考異》：「於是肅愼氏貢楛矢石砮，其長尺有咫。先王〔註69〕欲昭其令德之致遠也，以示後人，使永鑒焉。故銘其括曰『肅愼氏之貢矢』，以分太姬配虞胡公而封諸陳。古者分同姓以珍玉，展親也。分異姓以遠方之職貢，使無忘服也。故分陳以肅愼氏之貢。」（卷4）

004 人不易物，惟德其物。

　　《古文尚書考》：《左傳》：〈周書〉曰：「民不易物，惟德繄物。」

　　《考異》：《僖五年》：宮之奇曰：「民不易物，惟德繄物。」（卷4）

005 狎侮君子。

　　《古文尚書考》：《論語》曰：「狎大人，侮聖人之言。」

　　《考異》：《論語》：「狎大人，侮聖人之言。」〔註70〕（卷4）

006 所寶惟賢。

　　《古文尚書考》：本〈大學〉。

　　《考異》：〈大學〉曰：「楚國無爲寶，惟善以爲寶。」〔註71〕（卷4）

二十、〈微子之命〉5／6則

001 殷王元子！

　　《古文尚書考》：《左傳》：陽虎曰：「微子啓，〔註72〕帝乙之元子也。」

　　《考異》：《哀公九年》：「陽虎以《周易》筮之，遇泰之需，曰：『微子啓，帝乙之元子也。」（卷4）

002 作賓于王家。

　　《古文尚書考》：《易》：「利用賓于王。」

　　《考異》：取「利用賓于王」之句也。（卷4）

003 克齊聖廣淵。

　　《古文尚書考》：《左傳》：大史克曰：「齊聖廣淵。」

　　《考異》：「齊聖廣淵」，見《左傳》稱「八愷」也〔註73〕。

004 予嘉乃德，曰篤不忘。

　　《古文尚書考》：《左傳》：王謂管仲曰：「余嘉乃勳，應乃懿德，謂督不忘，往

〔註69〕姜按：「先王」，經解本作「先生」，今據以校改。

〔註70〕姜按：爲文淵閣抄本所無。

〔註71〕姜按：爲文淵閣抄本所無。

〔註72〕按：讀經樓定本與皇清經解本均無「啓」字，考文淵閣版《春秋左傳注疏》卷五十八有「啓」字，今據以校改。

〔註73〕姜按：文淵閣抄本無此「也」字。

踐乃職，無逆朕命。」

《考異》：見《左傳‧僖公十二年》王曰：「舅氏，余嘉乃勳，應乃懿德，謂督
不忘，往踐乃職，無逆朕命。」蓋周襄王命管仲之辭也。（卷 4）

005 以蕃王室。

《古文尚書考》：《左傳》：子展曰：「堅事晉、楚，以蕃王室。」

《考異》：《左傳〔註 74〕‧襄二十九年》子展曰：「堅事晉、楚，以蕃王室。」
（卷 4）

二十一、〈蔡仲之命〉2／5 則

001 皇天無親，惟德是輔。

《古文尚書考》：《左傳》：〈周書〉曰：「皇天無親，惟德是輔。」

《考異》：《左傳‧僖五年》：宮之奇曰：「鬼神非人實親，惟德是依。故〔註 75〕
〈周書〉曰：『皇天無親，惟德是輔。』」〔註 76〕（卷 4）

002 慎厥初，惟厥終，於以不困。

《古文尚書考》：《左傳》：衛太叔文子曰：「《書》曰：『慎始而敬終，終以不困。』」

《考異》：又《左〔註 77〕‧襄二十五年》太叔文子曰：〔註 78〕「《書》曰：『慎
始而敬終，終以不困。』」〔註 79〕（卷 4）

二十二、〈周官〉12／14 則

001 內有百揆四岳，外有州牧侯伯。

《古文尚書考》：見《堯典‧皋陶謨》。

《考異》：〈堯典〉：「曰若稽古。」又曰：「允釐百工。」又〈堯典〉：「納于百揆」、
「四岳曰：否德忝帝位」、「咨十有二牧。」又曰：「曰覲四岳羣牧，班瑞于羣后」

〔註 74〕姜按：文淵閣抄本無「左傳」二字。

〔註 75〕姜按：自「鬼神非人」至「惟德是依故」，為文淵閣抄本所無。

〔註 76〕姜按：文淵閣抄本於此句下有如下一段：注曰：「逸書。」《正義》曰：〈蔡仲之命〉
文也。首四句即〈太甲〉下篇首四句，「為善不同」即「德惟治」六句，小出入。其
下文初終之戒即「終始慎厥與」之意，此可見其出於一手一律之意。又下無「作聰
明亂舊章」與「罔以辯言亂舊政，罔以側言改厥度」字樣，句法雖避多方，而情狀
終不可掩也。

〔註 77〕姜按：文淵閣抄本無「又左」二字。

〔註 78〕姜按：文淵閣抄本於此下有「君子之行，思其終也，思其復也」數語。

〔註 79〕姜按：文淵閣抄本於此句下有如下一段：杜註：「逸書。」《正義》曰：「〈蔡仲之命〉
云：『慎厥終，終以不困』，此所引者蓋是彼文學者各傳所聞而字有改易，或引其意
而不全其文，故不同也。」蓋「慎厥初」即「慎始惟厥終」，即上文「思其終」。故
為謬亂，何不同之有？

〔註80〕 （卷5）

002 萬國咸寧。

《古文尚書考》：見《易》。

《考異》：《易》：「萬國咸寧。」〔註81〕 （卷5）

003 官不必備，惟其人。

《古文尚書考》：〈文王世子〉曰：〈記〉曰：「虞、夏、商、周有師保，有疑丞。設四輔及三公，不必備，唯其人語使能也。」

《考異》：〈文王世子〉：「惟其人。」（卷5）

004 冢宰掌邦治，統百官，均四海。

《古文尚書考》：《周禮》：「乃立天官冢宰，使率其屬，而掌邦治，以佐王均邦國。」又曰：「六典三曰禮典，以統百官。」

《考異》：《正義》曰：「《周禮》云『乃立天官冢宰，使帥其屬而掌邦治，以佐王均邦国。治官之屬，太宰卿一人。六典：一曰治典，以經邦國，以治官府，以紀萬民。』」……〈太宰職〉云：「三曰禮典，以統百官。」〔註82〕 （卷5）

005 司徒掌邦教，敷五典，擾兆民。

《古文尚書考》：《周禮》曰：「乃立地官司徒，使帥其屬而掌邦教，以佐王安擾邦國。」〈太宰〉曰：「二曰教典，以擾萬民。」〈堯典〉曰：「敬敷五教。」《周禮》：「司徒掌十有二教。」鄭《注》曰：「有虞氏五，而周有十二焉。」據此《周禮》無「敷五典」之文，周有「六典教典」，為司徒與唐虞異也。

《考異》：《正義》曰：「《周禮》云：『乃立地官司徒，使帥其屬而掌邦教，以佐王安擾邦國。』〈太宰職〉云：『二曰教典，以安邦國，以教百官，以擾萬民。』……鄭玄云：『有虞氏五，而周十有二焉。』」〔註83〕 （卷5）

006 宗伯掌邦禮，治神人，和上下。

《古文尚書考》：《周禮》：「乃立春官宗伯，使帥其屬而掌邦禮，以佐王和邦國。」又云：「大宗伯掌建邦之天神、人鬼、地示之禮。」

《考異》：《正義》曰：「《周禮》云：『乃立春官宗伯，使帥其屬而掌邦禮，以佐王和邦國。』……其職云：『掌建邦之天神、人鬼、地祇之禮。』」〔註84〕 （卷5）

〔註80〕 姜按：為文淵閣抄本所無。
〔註81〕 姜按：為文淵閣抄本所無。
〔註82〕 姜按：為文淵閣抄本所無。
〔註83〕 姜按：為文淵閣抄本所無。
〔註84〕 姜按：為文淵閣抄本所無。

007 司馬掌邦政，統六師，平邦國。

　　《古文尙書考》：《周禮》：「乃立夏官司馬，使帥其屬而掌邦政，以佐王平邦國。」又云：「凡制軍、王六軍。」

　　《考異》：《正義》曰：「《周禮》云：『乃立夏官司馬，使帥其屬而掌邦政，以佐王平邦國。』」〔註85〕（卷5）

008 司寇掌邦禁，詰姦慝，刑暴亂。

　　《古文尙書考》：《周禮》：「乃立秋官司寇而掌邦禁，以佐王刑邦國。」又云：「佐王刑邦國，詰四方。」

　　《考異》：《正義》曰：「《周禮》云：『乃立秋官司寇，使帥其屬而掌邦禁，以佐王刑邦國。』其職云：『刑邦國，詰四方。』〈太宰職〉云：『五曰刑典，以詰邦國，以刑百官，以糾萬民。』」〔註86〕（卷5）

009 司空掌邦土。

　　《古文尙書考》：《周禮・小宰職》曰：「六曰多官，掌邦事。」

　　《考異》：〈小宰職〉云：『六曰多官，掌邦事。』〔註87〕（卷5）

010 居四民。

　　《古文尙書考》：周初，士不在四民之列，始于《管子》之〈士鄉〉。

　　《考異》：其曰「四民之居」明是出於《管子》之書無疑。〔註88〕（卷5）

011 又六年，王乃時巡。

　　《古文尙書考》：《周禮・大行人》：「十有二歲，王巡守殷國。」

　　《考異》：〈大行人〉：周制：「十有二歲，王巡狩殷國。」〔註89〕（卷5）

012 無載爾僞。

　　《古文尙書考》：《左傳》：《詩》曰：「淑愼爾止，無載爾僞。」

　　《考異》：《襄三〔註90〕十年》君子曰：「《詩》曰：『淑愼爾〔註91〕止，無載爾僞』，信之謂也。」（卷5）

二十三、〈君陳〉7／10則

001 昔周公師保萬民。

〔註85〕姜按：爲文淵閣抄本所無。
〔註86〕姜按：爲文淵閣抄本所無。
〔註87〕姜按：爲文淵閣抄本所無。
〔註88〕姜按：爲文淵閣抄本所無。
〔註89〕姜按：爲文淵閣抄本所無。
〔註90〕姜按：三，文淵閣抄本作「二」，誤。
〔註91〕姜按：爾，文淵閣抄本作「敬」，誤。

《古文尚書考》:《左傳》:王使劉定公賜齊侯,命曰:「昔伯舅大公,服肱周室,師保萬民。」

《考異》:《襄十四年》:劉定公曰:「昔伯舅太公右我先王,股肱周室,師保萬民。」(卷5)

002 惟日孜孜。

《古文尚書考》:〈皋陶謨〉:「予思日孜孜。」

《考異》:〈皋陶謨〉:「予思日孜孜。」〔註92〕(卷5)

003 凡人未見聖,若不克見;既見聖,亦不克由聖。

《古文尚書考》:〈緇衣〉:「〈君陳〉云:未見聖,若己弗克見。既見聖,亦不克由聖。」《考異》:〈緇衣〉:「〈君陳〉云〔註93〕:未見聖,若己弗克見。既見聖,亦不克由聖。」(卷5)

004 出入自爾師虞,庶言同。

《古文尚書考》:〈緇衣〉:「〈君陳〉曰:出入自爾師,虞庶言同。」《荀子》亦云:「庶言同。」〔註94〕無「則繹」二字。

《考異》:〈緇衣〉:「〈君陳〉曰:『出入自爾師虞,〔註95〕庶言同。』」無「則繹」二字。

005 爾有嘉謀嘉猷,則入告爾后于內,爾乃順之于外,曰:斯謨斯猷,惟我后之德。嗚呼!臣人咸若,時惟良顯哉!

《古文尚書考》:〈坊記〉:「〈君陳〉曰:爾有嘉謀嘉猷,入告爾君,于內女乃順之;于外曰:此謀此猷,惟我君之德於乎是,維良顯哉!」

《考異》:〈坊記〉子云:「善則稱君,過則稱己。則民作忠。〈君陳〉曰:『爾有嘉謀嘉猷,則入告爾君于內,女乃順之于外,曰:此謀此猷惟我君之德,於乎!是惟良〔註96〕顯哉!」(卷5)

006 無求備予一夫。

《古文尚書考》:《論語》:周公謂魯公曰:「無求備予一人。」

《考異》:有辨周公謂魯公曰:「無求備于一人。」〔註97〕(卷5)

007 必有忍,其乃有濟。

〔註92〕姜按:為文淵閣抄本所無。

〔註93〕姜按:云,文淵閣抄本作「曰」。

〔註94〕按:《荀子》疑無「庶言同」,或惠棟訛記,今錄以存疑。

〔註95〕姜按:「出入自爾師虞」,文淵閣抄本作「出入之」。

〔註96〕姜按:自「嘉猷則入告」至「是惟良」三十字,文淵閣抄本作「云云」。

〔註97〕姜按:為文淵閣抄本所無。

《古文尚書考》:《國語》:富辰曰:「《書》有之曰:『必有忍也,若能有濟也。』」

《考異》:〈周語〉:富辰曰:「《書》有之曰:『必有忍也,若能有濟也〔註98〕。」

二十四、〈畢命〉4／5則

001 克勤小物。

《古文尚書考》:〈晉語〉:知伯國曰:「夫君子能勤小物,故無大患。」

《考異》:〈晉語〉:知伯國曰:「夫君子能勤小物,故無大患。」(卷5)

002 正色率下。

《古文尚書考》:《公羊傳》:「孔父正色而立于朝。」

《考異》:《公羊傳》:「孔父正色立于朝。」(卷5)

003 彰善癉惡。

《古文尚書考》:〈緇衣〉曰:「有國家者,章義癉惡,以示民厚。」

《考異》:〈緇衣〉〔註99〕曰:「有國家者,章善癉惡,以示民厚。」(卷5)

004 樹之風聲。弗率訓典。

《古文尚書考》:《左傳·文六年》:「並建聖哲,樹之風聲。」又云:「告之訓典。」

《考異》:《左傳〔註100〕·文六年》:「君子曰:『並建聖哲,樹之風聲。』」又曰:「告之訓典。」

二十五、〈君牙〉10／10則

001 惟乃祖乃父。

《古文尚書考》:見〈盤庚〉。

《考異》:〈盤庚〉:「乃祖乃父。」〔註101〕(卷5)

002 厥有成績,紀于太常。

《古文尚書考》:《周禮·司勳》曰:「凡有功者,銘書于王之太常。」

《考異》:《周禮·司勳》:「凡有功者,銘書于王之太常。」(卷5)

003 亦惟先王之臣,克左右。

《古文尚書考》:〈文侯之命〉曰:「亦惟先正克左右。」

《考異》:〈文侯之命〉:「亦惟先正克左右,昭事厥辟。」〔註102〕(卷5)

004 亂四方。

〔註98〕姜按:文淵閣抄本無此「也」字。

〔註99〕姜按:文淵閣抄本於此下有一「子」字。

〔註100〕姜按:文淵閣抄本無「左傳」二字。

〔註101〕姜按:為文淵閣抄本所無。

〔註102〕姜按:文淵閣抄本無「〈文侯之命〉亦惟先正克左右,昭事厥辟」之文。

《古文尚書考》：〈顧命〉：「其能而亂四方。」

《考異》：〈顧命〉曰：「爾[註103]先公之臣，服于先王。」又曰：「其能而亂四方。」（卷5）

005 心之憂危，若蹈虎尾，涉于春冰。

《古文尚書考》：《易》曰：「履虎尾。」《詩》云：「如履薄冰。」

《考異》：《易》曰：「履虎尾。」《詩》曰：「如履薄冰。」（卷5）

006 纘乃舊服，無忝祖考。

《古文尚書考》：《左傳》：王使劉定公賜齊侯，命曰：「纘乃祖考，無忝乃舊。」

《考異》：《襄十四年》：劉定公曰：「纂乃祖考，無忝乃舊。」（卷5）

007 宏敷五典。

《古文尚書考》：舜命契爲司徒，曰：「敬敷五教。」

《考異》：〈堯典〉：「敬敷五教在寬。」[註104]（卷5）

008 爾身克正，罔敢弗正。

《古文尚書考》：《論語》：「子帥以正，孰敢不正。」

《考異》：《論語》：「子帥以正，孰敢不正？」[註105]（卷5）

009 夏暑雨，小民惟曰怨咨；冬祁寒，小民亦惟曰怨咨。

《古文尚書考》：〈緇衣〉：「〈君雅〉曰：夏日暑雨，小民惟曰怨資，冬祁寒，小民亦惟曰怨。」

《考異》：〈緇衣〉：「〈君雅〉曰：『夏日暑雨，小民惟曰怨資，冬祁寒，小民亦惟曰怨。」（卷5）

010 丕顯哉！文王謨；丕承哉！武王烈。啓佑我後人，咸以正罔缺。

《古文尚書考》：《孟子》曰：「《書》曰：丕顯哉！文王謨；丕承哉！武王烈。啓佑我後人，咸以正無缺。」

《考異》：《孟子》作「佑啓我後人，咸以正無缺」[註106]（卷5）

二十六、〈冏命〉3／4則

001 巧言令色。

《古文尚書考》：見〈皋陶謨〉。

《考異》：〈皋陶謨〉：「巧言令色孔壬。」[註107]（卷5）

〔註103〕姜按：爾，文淵閣抄本作「汝」，誤。
〔註104〕姜按：爲文淵閣抄本所無。
〔註105〕姜按：爲文淵閣抄本所無。
〔註106〕姜按：爲文淵閣抄本所無。

002 便辟側媚。

　　《古文尚書考》:「便辟」見《論語》。

　　《考異》:《論語》又:「友便辟。」〔註108〕（卷5）

003 其惟吉士。

　　《古文尚書考》:「吉士」見《詩》及〈立政〉。

　　《考異》:〈立政〉:「庶常吉士。」〔註109〕（卷5）

〔註107〕姜按:爲文淵閣抄本所無。
〔註108〕姜按:爲文淵閣抄本所無。
〔註109〕姜按:爲文淵閣抄本所無。

附錄三　「惠棟、閻若璩」的辨偽重出

重出數目	今本《疏證》條目	今本《疏證》卷數	條目與卷數的關係
01	第 97	卷一：8 則	04、09、10、11、16、19、22、24
02	第 74	卷二：3 則	03、04、07、23
03	第 17	卷三	闕
04	第 19	卷四：3 則	05、12、52
05	第 6	卷五：4 則	02、17、18、25（按：第二則雖爲今本第七四，實則爲沈抄本卷二。）
06	第 60	卷六：2 則	14、20
07	第 19	卷七：3 則	01、13、15
08	第 6	卷八：1 則	08
09	第 121		
10	第 12		
11	第 7		
12	第 52		
13	第 98		
14	第 85		
15	第 98		
16	第 7		
17	第 71		
18	第 71		
19	第 7		
20	第 85		
21	第 52		
22	第 5		
23	第 26		
24	第 6		
25	第 80		

一、〈舜典〉0／1 則：無

二、〈大禹謨〉3／28 則

001 不虐無告。

　　《古文尚書考》：《莊子》「堯不傲無告」。

　　《疏證》：《莊子》：舜問於堯曰：「天王之用心如何？」堯曰：「吾不敖無告……。」
　　（第 103）

002 益曰：都！帝德廣運，乃聖乃神，乃武乃文。

　　《古文尚書考》：《呂覽》引〈夏書〉曰：「天子之德廣運，乃神乃武乃文。」

　　《疏證》：《呂氏春秋》：〈夏書〉曰：「天子之德廣運，乃神乃武乃文。」（第 74）

003 無稽之言勿聽，弗詢之謀勿庸。

　　《古文尚書考》：《荀子・正名篇》曰：「無稽之言，不見之行，不聞之謀，君子
　　愼之。」

　　《疏證》：「無稽之言勿聽；弗詢之謀勿庸。」亦《荀子・正名篇》語也。（第
　　17）

三、〈五子之歌〉0／19 則：無

四、〈胤征〉0／14 則：無

五、〈仲虺之誥〉0／9 則：無

六、〈湯誥〉1／4 則

001 聿求元聖，與之戮力。

　　《古文尚書考》：《墨子・尚賢篇》云：「〈湯誓〉曰：『聿求元聖，與之戮力，同
　　心以治天下。』」

　　《疏證》：及復閱《墨子》，見其《尚賢・中篇》有引〈湯誓〉曰：「聿求元聖，
　　與之戮力，同心以治天下。」（第 19）

七、〈伊訓〉1／12 則

001 敷求哲人，俾輔于爾後嗣。

　　《古文尚書考》：《墨子・尚賢篇》曰：「先王之書，距年之言也。」《傳》曰：「求
　　聖君哲人，以裨輔而身。」又曰：「於先王之書，豎年之言。然曰：『晞夫聖武，
　　知人以屏輔而身。』此言先王之治天下也，必選擇賢者以爲其羣屬輔佐。」

　　《疏證》：《墨子》有引〈商書〉曰：……「引先王之書，距年之言也。」《傳》
　　曰：「求聖君哲人，以裨輔而身。」（第 6）

八、〈太甲上〉0／11 則：無

九、〈太甲中〉1／7 則

001　惟三祀，十有二月朔，伊尹以冕服奉嗣王歸于亳。

　　《古文尚書考》：《孟子》曰：「太甲顛覆湯之典刑，伊尹放之於桐三年，太甲悔過，自怨自艾於桐，處仁遷義三年，以聽伊尹之訓己也。復歸于亳。」

　　《疏證》：《孟子》：「太甲顛覆湯之典刑，伊尹放之於桐三年，太甲悔過，自怨自艾於桐，處仁遷義三年，以聽伊尹之訓己也。復歸于亳。」（第 60）

十、〈太甲下〉：無

十一、〈咸有一德〉3／11 則

001　后非民罔使，民非后罔事。

　　《古文尚書考》：《國語》引〈夏書〉：「眾非元后，何戴，后非眾，無與守邦。」

　　《疏證》：倣《國語》：〈夏書〉曰：「眾非元后，何戴，后非眾，無與守邦。」（第 121）

002　九有以亡。

　　《古文尚書考》：《墨子・非樂篇》曰：「九有以亡。」

　　《疏證》：《墨子》有引〈商書〉曰：「九有以亡。」（第 6）

003　后非民罔使，民非后罔事。

　　《古文尚書考》：《國語》引〈夏書〉曰：「眾非元后，何戴，后非眾，無與守邦。」

　　《疏證》：《國語》：〈夏書〉曰：「眾非元后，何戴，后非眾，無與守邦。」（第 121）

十二、〈說命上〉0／4 則：無

十三、〈說命中〉0／6 則：無

十四、〈說命下〉0／10 則：無

十五、〈太誓上〉6／14 則

001　元后作民父母。

　　《古文尚書考》：〈洪範〉：「天子作民父母，以爲天下王。」

　　《疏證》：「天子作民父母，以爲天下王。」（第 24）

002　乃夷居弗事上帝神祇，遺厥先宗廟弗祀。

　　《古文尚書考》：《墨子・天志》曰：「〈太誓〉之道曰：『紂越厥夷居，不肯事上

帝，棄厥先神祇不祀。』乃曰：『吾有命無廖其務天下，天亦縱，棄紂而不葆。』」

《疏證》：古者《墨子》引〈泰誓〉「紂夷居」一段是也。《天志・中篇》云：「紂越厥夷居，不肯事上帝，棄厥先神祇不祀。」乃曰：「吾有命無廖其務天下，天亦縱，棄紂而不葆。」（第12）

003 乃曰吾有民有命，罔懲其侮。

《古文尚書考》：《墨子・非命篇》曰：「於〈太誓〉曰：『紂夷處不肯事上帝鬼神，禍厥先神禔祇不祀，乃曰：『吾民有命，無廖排漏，天亦縱之，棄而弗葆。』此言武王所以非紂，執有命也。」又云：「紂夷之居而不肯事上帝，棄闕其先神而不祀也。曰：『我民有命，毋僇其務，天不亦〔註1〕棄，縱而不葆。』」

《疏證》：亦知剿竊「紂夷處不肯事上帝鬼神，禍厥先神禔祇不祀，乃曰：『吾民有命，無廖排漏，天亦縱之，棄而弗葆。」（第7）

004 受有臣億萬，惟億萬心；予有臣三千，惟一心。

《古文尚書考》：《管子》：〈太誓〉曰：「紂有臣億萬人，亦有億萬之心；武王有臣三千，而一心。」

《疏證》：今讀《管子》又得一條，〈法禁篇〉引〈泰誓〉曰：「紂有臣億萬人，亦有億萬之心，武王有臣三千，而一心。」亦史臣辭亦被竄入于其口。試思「紂有億兆夷人，亦有離德。余有亂臣十人，同心同德。」蔑弘引〈太誓〉語也。（第52）

「紂有臣億萬人，亦有億萬之心。武王有臣三千，而一心。」見《管子》，其為古〈泰誓〉辭無疑。（第71）

005 厥罪惟鈞。

《古文尚書考》：《墨子》：〈太誓〉曰：「小人見姦巧，乃聞不言也，發罪鈞。」

《疏證》：故《墨子・尚同篇》有引〈太誓〉曰：「小人見姦巧，乃聞不言也，發罪鈞。」（第7）

又按《墨子》引〈太誓〉：「小人見姦巧，乃聞不言也，發罪鈞。」其為《古書》辭信無可疑。（第98）

006 爾尚弼予一人。

《古文尚書考》：〈湯誓〉：「爾尚輔予一人。」

《疏證》：又按〈湯誓〉有「爾尚輔予一人」。（第85）

〈湯誓〉師不過曰：「爾尚輔予一人。」（第98）趙按：並非純為辨偽施設。

〔註1〕按：「亦不」，讀經樓定本作「亦不」皇清經解本作「不亦」，文淵閣本《尚書古文疏證》與《墨子》均作「不亦」，今據以校改。

－208－

十六、〈太誓中〉0／9則：無

十七、〈太誓下〉6／9則

001 嗚呼！我西土君子！天有顯道，厥類惟彰。

《古文尚書考》：《墨子・非命》曰：「于去發曰：『惡乎！君子天有顯德，其行甚章。』」

《疏證》：於去發曰：「惡乎！君子天有顯德，其行甚章。」（第7）

002 斮朝涉之脛。

《古文尚書考》：《淮南・主術》曰：「紂斮朝涉之脛，而萬民叛。」

《疏證》：亦是用《淮南子・主術訓》：「斮朝涉者之脛，而萬民叛。」（第71）

003 剖賢人之心。

《古文尚書考》：《淮南・俶眞》曰：「夏桀、殷紂燔生人，辜諫者，爲炮烙，鑄金柱，剖賢人之心，折才士之脛。」

《疏證》：用《淮南子・俶眞訓》：「剖賢人之心。」（第71）

004 上帝弗順，祝降時喪。

《古文尚書考》：《墨子・非命》曰：「于去發曰：『上帝不順，祝降其喪，惟我有周，受之大帝。昔紂執有命，而行武王爲〈太誓〉，去發以非之。』」

《疏證》：於去發曰：「上帝不順，祝降其喪，惟我有周，受之大帝。」（第7）

005 爾其孜孜，奉予一人，恭行天罰。

《古文尚書考》：〈湯誓〉曰：「爾尚輔予一人，致天之罰。」

《疏證》：又按〈湯誓〉有「爾尚輔予一人」，下不過曰：「致天之罰」而已。〈泰誓〉：「爾尚弼予一人」，下則曰：「永清四海時哉，弗可失！」豈湯、武辭氣各不同乎？抑文有今古爾？（第85）趙按：並非純爲辨偽施設。

006 予克受，非予武，惟朕文考無罪；受克予，非朕文考有罪，惟予小子無良！

《古文尚書考》：〈坊記〉引〈太誓〉曰：「『予克紂，非予武。惟朕文考無罪紂克。予非朕文考有罪，惟予小子無良。』」

《疏證》：試思《禮記》引〈太誓〉曰：「予克紂，非予武。惟朕文考無罪紂克。予非朕文考有罪，惟予小子無良。」（第52）

十八、〈武成〉2／21則

001 越三日庚戌，柴望，大告武成。

《古文尚書考》：〈律曆志〉：〈武成篇〉曰：「粵六日庚戌，武王燎于周廟。翼日辛亥，祀于天位。粵五日乙卯，乃以庶國祀馘于周廟。」

《疏證》:「粤六日庚戌,武王燎于周廟。翼日辛亥,祀于天位。粤五日乙卯,乃以庶國祀馘于周廟。」(第5)

002 華夏蠻貊,罔不率俾。

  《古文尚書考》:《墨子》曰:「貊夷醜貊。」

  《疏證》:「蓋墨子《兼愛·中篇》……蠻夷醜貊。」(第26)

十九、〈旅獒〉0／6 則:無

二十、〈微子之命〉1／6 則

001 撫民以寬除其邪虐。

  《古文尚書考》:〈祭法〉曰:「湯以寬治民,而除其虐。」

  《疏證》:《禮記》有:「湯以寬治民,而除其虐。」(第6)

二十一、〈蔡仲之命〉1／5 則

001 以車七乘。

  《古文尚書考》:《左傳》:祝佗曰:「管、蔡、啓商,慸閒王室,王于是乎殺管叔,而蔡蔡叔,以車七乘徙七十人。」

  《疏證》:祝佗述其事……管、蔡、啓商,慸閒王室,王于是乎殺管叔,而蔡蔡叔,以車七乘徙七十人。(第80)

二十二、〈周官〉0／14 則:無

二十三、〈君陳〉0／10 則:無

二十四、〈畢命〉0／5 則:無

二十五、〈君牙〉0／10 則:無

二十六、〈冏命〉0／4 則:無

附錄四　「惠棟、梅鷟、閻若璩」的辨僞重出

一、重出條目與《疏證》條目、《考異》卷數的關係

重出數目	今本《疏證》條目	姜本《考異》卷數
1	第 18（兼及第 14 與第 67）	卷 2
2	第 113	卷 2
3	第 17	卷 2
4	第 13	卷 2
5	第 104	卷 2
6	第 13	卷 2
7	第 73	卷 2
8	第 81	卷 2
9	第 8	卷 2
10	第 8	卷 2
11	第 66	卷 3
12	第 12	卷 3
13	第 74	卷 3
14	第 17（兼及第 113）	卷 3
15	第 6	卷 3
16	第 6	卷 3
17	第 6	卷 3
18	第 6	卷 3
19	第 6	卷 3
20	第 6	卷 3
21	第 60	卷 3
22	第 61	卷 3
23	第 60	卷 3

24	第 60	卷 3
25	第 60	卷 3
26	第 60	卷 3
27	第 60	卷 3
28	第 60	卷 3
29	第 3	卷 3
30	第 10（兼及第 97）	卷 3
31	第 74	卷 3
32	第 51	卷 4
33	第 7	卷 4
34	第 121	卷 4
35	第 7	卷 4
36	第 105	卷 4
37	第 19	卷 4
38	第 7	卷 4
39	第 7	卷 4
40	第 98	卷 4
41	第 5	卷 4
42	第 57	卷 4
43	第 67	卷 4
44	第 53	卷 4
45	第 85	卷 4
46	第 119	卷 4
47	第 70	卷 4
48	第 79	卷 4
49	第 6	卷 5
50	第 76	卷 5
51	第 10	卷 5
52	第 121	卷 5
53	第 76	卷 5
54	第 68	卷 5
55	第 68	卷 5

2.重出條目與《疏證》條目、《考異》卷數的總和

《疏證》卷數	《疏證》條目歸納	《考異》卷數	《考異》條目歸納
卷一	05、08、12、13、19、20、22、23、24、25、26、35、37、40、42、45、48、50、	卷一	無
卷二	01、04、、44	卷二	01～10
卷三	闕	卷三	11～31
卷四	17、27、28、29、30、31、32、33、34、39、51、53	卷四	32～48
卷五	09、10、15、18、38、46、52	卷五	49～55
卷六	54		
卷七	07、43		
卷八	41、55		

一、〈舜典〉1／1則

01 二十有八載，帝乃殂落。

《古文尚書考》：孟子親見百篇文，其述〈堯典〉曰：「二十有八載，帝乃殂落。」與伏生合，乃知梅氏分篇。

《考異》：《孟子》引〈堯典〉曰：「二十有八載，放勳乃徂落。」……則〈舜典〉二字決爲贗品可知矣（卷1）之謬。

《疏證》：故《孟子》引：「二十有八載，放勳乃徂落。」爲〈堯典〉不爲〈舜典〉。（第18）又第14與第67兼有及之。

二、〈大禹謨〉2／28則

001 可愛非君，可畏非民，衆非元后，何戴？后非衆，罔與守邦。

《古文尚書考》：《國語》內史過曰：「〈夏書〉有之曰：『衆非元后，何戴？后非衆，無以守邦。』」

《考異》：〈周語〉內史過曰：「〈夏書〉有之曰：『衆非元后，何戴？后非衆，無與守邦。』」（卷2）

《疏證》：《國語》：〈夏書〉曰：「衆非元后，何戴？后非衆，無與守邦。」（第113）

002 朕志先定，詢謀僉同，鬼神其依。

《古文尚書考》：〈洪範〉曰：「汝則有大疑，謀及乃心，謀及卿士，謀及庶人，謀及卜筮。」

《考異》：〈洪範〉曰：「汝則有大疑，謀及乃心，謀及卿士，謀及庶人，謀及卜

笨。」（卷2）

《疏證》：「女則有大疑，謀及女心，謀及卿士，謀及庶人，謀及卜筮。」（第17）

三、〈五子之歌〉3／11則

001 厥弟五人，御其母以從，俟于洛之汭。

《古文尚書考》：《序》云：「太康失邦，昆弟五人須與洛汭。」

《考異》：「太康失國，昆弟五人，須於洛汭。」（卷2）

《疏證》：曰：「太康失邦……又曰昆弟五人，須于洛汭。」（第104）

002 民可近，不可下。

《古文尚書考》：《國語》：單襄公曰：「《書》曰：民可近也，而不可上也。」

《考異》：〈周語〉單襄公曰：「……《書》曰：『民可近也，而不可上也。』」（卷2）

《疏證》：《國語》引「民可近也，而不可上也。爲《書》曰」。（第13）

003 甘酒嗜音，峻宇彫牆。

《古文尚書考》：《戰國策》：「儀狄作酒，禹飲而甘之。」《左傳·宣元年》：「晉靈公厚斂以彫牆。」

《考異》：《戰國策》：「儀狄作酒，禹飲而甘之。」《宣元年》：「晉靈公不君，厚斂以彫牆。」（卷2）

《疏證》：又按《戰國策》：「……儀狄作酒而美進之禹，禹飲而甘之。」（第73）

四、〈胤征〉3／4則

001 羲和廢厥職。

《古文尚書考》：《序》云：「羲和湎淫，廢時亂日。」

《考異》：《史記》「帝仲康時，羲和湎淫，廢時亂日，胤往征之。作《胤征》。」（卷2）

《疏證》：《疏證》：「羲和湎淫，廢時亂日」……〈夏本紀〉曰：「帝中康時，羲和湎淫，廢時亂日。」（第81）

002 遒人以木鐸徇于路；官師相規，工執藝事以諫。

《古文尚書考》：《襄十四年》：〈夏書〉曰：「遒人以木鐸徇于路，官師相規，工執藝事以諫，正月孟春於是乎有之，諫失常也。」

《考異》：《襄十四年》：師曠引〈夏書〉曰：「遒人以木鐸徇於路，官師相規，工執藝事以諫，正月孟春於是乎有之，諫失常也。」（卷2）

《疏證》：《襄十四年》：「師曠所引〈夏書〉之文乎？」（第8）

003 《政典》曰：先時者，殺無赦！不及時者，殺無赦！

　　《古文尚書考》：《周禮》：「太宰掌建邦之六典，……四曰政典。」《荀子‧君道篇》：「《書》曰：先時者，殺無赦！不逮時者，殺無赦！」韓嬰以爲出〈周書〉。

　　《考異》：《荀子‧君臣篇》：「《書》曰：先時者，殺無赦！不逮時者，殺無赦！」今作《政典》。〔註1〕（卷2）

　　《疏證》：「先時者，殺無赦！不及時者，殺無赦！」此出《荀子‧君道篇》所引「《書》曰」。《韓詩外傳》作「周制曰」。（第8）

五、〈仲虺之誥〉3／9則

001 東征西夷怨，南征北狄怨，曰：奚獨後予？

　　《古文尚書考》：《孟子》曰：「湯一征自葛始，天下信之。東面而征西夷怨；南面而征北狄怨。曰：『奚爲後我。』」

　　《考異》：此一節全是約《孟子》之言。〔註2〕（卷3）

　　《疏證》：又按《困學紀聞》謂「葛伯仇餉」非《孟子》詳述。（第66）

002 兼弱攻昧，取亂侮亡。推亡固存，邦乃其昌。

　　《古文尚書考》：《左傳》：子皮曰：「〈仲虺之志〉云：『亂者取之，亡者侮之，推亡故存，國之利也。』」又中行獻子語同。又隨武子曰：「『兼弱攻昧，武之善經也。〈仲虺〉有言曰：『取亂侮亡』，兼弱也。」

　　《考異》：《宣十二年》：「隨武子曰：兼弱攻昧，武之善經也。〈仲虺〉有之〔註3〕曰：『取亂侮亡』，兼弱也。」《襄十四年》中行獻子曰：「〈仲虺〉有言曰：『亡者侮之，亂者取之，推亡固存之道也。』」（卷3）

　　《疏證》：又按《宣十二年》：隨武子曰：「兼弱攻昧，武之善經也云云。〈仲虺〉有言曰：『取亂侮亡』，兼弱也。」（第12）又《襄十四年》：「亡者侮之，亂者取之，推亡固存，國之道也。」《襄三十年》：「亂者取之，亡者侮之，推亡固存，國之利也。」（第12）

003 予聞曰：能自得師者王，謂人莫已若者亡。

　　《古文尚書考》：《荀子‧堯問篇》：其在〈仲虺〔註4〕之言〉也。曰：「諸侯自爲，得師者王，得友者霸，得疑者存，自爲謀，而莫已若者亡。」

　　《考異》：《荀子‧堯問篇》：「楚莊王曰：不穀謀事而當，羣臣莫能逮，是以憂

〔註1〕 姜按：爲文淵閣抄本所無。
〔註2〕 姜按：爲文淵閣抄本所無。
〔註3〕 姜按：之，文淵閣抄本作「言」。
〔註4〕 按：「仲虺」即「仲虺」，相傳爲商湯左相。

也。其在〈中蘬之言〉也曰：『諸侯自爲，得師者王，得友者霸，得疑者存，自爲謀，而莫己若者亡。』（卷3）

《疏證》：《荀子》其在〈中蘬之言〉也曰：「諸侯自爲，得師者王，得友者霸，得疑者存，自爲謀，而莫已若者亡。」（第74）

六、〈湯誥〉1／4則

001 天道福善禍淫。

《古文尚書考》：《國語》：單襄公曰：「天道賞善而罰淫。」

《考異》：「天道」一句又見於《國語》。（卷3）

《疏證》：《國語》：單襄公：「天道賞善而罰淫。」（見於第17及第113）

七、〈伊訓〉6／12則

001 惟元祀，十有二月乙丑，伊尹祀于先王。

《古文尚書考》：《漢書‧律曆志》引〈伊訓篇〉曰：「惟太甲元年，十有二月，乙丑朔，伊尹祀于先王，誕資有牧方明。」

《考異》：趙東山曰：「《漢‧志》據《三統曆》，即《書‧伊訓篇》『太甲……祀于先王，……以冬至越茀行事。』〔註5〕（卷3）

《疏證》：〈三統曆〉引《古文‧伊訓篇》曰：「惟太甲元年，十有二月，乙丑朔，伊尹祀于先王，誕資有牧方明。」（第6）

002 百官總己以聽冢宰。

《古文尚書考》：《論語》：子曰：「君薨，百官總己，以聽于冢宰三年。」

《考異》：《論語》：「百官總己，以聽於冢宰。」〔註6〕（卷3）

《疏證》：《論語》有：「百官總己，以聽於冢宰三年。」（第6）

003 伊尹乃明言烈祖之成德。

《古文尚書考》：〈商頌〉：「行我烈祖。」

《考異》：《詩》：「嗟嗟烈祖。」〔註7〕（卷3）

《疏證》：〈商頌〉有「衎我烈祖」。（第6）

004 古有夏先后，方懋厥德，罔有天災。山川鬼神，亦莫不寧，暨鳥、獸、魚、鱉咸若。

《古文尚書考》：《左傳》：王孫滿曰：「昔有夏之方有德也。」《墨子》引〈商書〉

〔註5〕姜按：爲文淵閣抄本所無。
〔註6〕姜按：爲文淵閣抄本所無。
〔註7〕姜按：爲文淵閣抄本所無。

曰：「嗚呼！古者有夏，方未有禍之時，百獸貞蟲，允及飛鳥，莫不比方，矧在人面，胡敢異心。山川鬼神，亦莫敢不寧。」

《考異》：《宣三年》：王孫滿曰：「昔夏之方有德也，使民知神姦，故民入川澤山林，不逢不若，用能協于上下，以承天休。桀有昏德，鼎遷于商。」（卷3）

《疏證》：《墨子》引〈商書〉曰：「嗚呼！古者有夏，方未有禍之時，百獸貞蟲，允及飛鳥，莫不比方，矧在人面，胡敢異心。山川鬼神，亦莫敢不寧。」（第6）

005 造攻自鳴條，朕哉自亳。

《古文尚書考》：《孟子》曰：「〈伊訓〉：『天誅造宮自牧宮，朕載自亳。』」

《考異》：《孟子》引〈伊訓〉曰：「天誅造攻自牧宮，朕載自亳。」《史記》：「湯脩德，諸侯皆歸，湯遂率兵以伐夏桀，桀走鳴條，遂放而死。」〔註8〕（卷3）

《疏證》：《孟子》有引〈伊訓〉曰：「天誅造攻自牧宮，朕載自亳。」（第6）

006 制官刑，儆于有位，曰：敢有恆舞于宮，酣歌于室，時謂巫風；敢有殉于貨色，恆于遊畋，時謂淫風；敢有侮聖言。

《古文尚書考》：《論語》：「侮聖人之言。」

《考異》：《論語》：「侮聖人之言。」（卷3）

《疏證》：《論語》：「侮聖人之言。」（第6）

八、〈太甲上〉5／11則

001 先王顧諟天之明命。

《古文尚書考》：《禮記・大學》：〈太甲〉曰：「顧諟天之明命。」

《考異》：〈大學〉引〈太甲〉曰：「顧諟天之明命。」〔註9〕

《疏證》：〈大學〉：「顧諟天之明命。」（第60）

002 惟尹躬先見于西邑夏，自周有終，相亦惟終。

《古文尚書考》：《禮記・緇衣》：尹吉曰：「惟尹躬先見于西邑夏，自周有終，相亦惟終。」鄭《注》云：「『尹吉』，『尹誥』也。『天』，當為『先』字之誤。」

《考異》：〈緇衣〉尹吉曰：「惟尹躬天見于西邑夏，自周有終，相亦惟終。」鄭氏曰：「尹吉，亦《尹誥》也。天，當為『先』字之誤。」（卷3）

《疏證》：〈緇衣〉兩引〈咸有一德〉……，一曰：「惟尹躬先見于西邑夏，自周有終，相亦惟終。」（第61）

003 先王昧爽丕顯，坐以待旦。

〔註8〕姜按：為文淵閣抄本所無。

〔註9〕姜按：為文淵閣抄本所無。

《古文尚書考》:《左傳》:〈讒鼎之銘〉曰:「昧旦丕顯。」《孟子》曰:「坐以待旦。」

《考異》:《昭三年》:叔向引〈讒鼎之銘〉曰:「昧旦丕顯,後世猶怠。」孟子曰:「周公坐以待旦。」（卷3）

《疏證》:《左傳·昭三年》為〈讒鼎之銘〉……。「坐以待旦」見《孟子》,乃周公中夜以思此理,忽得,不復寐,遂坐以待旦。（第60）

004 無越厥命以自覆。

《古文尚書考》:〈緇衣〉:〈太甲〉曰:「毋越厥命以自覆也。」

《考異》:〈緇衣〉:「〈太甲〉曰:「無越厥命以〔註10〕自覆也。」（卷3）

《疏證》:〈緇衣〉:「毋越厥命以自覆也。」（第60）

005 若虞機張,往省括于度則釋。

《古文尚書考》:〈緇衣〉:〈太甲〉曰:「若虞機張,往省括于度則釋。」

《考異》:〈緇衣〉:〈太甲〉曰:「若虞機張,往省括于厥〔註11〕度則釋。」（卷3）

《疏證》:「若虞機張,往省括于度則釋。」（第60）

九、〈太甲中〉3／7則

001 作書曰:民非后,罔克胥匡以生,后非民,罔以辟四方。

《古文尚書考》:〈表記〉:〈太甲〉曰:「民非后,無能胥以寧;后非民,無以辟四方。」

《考異》:〈表記〉「民非后」四句。（卷3）

《疏證》:《禮記》:〈太甲〉曰:「民非后,無能胥以寧,后非民,無以辟四方。」（第60、第121）

002 欲敗度,縱敗禮。

《古文尚書考》:《左傳·昭十年》子皮曰:「《書》曰:『欲敗度,縱敗禮。』」

《考異》:《昭十年》子皮曰:「《書》曰:『欲敗度,縱敗禮。』〔註12〕我之謂矣。夫子知度與禮,我實縱欲而不能自克也。」（卷3）

《疏證》:《左傳·昭十年》子皮曰:「〈夏書〉云:『欲敗度,縱敗禮。』」（第60）

003 天作孽,猶可違;自作孽,不可逭。

《古文尚書考》:〈緇衣〉:〈太甲〉曰:「天作孽,可違也;自作孽,不可以逭。」

《孟子》:〈太甲〉曰:「天作孽,猶可違;自作孽,不可活。」

〔註10〕姜按:「厥命以」,文淵閣抄本作「云云」。

〔註11〕姜按:文淵閣抄本無此「厥」字。

〔註12〕姜按:「欲敗度,縱敗禮」二語,文淵閣抄本作「云云」。

《考異》：「天作孽」四句，見《孟子》引。又〔註13〕〈緇衣〉太甲曰：「天作孽，可違也。」（卷3）

《疏證》：爲《禮記》所引者……「天作孽，可違也，自作孽，不可以逭。」（第60）

十、〈太甲下〉0／2則：無

十一、〈咸有一德〉1／11則

001 嗚呼！七世之廟，可以觀德；萬夫之長，可以觀政。

《古文尚書考》：《呂氏春秋》〈商書〉曰：「五世之廟，可以觀怪；萬夫之長，可以生謀。」

《考異》：《呂氏春秋》〔註14〕引〈商書〉曰：「五世之廟，可以觀怪。萬夫之長，可以生謀。」（卷3）

《疏證》：《呂氏春秋》引〈商書〉曰：「五世之廟，可以觀怪。」（第3）

十二、〈說命上〉1／4則

001 其惟弗言。

《古文尚書考》：《論語》：《書》云：「高宗諒闇，三年不言。」

《考異》：〈喪服四制〉：「《書》云：『高宗諒闇，三年不言。』」（卷3）

《疏證》：如子張曰：《書》云：「高宗諒陰，三年不言。」（第10）

稱「高宗三年不言」參諸《論語》、《戴記》俱然。（第97）

十三、〈說命中〉1／6則

001 爲口起羞，惟甲冑起戎，惟衣裳在笥，惟干戈省厥躬。

《古文尚書考》：〈緇衣〉：〈兌命〉曰：「爲口起羞，惟甲冑起兵，惟衣裳在笥，惟干戈省厥躬。」

《考異》：〈緇衣〉：〈兌命〉曰：「惟口起羞，惟甲冑起兵，惟衣裳在笥，惟干戈省厥躬。〔註15〕」（卷3）

《疏證》：《禮記》：〈兌命〉曰：「爲口起羞，惟甲冑起兵，惟衣裳在笥，惟干戈省厥躬。」（第74）

十四、〈說命下〉0／10則：無

〔註13〕姜按：自「天作孽」曰」至「又」字，爲文淵閣抄本所無。
〔註14〕姜按：文淵閣抄本於此後有「第十三卷」數字。
〔註15〕姜按：「惟口起羞」至「惟干戈省厥躬」數句，文淵閣抄本作「惟口云云厥躬」。

十五、〈太誓上〉3／14則

001 天佑下民，作之君，作之師。惟其克相上帝，寵綏四方。有罪無罪，予曷敢有越厥志？

《古文尚書考》：《孟子》曰：「《書》曰：『天降下民，作之君，作之師，惟曰：『其助上帝，寵之四方，有罪無罪，惟我在天下，曷敢有越厥志。』」趙岐曰：「《尚書》逸篇也。」

《考異》：此一節見《孟子》，但文字少異。〔註16〕（卷4）

《疏證》：《書》曰：「天降下民」一節自「武王恥之」上皆《書》。（第51）

002 同力度德，同德度義。

《古文尚書考》：又《昭二十四年》萇宏曰：「同德度義。」

《考異》：《昭二十四年》，《左傳》：「召簡公、南官囂以甘桓公見王子朝，劉子謂萇弘曰：「甘氏又往矣。」對曰：「何害？同德度義，〈泰誓〉曰：『紂有億兆夷人，亦有離德。予有亂臣十人，同心同德。」（卷4）

《疏證》：《昭二十四年·傳》：〈太誓〉曰：「紂有億兆夷人，亦有離德。余有亂臣十人，同心同德。」云今〈太誓〉無此語，則偽〈泰誓〉所剽竊。（第7）

露破綻出者《昭二十四年》萇弘引〈太誓〉曰：「紂有億兆夷人云云。」上文「同德度義」分明繫萇弘自語。（第52）

「紂有億兆夷人，亦有離德。余有亂臣十人，同心同德。」見《左氏》。（第71）

「力度德」二句引《昭二十四年·傳》：劉子謂萇弘曰：「甘氏又往矣！」對曰：「何害？同德度義。」〈太誓〉曰：『紂有億兆夷人，亦有離德。余有亂臣十人，同心同德。』是「同德度義」本萇弘語。〈第121〉

003 民之所欲，天必從之。

《古文尚書考》：《左傳·襄三十一〔註17〕年》同。

《考異》：《襄三十一年》：穆叔曰：「〈泰誓〉云：『民之所欲，天必從之。』」……〈周語〉單襄公亦引此二句。〈鄭語〉史伯亦引此二句。〔註18〕（卷4）

《疏證》：《春秋》引〈泰誓〉曰：「民之所欲，天必從之。」（第7）

《襄三十一年傳》：〈太誓〉云：「民之所欲，天必從之」云：今《尚書·太誓》無此文。（第7）

〔註16〕姜按：爲文淵閣抄本所無。

〔註17〕按：「三十一」，讀經樓定本作「二十一」，訛，今據以校改。

〔註18〕姜按：「此二句」爲文淵閣抄本所無。

十六、〈太誓中〉5／9則

001 惟戊午。

《古文尚書考》：《書序》：「一月戊午。」

《考異》：《序》：「一月戊午渡孟津。」〔註19〕（卷4）

《疏證》：以合于《書序》：「十一年，伐殷。一月戊午，渡孟津。」（第26）

「一月戊午，師渡孟津。」（第105）

002 西土有眾，咸聽朕言。

《古文尚書考》：〈湯誓〉曰：「格！爾眾庶，悉聽朕言。」

《考異》：〈湯誓〉：「格！爾眾庶，悉聽朕言。」〔註20〕（卷4）

《疏證》：王曰：「格！爾眾庶，悉聽朕言。」（第19）

003 朕夢協朕卜，襲于休祥，戎商必克。

《古文尚書考》：〈周語〉：單襄公曰：「吾聞之〈太誓〉，故曰：『朕夢協朕卜，襲于休祥，戎商必克。』」

《考異》：今按：《外傳》，《國語》是也，〈周語〉單襄公〔註21〕云。（卷4）

《疏證》：《國語》引〈泰誓〉曰：「朕夢協朕卜，襲於休祥，戎商必克。」（第7）

004 受有億兆夷人，離心離德；予有亂臣十人，同心同德。同〈太誓上〉：「受有臣億萬，惟億萬心；予有臣三千，惟一心。」條。

005 天視自我民視，天聽自我民聽。

《古文尚書考》：《孟子》：〈太誓〉曰：「天視自我民視，天聽自我民聽。」

《考異》：《孟子》：「〈泰誓〉曰：『天視自我明視，天聽自我民聽。』」〔註22〕（卷4）

《疏證》：《孟子》于「天視自我民視」云。（第7）

十七、〈太誓下〉1／9

001 則樹德務滋，除惡務本。

《古文尚書考》：《左傳》：伍員曰：「樹德莫如滋，去疾莫如盡。」《戰國策》秦客曰：「《詩》云：『樹德莫如滋，去疾莫如盡。』」

《考異》：《哀元年》伍〔註23〕員曰：「臣聞之，樹德莫如滋，去疾莫如盡。」又

〔註19〕姜按：為文淵閣抄本所無。

〔註20〕姜按：為文淵閣抄本所無。

〔註21〕姜按：公，文淵閣抄本作「子」。

〔註22〕姜按：為文淵閣抄本所無。

〔註23〕姜按：平津館刻本原作「五」，而文淵閣抄本作「伍」，與《左傳》之文相合。故據

《戰國策》秦客卿造曰：「《詩》云：『樹德莫如滋，除害莫如盡。』」（卷 4）

《疏證》：「樹德莫如滋，去疾莫如盡」（第 98）

十八、〈武成〉6／21 則

001 唯一月壬辰，旁死魄。

《古文尚書考》：〈律曆志〉：〈武成篇〉曰：「若翼日癸巳，武王乃朝步自周，于征伐紂。」

《考異》：《前漢書・律歷志》：「《周書・武成篇》：『惟一月壬辰，旁死霸。若翼日癸巳，武王乃朝步自周，于征伐紂。』」〔註24〕（卷 4）

《疏證》：劉歆作《三統曆》引〈武成篇〉八十二字，其辭曰：「惟一月壬辰，旁死霸，若翌日癸，武王迺朝步自周，于征伐紂。」（第 5）

002 惟先王建邦啟土。

《古文尚書考》：〈周語〉曰：「昔我先王世后稷。」俗本《國語》脫「王」字。

《考異》：〈周語〉：祭公謀父曰：「昔我先王〔註25〕后稷，以服事虞夏。」（卷 4）

《疏證》：祭公謀父曰：「昔我先王〔註26〕世后稷。」（第 57）

003 為天下逋逃主，萃淵藪。

《古文尚書考》：《左傳》：申無宇曰：「昔武王數紂之罪，以告諸侯，曰：『紂為天下逋逃主萃淵藪，故夫致死焉。』」

《考異》：《昭七年》：芊尹無宇曰：「昔武王數紂之罪，以告諸侯曰：『紂為天下逋逃主萃淵藪〔註27〕，故夫致死焉。』」（卷 4）

《疏證》：「紂為天下逋逃主萃淵藪」在《左傳・昭七年》。（第 67）

004 甲子昧爽。

《古文尚書考》：〈牧誓〉：「時甲子昧爽。」

《考異》：〈牧誓〉曰：「時甲子昧爽，王朝至于商郊牧野。」（卷 4）

《疏證》：〈牧誓〉：「時甲子昧爽。」（第 53）

005 受率其旅若林，會于牧野。

《古文尚書考》：〈大雅〉曰：「殷商之旅，其會如林，矢于牧野，維予侯興。」

　　後者校改。

〔註24〕姜按：為文淵閣抄本所無。

〔註25〕姜按：平津館刻本作「先王后稷」，文淵閣抄本作「先世后稷」，皆有誤。而《國語・周語》原文作：「昔我先王世后稷。」原註：「后，君也。稷，官也。父子相繼曰世，謂棄與不窋。」梅鷟稱「此所以稱后稷為『先王』」，於原文理解上有誤。

〔註26〕按：文淵閣抄本亦作「先世后稷」，今據以校改。

〔註27〕姜按：「天下逋逃主萃淵藪」，文淵閣抄本作「云云」。

《考異》：《詩》曰：「殷商之旅，其會如林，矢于牧野，維予侯興。」（卷4）

《疏證》：《詩·大雅》曰：「矢于牧野。」（第85）

006　血流漂杵。

《古文尚書考》：《孟子》曰：「盡信書不如無書。吾于〈武成〉取二三策而已矣。仁人無敵於天下，以至仁伐至不仁，而何其血之流杵也。」

《考異》：《孟子》曰：「以至仁伐至不仁，而何其血之流杵也。」故首曰：「盡信書不如無書。」〔註28〕（卷4）

《疏證》：《孟子》言：「武王以至仁伐至不仁，殷人簞食壺漿而迎其王師，何乃至於血流漂杵乎？」（第119）

十九、〈旅獒〉0／6則：無

二十、〈微子之命〉0／6則：無

二十一、〈蔡仲之命〉2／5則

001　惟周公位冢宰，正百工。

《古文尚書考》：《左傳》：祝佗曰：「周公爲大宰。」

《考異》：見《左傳·定四年》春三月，……乃祝佗之言也。（卷4）

《疏證》：《四年》：祝佗曰：「周公爲太宰。」（第70）

002　羣叔流言。

《古文尚書考》：〈金縢〉曰：「管叔及其羣弟，乃流言于國。」

《考異》：「羣叔」字改〈金縢〉「管叔及其羣弟」之「弟」字也。（卷4）

《疏證》：〈金縢書〉：「武王既喪，管叔及其羣弟，乃流言於國。」（第79）

二十二、〈周官〉2／14則

001　學古入官，議事以制。

《古文尚書考》：《左傳》：子產曰：「僑聞學而後入政。」〈叔向詒子產書〉曰：「昔先王議事以制。」

《考異》：《襄三十一年》：子產曰：「僑聞學而後入政。」此五〔註29〕句用其意。

《昭六年》：叔向曰：「昔先王〔註30〕議事以制，不爲刑辟。」（卷5）

《疏證》：《左傳·昭六年》：晉〈叔向詒子產書〉曰：「昔先王議事以制。」（第6）

002　不學牆面。

〔註28〕姜按：爲文淵閣抄本所無。
〔註29〕姜按：此「五」字疑有誤。
〔註30〕姜按：「先王」，平津館刻本原作「先生」，誤。今據文淵閣抄本與《左傳》校改。

《古文尚書考》:《論語》:「正牆面而立。」

《考異》:《論語》:「不爲〈周南〉、〈召南〉,其猶正牆面而立。」〔註31〕（卷5）

《疏證》:「〈周南〉、〈召南〉,其猶正牆面而立。」（第76）

二十三、〈君陳〉3／10 則

001 惟孝友于兄弟,克施有政。

《古文尚書考》:《古文論語》曰:「《書》云:『孝于惟孝,友于兄弟,施于有政。』」

《考異》:《論語》:「《書》曰:『孝乎惟孝,友于兄弟,施于有政。』」（卷5）

《疏證》:《論語》:《書》云:「孝乎惟孝,友於兄弟,施於有政。」三句是也。

何晏《集解》引漢包咸註云:「『孝乎惟孝』,美大孝之辭。」（第10）

002 黍稷非馨,明德惟馨。

《古文尚書考》:《左傳》曰:「〈周書〉曰:『黍稷非馨,明德惟馨。』」

《考異》:《僖五年》宮之奇言〔註32〕:「〈周書〉又曰:『黍稷非馨,明德惟馨。』」

（卷5）

《疏證》:又按論「至治馨香,感于神明」亦引《僖五年・傳》曰。詳宮之奇原

文。（第121）

003 爾維風,下民惟草。

《古文尚書考》:《論語》:「君子之德風;小人之德草。」

《考異》:《論語》:「君子之德風,小人之德草,草上之風必偃。」〔註33〕（卷5）

《疏證》:「君子之德風,小人之德草」……令〈君陳〉猜測之乎抑可乎?（第76）

二十四、〈畢命〉1／20 則

001 惟十有二年,六月庚午朏。

《古文尚書考》:《漢書・律曆志》曰:「康王十二年,六月戊辰朔,三日庚午,

故〈畢命〉、〈豐刑〉曰:『惟十有二年,六月庚午朏,王命作策書〈豐刑〉。』」

《考異》:《漢・律歷志》云:「康王〈畢命〉、〈豐刑〉曰:『惟十有二年六月庚

午朏,王命作策書〈豐刑〉。』」〔註34〕（卷5）

《疏證》:嘗疑劉歆《三統歷》末又引〈畢命〉、〈豐刑〉曰:「惟十有二年,六

月庚午朏,王命作策書〔註35〕〈豐刑〉。」凡十有六字,今古文皆無,不知歆從

〔註31〕 姜按:爲文淵閣抄本所無。

〔註32〕 姜按:文淵閣抄本無此「言」字。

〔註33〕 姜按:爲文淵閣抄本所無。

〔註34〕 姜按:自「《漢・律歷志》云」至「王命作策書〈豐刑〉」,爲文淵閣抄本所無。

〔註35〕 姜按:文淵閣抄本《疏證》無此「書」字。

何處得之？而載于此。（第 68）

二十五、〈君牙〉0／10 則：無

二十六、〈冏命〉1／4 則

001 怵惕惟厲，中夜以興。

《古文尚書考》：《易》曰：「夕惕若厲。」

《考異》：《乾》：九三：「夕惕若厲。」〔註36〕（卷 5）

《疏證》：即《易》稱「夕惕若厲」之義也。（第 100）

〔註36〕姜按：爲文淵閣抄本所無。